인공지능 시대
1등 해외주식에 투자하라!

한태봉 지음

인공지능 시대
1등 해외주식에
투자하라!

머리말

2030 미래 주도권 전쟁이 시작됐다!

2020년대 가장 파괴력이 큰 분야는 인공지능이다

2020년! 공상과학SF 영화에서 단골로 등장하던 연도가 바로 2020
년이다. 미래에서 현재가 된 2020년의 가장 큰 변화는 뭘까? 먼저
LTE보다 20배 빠르다는 5G 세상이 온다. 한국은 이미 5G 시대에 진
입했고 미국도 2020년부터 5G 시대가 열린다. 통신 속도가 빨라지
면 어떤 변화가 생길까? 통신 속도는 인터넷이 문서에서 동영상 위주
로 바뀐 결정적인 계기다. 그 대표적인 것이 유튜브이다. 5G로 전세계
가 더 빠르게 초연결되면 인공지능, 자율주행, 사물인터넷, 가상현실,
증강현실 등의 새로운 분야가 급속도로 발전하게 된다. 이 중 가장 파
괴력이 큰 분야는 어디일까? 바로 인공지능이다. 2020년의 화두 역시
인공지능이다.

플랫폼 기업들은 압도적 독점을 만들어내고 있다

우리에게 『사피엔스』의 저자로 잘 알려진 세계적인 석학 유발 하라

리Yuval Noah Harari는 인공지능이 계속 발전하면 대다수의 인간들이 무용계급으로 전락할 거라는 무시무시한 예언을 했다. 또 다른 석학 닉 보스트롬Nick Bostrom은 인간의 지능을 뛰어넘는 인공지능을 초지능이라고 정의했다. 초지능 시대가 와도 인간이 통제할 수 있다면 오히려 인간은 혜택을 본다. 인공지능은 노동을 하고 인간은 여가를 즐길 수 있다. 그런데 만약 인간이 초지능을 통제할 수 없다면 어떻게 될까? 인공지능이 인류를 지배할 수도 있다. 아직 미래는 오지 않았고 인류는 이에 대비해야 한다.

이 책에서 다루는 대표적인 1등 해외주식 8개인 넷플릭스, 마이크로소프트, 아마존, 구글(알파벳), 삼성전자, 알리바바, 텐센트, 항서제약의 2019년 평균 수익률은 무려 43%를 기록했다. 글로벌 1등 기술 기업들은 이미 강력한 플랫폼을 구축하며 압도적인 독점을 만들어냈다. 이후 그들의 경쟁은 인공지능 분야로 확대됐다. 모두 자사의 강점을 살려 필사적으로 인공지능 기술 개발을 하고 있다.

인공지능 플랫폼 기업과 싸우려 들지 말고 투자하라

앞으로 20년 뒤 인공지능 기술을 가진 기업과 그렇지 않은 기업 간의 격차는 얼마나 될까? 더 구체적으로 한국기업들과 비교해보면 어떨까? 인공지능의 잠재력은 무한대다. 시간이 갈수록 글로벌 1등 기업들과 한국기업들 간의 격차는 무한대로 커질 것이다.

이번 책에서는 플랫폼 기업과 인공지능 기업을 소개하는데 좀 더 중점적으로 페이스북과 애플, 중국 내수 대표주인 귀주모태와 평안보험, 유럽의 대표 명품 기업인 루이비통을 분석한다. 이 5개 종목은 모두 시장지배력이 독점적인 글로벌 1등 회사들이다. 이러한 글로벌 1등 기업들이 인공지능까지 갖게 된다면 어떤 일이 일어날까? 가장 이득을 보는 사람은 누구일까? 바로 이 기업의 경영진들과 투자자들이다. 이 기업들과 싸우지 마라. 그냥 이 기업들의 주인이 되라. 이 기업들의 주식을 사라. 그것만이 20년 뒤에 인공지능에게 지배받지 않고 지배할 수 있는 유일한 길이다.

양극화가 심해지면서 럭셔리 명품 소비는 커질 것이다

전세계적인 또 하나의 특징은 양극화가 심해진다는 점이다. 그런데 아이러니하게도 빈부격차가 심해질수록 명품이 잘 팔린다. 사람들은 아무리 IT 기술이 발달해도 명품을 원한다. 아주 간절히 원한다. 부자들은 더 비싼 명품을 원하고 중산층은 명품을 통해 자존감을 확인하고 가난한 사람들은 명품을 동경한다. 인간은 모두 과시하기를 좋아한다. 이런 흐름 속에 가장 수혜를 받는 기업은 어딜까? 당연히 글로벌 1등 명품 기업이다. 지금도 세계 곳곳에서 최고급 명품들이 팔려나가고 있다. 명품백에는 관심이 없더라도 글로벌 1등 명품 기업 주식에는 관심을 가져보자.

중국 GDP 1만 달러 돌파에 따른 내수주에 관심을 가져라

또 하나 주목해야 할 것은 바로 중국의 부상이다. 14억 인구 대국 중국의 1인당 GDP가 드디어 1만 달러를 돌파했다. 중국의 중산층이 급증하고 있다. 이 기회 또한 놓치지 마라. 중국 내수시장이 폭발하고 있다. 중국 내수시장의 1등 주식에 관심을 가져야 한다.

20년 뒤 우리는 인공지능의 비약적인 발전을 체감할 것이다. 인공지능을 이용해 더 효율적으로 일하게 될 것이다. 하지만 인공지능 시대가 본격화될수록 과거에 자동차가 나오면서 마부가 사라졌듯 인간 직업의 상당수가 사라질 것이다. 반면에 새로운 기회 역시 엄청나게 생겨날 것이다.

우리는 생존을 위해 투자가 필수인 시대에 살고 있다

우리는 여전히 유튜브를 보고 넷플릭스를 본다. 윈도와 MS오피스를 사용한다. 아이폰과 에어팟을 쓴다. 페이스북과 인스타그램를 쓴다. 인스타그램에는 슬며시 루이비통 백 사진을 올린다. 미래에는 아주 익숙하게 이 거대 기업들의 인공지능에 의존하게 될 것이다. 이 거대 기업들은 지금 우리의 시간을 점유하고 소비를 장악하고 있다. 이들이 어떻게 초지능을 가진 인공지능을 손에 넣고 있는지 차분히 지켜봐라. 그리고 이 기업들의 주식을 사라. 내 아이들에게 이 주식들을 물려줘라. 당신과 당신의 아이들을 부자로 만들어줄 가장 좋은 방법이다. 우리는 이미 생존을 위해 투자가 필수인 시대에 살고 있다. 근로소득은 영원할 수 없다. 투자를 통한 자본소득으로 인공지능을 이겨내고 인공지능을 지배하자.

해외의 글로벌 플랫폼 기업들을 분석한 책들은 이미 많이 나와 있다. 증권사 애널리스트들의 분석자료도 넘쳐난다. 그럼에도 이 책을 집필한 이유는 아직 해외주식에 투자하지 않았거나 기초 지식이 부족한 초보투자자들이 많기에 좀 더 쉽게 소개하고 싶어서이다. 혼자서 많은 기업들을 정리하다 보니 정확하지 않은 내용이나 수치들이 포함

됐을 수도 있다. 독자분들의 너그러운 양해를 부탁드린다.

끝으로 이 책이 나오기까지 지원을 아끼지 않으신 미래에셋대우 배왕섭 강북지역 본부장님, 홍성일 명동WM 센터장님, 심지영 부지점장, 박찬규 선임매니저, 곽지원 팀장, 강예린 대리에게 감사의 인사를 전한다.

2020년의 코로나19 바이러스로 인해 전세계적인 양극화 현상은 더욱 심화될 것이다. 그리고 먼 훗날 2020년을 되돌아봤을 때 누군가는 엄청난 위기의 해로 또 누군가는 엄청난 기회의 해로 기억할 것이다.

모쪼록 독자분들께서 이 책을 통해 해외주식에 대한 식견을 넓히고 미래의 부를 준비하는 데 도움이 되기를 바란다. 독자 여러분들의 행운을 빈다.

2020년 4월

한태봉

차례

머리말   2030 미래 주도권 전쟁이 시작됐다! · 5

1부   2030 미래의 부를
준비하라 · 17

1장   인공지능 시대,
1등 해외주식에 투자하라 · 19

1. 인구구조 붕괴와 일자리 파괴 · 21
   한국 인구구조의 붕괴 · 21
   한국 금융권의 일자리 파괴 현상 · 25
   한국 30대 그룹의 일자리 증가 현황 · 26
   한국 일자리 최후의 보루 공무원 · 27

2. 인공지능 시대와 직장 없는 시대 · 29
   인공지능이 변화시킬 미래를 준비하라 · 29
   2020 CES는 인공지능 경연장이 됐다 · 31
   곧 인공지능이 일상에 침투할 것이다 · 32
   지금 인기 직업은 20년 뒤에 사라진다 · 34

3. 서울 아파트 VS. 글로벌 1등 기업 · 38
   서울 아파트의 대폭등과 화폐가치의 대폭락 · 38
   글로벌 1등 플랫폼 기업의 상승률 · 41

4. 1주택은 필수! 그다음은 분산투자 · 43
   부동산에만 집중하는 건 위험하다 · 43
   2주택자보다 해외주식 투자자로 변신해라 · 45

5. 글로벌 초거대 기업들의 패권전쟁 · 49

6. 글로벌 1등 인공지능 기업 주식을 물려주자 · 54
   한국에서 사교육은 아직도 유효한가 · 54
   글로벌 1등 해외주식으로 부를 물려줘라 · 56
   왜 서울 부동산보다 글로벌 1등 해외주식인가 · 58

2부 | 인공지능과 플랫폼 기업 분석 · 61

|2장| 주요 8개 종목 요약 분석 · 63

1. 주요 8개 종목의 수익률 분석 · 65

2. 아마존, 가격이 아니라 배송 속도로 승부! · 69

3. 알파벳, 구글과 유튜브와 웨이모와 핏빗을
   다 가진 지주회사! · 73

4. 마이크로소프트, 윈도 제국에서
   클라우드로 확장 중! · 77

5. 넷플릭스, 고객의 잠과 경쟁하며
   취향 저격! · 81

6. 알리바바, 중국 온라인쇼핑의 제왕에서
   클라우드로 진격 중! · 86

7. 텐센트, 12억 사용자 메신저 위챗에서
   게임까지 석권! · 90

8. 항서제약, 중국 항암제 시장의
   폭발적 성장의 주역으로 부상! · 94

9. 삼성전자, 2020년의 동학개미운동! · 97

   ＊투자자들이 가장 궁금해하는 것 · 100

|3장| 잡스 사후 명실상부
글로벌 1등 기업 애플 · 101

1. 맙소사, 애플 주식을 사지 않았다니! · 103
   왜 애플을 저평가했을까…… · 103
   애플은 코스피 전체 시가총액보다 크다 · 104

2. 잡스 사후 애플의 기록적 폭풍 성장 · 106
   스티브 잡스가 없는 애플 · 106

아웃소싱을 통해 이루어낸 수익 극대화 • 110

3. 최고가 전략으로 명품이 된 애플 • 112
　가격이 아닌 품질과 디자인으로 승부 • 112
　고객 충성도는 안드로이드와 안드로메다만큼 차이! • 115

4. 애플은 스마트폰에서 웨어러블로 간다 • 117
　IT 업계 루이비통 같은 명품 • 117
　비장의 무기 애플워치와 에어팟 • 120
　시리와 에어팟을 연결한 인공지능 비서 전략 • 124
　애플 글래스와 무인 자율주행차 타이탄 프로젝트 • 126

5. 애플은 멀티 플랫폼 기업이다 • 127
　세계 유일의 양손잡이 기업 • 127
　애플 IOS의 생태계 확장 전략 • 128
　애플의 서비스 분야 확대 전략 • 130
　애플의 매출 비중 분석 • 134

6. 애플 투자 포인트 • 136

|4장| 전세계인을 페친으로 만든 페이스북 • 139

1. 사용자수! 사용자수! 사용자수! • 141
　전세계 SNS 사용자수 1위 • 141
　최대 위기 정보유출 사건 • 143
　사용자수 확대를 위해 통신위성 발사! • 145
　페이스북은 어떻게 돈을 버는가? • 147

2. 이미지 SNS 인스타그램 인수 • 150
　SNS에서는 언제든 1등이 바뀔 수 있다 • 150
　밀레니얼 세대에서는 인스타그램이 대세이다 • 153

3. 메신저앱 1위 왓츠앱 인수 • 157

4. 가상현실 업체 오큘러스 인수 • 160
　공상과학 영화로 보는 가상현실 세계 • 160
　오큘러스 헤드셋으로 VR 게임 시장 진출 • 163
　최종 목표는 가상현실 소셜 월드 제패 • 166

5. 페이스북 블록체인 암호자산 리브라 • 169
　전세계 단일 결제수단 제공 계획 • 169
　페이스북 페이 서비스로 핀테크 진출 • 172

6. 페이스북 투자 포인트 • 174

3부 | 미래의 G1 중국 내수주 집중 분석 · 179

|5장| 중국 1등 인공지능 기업 평안보험 · 181

1. 인공지능 시대 금융과 보험이 달라진다 · 183
   인공지능이 사고확률을 예측한다 · 183
   보험금 지급시간 4,000분의 1로 단축 · 184
2. GDP 1만 달러를 돌파하면 보험 시장이 급성장한다 · 186
   한국 보험산업의 과거와 현재 · 186
   중국 중산층의 증가와 보험산업의 성장 · 188
3. 생명보험과 손해보험에서 1등을 노린다 · 191
   시장 점유율 1위 보험사에 투자하라 · 191
   평안보험의 높은 성장 가능성 · 193
4. 인공지능 기업으로 트랜스포메이션한다 · 195
   보험사 고유의 리스크 분석 · 195
   보험 판매 활동에 인공지능 활용 · 197
   보험에서 헬스케어와 IT로 분야 확장 · 198
5. 인공지능 자회사 3개를 주목해라! · 199
   (1) 평안굿닥터 · 199
   (2) 루닷컴 · 206
   (3) 원커넥트(금융이장통) · 209
6. 평안보험 투자 포인트 · 210

|6장| 중국 1등 내수주 귀주모태 · 213

1. 중국의 루이비통 귀주모태 · 215
   전세계 주류 브랜드 1위 · 215
   중국 GDP 1만 달러 시대 내수주 · 217
2. 전세계인들이 반한 마오타이주 · 219
   파나마 만국박람회장에 퍼진 마오타이주의 향기 · 219

　　역사적 만찬장에 반드시 필요한 건배주 • 221

3. 귀주모태의 초고가 정책 • 223

　　마오타이주의 한정된 생산량 • 223

　　아무리 비싸도 없어서 못 판다 • 225

　　아파트 대신 마오타이주 재테크! • 228

　　수요와 공급의 원리가 무시되는 출고가 규제 • 230

4. 부정부패와 지배구조 리스크 • 233

　　비리의 상징이 된 마오타이주 • 233

　　공무원과 임원들의 유착과 부정 • 234

　　귀주모태그룹의 지배구조 리스크 • 235

5. 마오타이주 계열주도 주목하라 • 237

　　비싸서 부담이라면 마오타이 계열주를 사라! • 237

6. 귀주모태 투자 포인트 • 239

|7장| 불황을 즐기는 유럽 1등 럭셔리 기업
　　　루이비통 • 243

1. 중국 내수 수혜주 루이비통 • 245

　　중국 중산층 4억 명 • 245

2. 유럽 시가총액 2위 루이비통 • 247

　　세계 최대 명품 기업 연합체 LVMH • 247

　　루이비통 이름 뒤에 붙은 술 회사 이름 • 249

　　루이비통의 럭셔리한 성장 과정 • 252

3. 불황에도 계속되는 고가 정책 • 255

　　불황인데 계속되는 가격 인상 • 255

　　불황을 이기는 사업다각화 전략 • 257

4. 인수합병의 귀재 베르나르 아르노 • 260

　　패션에서 시작해 영역 확장 • 260

　　인수합병을 통한 성장 전략 • 263

5. 고객 범위 확대 정책 • 266

　　플렉스해버렸지 뭐야! • 266

　　LVMH 계열 브랜드들 • 268

6. 루이비통 투자 포인트 • 270

4부 2030 미래의 부 포트폴리오 · 275

|8장| 글로벌 1등 기업들로 짠 포트폴리오 · 277

1. 기업가치를 분석하라 · 279
2. 부의 포트폴리오를 구성하라 · 281
3. IMF, 9.11테러, 글로벌 금융위기를 기억하라 · 284
4. 인공지능 기업에 투자해라 · 292

부록 투자할 돈이 없다면 퇴직연금을 활용해라! · 295

퇴직연금이 방치되고 있다 · 295
퇴직연금이 살아야 노후가 산다 · 298
퇴직연금과 연금저축으로 투자해라 · 300
간접투자인 TDF도 좋은 대안이다 · 303

참고문헌 · 307

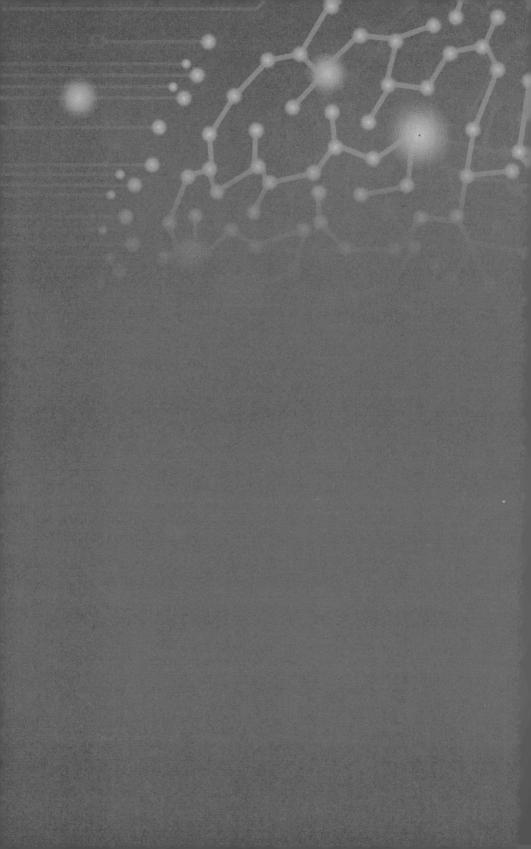

1부

2030
미래의 부를
준비하라

1장

인공지능 시대,
1등 해외주식에 투자하라

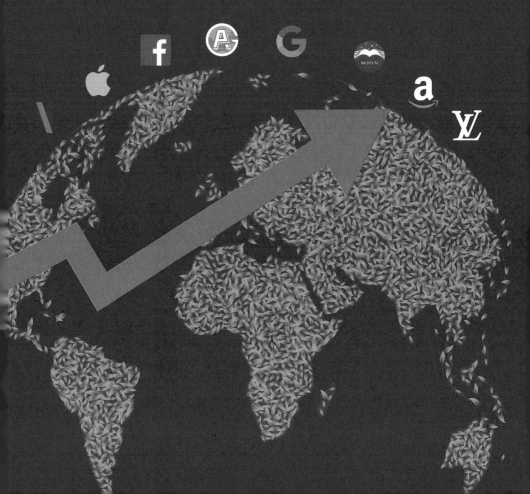

1

인구구조 붕괴와
일자리 파괴

한국 인구구조의 붕괴

10년 뒤인 2030년에 한국에서 가장 심각한 문제가 될 것은 무엇일까? 저성장? 집값 폭등? 양극화? 일자리 감소? 고령화? 정치 문제? 다 아니다. 답은 바로 저출산이다. 우리는 한국의 인구구조가 완전히 붕괴됐다는 사실을 애써 외면하고 있다.

우리 자신과 자녀의 미래를 설계할 때 가장 먼저 고려해야 할 사항은 바로 저출산과 인구감소 문제다. 2019년 기준 한국인 평균수명은 83세다. 하지만 의료기술의 발달로 한국인 평균수명이 100세로 늘어나면 어떤 일이 벌어질까? 먼저 역대 출생 인구수를 살펴보자. 출생인구 흐름을 살펴보면 만 20세인 2000년생까지는 완만하게 감소한다. 문제는 만 10세인 2010년생부터다. 10년 만에 25% 감소한 47만 명이다. 그리고 2019년생의 출생인구수는 9년 만에 무려 36% 급감한

만 0세~만 60세 대표연령의 출생 현황

출생연도	출생인구	증감률	비고
1960년생 (만 60세)	110만 명	-	
1970년생 (만 50세)	100만 명	-9%	
1980년생 (만 40세)	86만 명	-14%	
1990년생 (만 30세)	65만 명	-24%	
2000년생 (만 20세)	63만 명	-3%	
2010년생 (만 10세)	47만 명	-25%	
2020년생 (만 0세)	30만 명	-36%	2019년생의 확정치로 대체

(출처: 통계청 자료 재편집, 2020년생의 경우 추정치 대신 2019년생의 확정치로 대체함)

30만 명이다. 감소폭이 너무 가파르다. 2019년생과 1960년생의 출생률을 비교해보면 거의 4분의 1토막에 가깝다.

2019년 한국의 합계출산율이 고작 0.92다. 한국은 여성 한 명이 평생 0.92명의 자녀를 가진다는 뜻이다. 이는 전세계적으로도 유례를 찾기 어렵다. 쉽게 설명하면 남자와 여자가 결혼해 아이를 두 명 낳았을 때 출산율은 2.0이 된다. 지금은 가임 여성 한 명이 평생토록 아이를 한 명도 채 낳지 않거나 아예 결혼을 안 한다는 뜻이다. 이렇게 인구가 급감하면 여러 가지 문제가 생긴다.

그중에서도 가장 심각한 건 바로 연금제도다. 국민연금, 공무원연금, 군인연금은 연금 개시 후 사망 시까지의 물가상승률을 반영해 연금을 지급하는 제도다. 만약 애초의 연금 설계와 다르게 심각한 저출산으로 인해 연금을 납부하는 사람들은 줄어들고 은퇴한 연금 수급자들은 더 오래 사는 시대가 맞물려 온다면 국가 재정은 급격하게 어려워진다.

2000년대 들어서면서 한국의 인구구조는 완전히 붕괴됐다. 1960

1960년대생~2010년대생의 10년 단위 누적 출생 현황

출생연도	10년 누적 출생인구수	증감률
1960년대생	1,054만 명	-
1970년대생	898만 명	-15%
1980년대생	721만 명	-20%
1990년대생	685만 명	-5%
2000년대생	493만 명	-28%
2010년대생	412만 명	-16%

(출처: 통계청 및 필자 편집)

년대생이 1,054만 명인 데 비해 2000년대생은 493만 명이고 2010년 대생은 412만 명에 불과하다. 이들이 한국 사회의 생산 주력으로 등 장하기 이전인 2020년 말까지 이미 정년을 맞은 1960년생은 대부분 퇴장한다. 2020년을 기점으로 매년 1960대생들은 1년 단위로 질서 정연하게 퇴장하게 된다.

이후 1960년생의 뒤를 따라 1970년생이 퇴장하는 시점에 한국 의 국민연금과 공무원연금과 건강보험과 주택연금 재정은 절체절명 의 위기를 맞이한다. 이 분석은 수학이 아니라 산수다. 1960년대생 1,054만 명을 2000년대생은 절반도 안 되는 493만 명의 인원으로 부 양해야 하며 1970년대생 898만 명을 2010년대생은 역시 절반도 안 되는 412만 명의 인원으로 부양하는 꼴이 된다.

그럼 이러한 파국을 피하려면 어떻게 해야 하는가? 방법은 두 가지 다. 첫 번째는 연금보험료를 인상하는 방법이다. 하지만 대부분의 국 민들은 연금보험료 인상을 원하지 않는다. 두 번째는 60세인 정년을 65세로 연장해 연금 수령 대상자들의 일하는 기간을 더 늘리고 국민연금 납부기간도 65세까지 연장하는 방법이다. 하지만 이 경우 기업의 부담이 가중되고 청년들의 취업시장 진입은 더욱 힘들어진다.

희망적인 부분은 한국의 경우 인공지능으로 파괴되는 일자리수보다 저출산으로 노동 가능 인구수가 더 빠르게 감소하는 유일한 나라가 될지 모른다는 점이다. 한국은 급격한 고령화로 인해 인공지능을 갖춘 간호로봇과 제조로봇의 수요가 급증하며 빠르게 인공지능 시대에 적응하는 나라가 될 수 있다. 하지만 현 연금제도의 문제점은 어떤 방법으로도 쉽게 해결하기 어렵다. 이는 연금제도 자체의 문제가 아니다. 가장 큰 원인은 심각한 저출산이다. 그 어떤 전문가도 연금 설계 당시에 이 정도로 저출산이 심각해지리라 예상할 수는 없었다. 게다가 저출산은 20년 이상 지속됐다.

최악의 시나리오는 직장인 월급에서 공제되는 연금보험료와 세금 부담액이 감당하기 어려운 수준으로 치솟는 상황이다. 이 경우 2010년생과 2020년생들은 한국의 세금폭탄을 피해 세계 각지로 탈출해 취업을 하게 될지도 모른다. 한국에 남는 젊은 인력은 자산가들의 재산을 물려받아 근로가 필요 없는 계층과 최하위 계층만 남게 되는 것이다. 그렇게 되면 한국은 역동성을 잃어버리고 노인국가로 전락하게 된다. 필자는 머지않은 시기에 한국 국민들이 연금제도와 관련해 대승적인 합의를 해야 하는 시점이 오리라 전망한다. 이런 상황에서 우리는 어떻게 미래를 준비하고 소중한 자녀들을 키워야 할까?

4대 대형은행 직원 감소 현황

구분	2014년 말	2019년 말	감소인원	증감비율
신한은행	14,537명	14,182명	-355명	-2%
KB국민은행	21,599명	17,883명	-3,716명	-17%
KEB하나은행	16,531명	12,820명	-3,711명	-22%
우리은행	15,469명	15,363명	, 106명	-1%
합　계	68,136명	60,248명	-7,888명	-12%

(출처: 금융감독원 전자공시시스템)

한국 금융권의 일자리 파괴 현상

한국은 이미 자동화로 인해 좋은 일자리가 빠른 속도로 파괴되고 있다. 가장 큰 타격을 받는 세대가 바로 1990년대생과 2000년대생들이다. 이들의 출생인구수는 각각 685만 명과 493만 명이다. 하지만 이들을 받아줄 좋은 일자리수는 빠르게 줄어들었다. 특히 금융권은 비대면 업무와 스마트폰의 활성화로 가장 빨리 일자리가 사라지는 업종이 됐다. 고연봉과 양질의 일자리라는 점에서 충격은 더욱 크다. 인력 채용규모가 가장 큰 4대 대형은행 중심으로 금융권의 일자리 파괴 현상을 살펴보자. 최근 5년간 4대 대형은행 직원수는 12% 감소했다.

문제는 인력감소 흐름이 아직 시작에 불과하다는 점이다. 4대 은행들은 2020년 1월에도 명예퇴직을 단행했다. 은행당 추가로 평균 300명이 명예퇴직을 선택했다. 이런 현실이 의미하는 건 뭘까? 고연봉과 양질의 일자리로 대표되는 은행권에서 직원들이 더 이상 많이 필요하지 않다는 뜻이다. 한국뿐 아니다. 미국 은행원들도 자동화로 말미암아 앞으로 10년간 약 20만 명이 일자리를 잃을 것으로 전망된다.

한국 5대 그룹의 대표기업 직원 증감 현황

회사명	2014년 말	2019년 말	증감인원	증감비율
삼성전자	99,382명	105,257명	5,875명	6%
현대자동차	64,956명	70,032명	5,076명	8%
SK하이닉스	21,551명	28,244명	6,693명	31%
LG전자	37,835명	40,110명	2,275명	6%
롯데쇼핑	27,880명	25,298명	-2,582명	-9%
합　계	251,604명	268,941명	17,337명	7%

(출처: 금융감독원 전자공시시스템)

한국 30대 그룹의 일자리 증가 현황

한국 30대 그룹의 직원수는 과연 몇 명일까? 2019년 말 기준 135만 명이다. 5년 전인 2014년의 128만 명과 비교해 7만 명(5.6%) 늘어난 수준이다. 그렇다면 한국 5대 그룹의 직원수는 과연 몇 명일까? 2019년 기준 삼성그룹이 25만 명, 현대차그룹 16만 명, LG그룹 15만 명, SK그룹 10만 명, 롯데그룹 10만 명 수준이다. 5대 그룹에서만 약 76만 명의 일자리를 책임지고 있는 셈이다.[*]

최근 5년간 5대 그룹들의 대표 기업 일자리수는 얼마나 늘었을까? 5년 전보다 불과 7% 증가하는 데 그쳤다. 만약 범위를 100대 그룹으로 확대한다면 인력증가 추이는 더 완만해지거나 일부 한계기업의 경우 오히려 감소했을 가능성도 있다. 앞으로 우리 아이들은 양질의 일자리를 찾기가 더 어려워진 한국사회의 냉정한 현실과 부딪치게 된다.

---

[*] 지속성장연구소의 「2010년~2019년 30대 그룹 고용 변동」 발표자료

한국 일자리 최후의 보루 공무원

미래에는 인간의 일자리 중 상당수는 없어질 가능성이 높다. 대신 역사적으로 늘 그래 왔듯이 새로운 일자리가 창출될 것이다. 그런데 지금 한국의 교육 현실은 어떤가? 우리는 이미 다가온 인공지능 시대와 자동화 시대를 맞아 자녀들이 미래의 직업 변화에 대응할 수 있도록 잘 준비시키고 있는가?

2019년의 통계청 조사를 보면 청년(15~29세) 중 공무원 시험 준비생 규모는 약 22만 명으로 전체 취업 준비생 71만 명의 30% 수준이다. 열 명 중 세 명꼴이란 얘기다. 왜 이렇게 지원자들이 많은 걸까? 한국에서 연간 3만 명 이상을 채용해줄 수 있는 좋은 일자리는 오직 국가 공무원 조직밖에 없기 때문이다.

한국에서 공무원 직업의 인기가 높은 이유 세 가지다. 첫째는 일과 삶의 균형을 이룰 수 있는 정시퇴근(부서에 따라 큰 편차가 있다)이다. 둘째는 정년이 보장되는 고용안정이다. 셋째는 노후가 보장되는 공무원연금이다. 그렇다면 한국의 공무원수는 도대체 몇 명일까? 무려 100만 명이 넘는다. 한국에서 취업의 상당 부분을 책임지는 건 바로 공무원이다.

투자의 거장 짐 로저스Jim Rogers는 2017년에 한국을 방문해 이렇게 일갈했다. "전 세계 어느 나라를 가도 이렇게 많은 청소년이 '공무원'이 되겠다고 생각하는 나라는 없다"며 "(노량진에서) 하루 15시간씩 공무원 시험 공부하는 젊은 여학생을 만났는데 벌써 몇 번 떨어졌고 합격할 확률도 100분의 1밖에 안 된다고 했다."고 말했다. 이어 "한국의 많은 젊은 사람들이 아주 절망적이라고 할 수 있을 정도로 '안정'만

행정부 국가 공무원 신규임용 현황 (단위: 명)

구분	2010년	2011년	2012년	2013년	2014년
임용인원	20,980	20,290	22,299	22,776	31,589

구분	2015년	2016년	2017년	2018년
임용인원	30,558	29,618	24,474	31,507

(출처: 인사혁신처 「행정부 국가 공무원 인사통계」)

한국 전체 공무원 인원 (단위: 명)

공무원 전체 인원	국가 공무원	지방 공무원	기타
1,085,849	669,077	390,773	25,999

(출처: 행정안전부 조직기획과, 2018년 말 기준)

을 추구하는 상황"이라고 지적했다.

하지만 짐 로저스도 한국의 힘든 취업 현실을 인정해야 한다. 한국의 젊은이들은 나쁘게 말하면 꿈이 없는 거지만 좋게 말하면 냉철하게 현실을 인식하고 있을 뿐이다. 그들은 꿈과 희망이 넘쳐나는 초등학생이 아니지 않은가? 미래가 불투명한 상황에서 안정적인 공무원 직업에 매달리는 걸 비난할 수는 없다. 물론 국가 경쟁력 차원에서는 무척 아쉬움이 크다. 우수 인재가 모두 공무원으로만 몰린다면 과연 그 국가의 장래는 밝을까?

2

인공지능 시대와
직장 없는 시대

인공지능이 변화시킬 미래를 준비하라

이제 미국으로 눈길을 돌려보자. 지금 미국에서 최고로 유망한 직업은 뭘까? 링크드인이 발표한 「2020년 유망 직종 보고서」에서 1위는 인공지능 전문가였다. 평균연봉은 무려 1억 7,000만 원(14만 6,000달러)이다. 미국에서 최근 4년간 연평균 74%씩 일자리가 증가했다. 인공지능 전문가는 귀하신 몸이다.

한국 정부와 교육부도 이미 미래직업의 변수가 될 인공지능의 중요성을 인식하고 있다. 그래서 2020년에 '인공지능AI 교육 기본계획'을 수립 중이다. 이 계획에는 초등학생부터 성인 대상 평생교육까지 교육 단계별로 어떤 인공지능 교육을 할지 등의 중장기 비전이 담길 예정이다. 또한 2020년부터 서울 주요 대학의 결손인원 규정을 바꿔 인공지능학과 신설을 허용했다. 대학원도 인공지능 열풍이다. 카이스트, 고려대, 성균관대가 2019년 하반기에 인공지능 대학원을 개원했고 2020년까지 인공지능 대학원이 총 8곳으로 늘어난다. 문제는 인공지능 전공 교수를 구하지 못하고 있다는 점이다. '소프트웨어 정책연구소'에 따르면 한국 인공지능 개발인력은 약 1만 명이 부족한 상황이다.

미국의 구글, 아마존, 마이크로소프트, 페이스북, 애플 등에서 이미 천문학적인 연봉을 주고 인공지능 전문가들을 모셔가는 쟁탈전이 벌어진 상황이다. 한국에서는 대기업인 삼성마저도 인력수급에 어려움을 겪고 있다. 인공지능 전공 교수들의 몸값은 부르는 게 값이다.

지금 우리 아이들에게 현실적인 대안은 문과보다 이과 수요가 점차 증대되고 있는 시대적 트렌드에 맞게 방향을 잡는 것이다. 미래에 인공지능 학과가 많이 생겨날수록 이과 쪽 학생들이 진학에 유리하다. "문송합니다(문과라서 죄송합니다)."라는 자조 섞인 말도 유행하지 않았나? 요즘 기업들의 채용 형태를 관찰해보면 IT 전문인력이나 공대생들에 대한 수요가 많은 편이다. 미국 사례에서 알 수 있듯이 10년 이상을 내다본다면 앞으로 인공지능 분야의 인력 부족 현상은 오랜 기간 이어질 전망이다.

따라서 우리의 아이들을 문과보다는 이과 쪽으로 보내는 게 합리적이다. 하지만 그건 우리 아이들이 수학에 소질이 있었을 때의 얘기다. 모든 아이가 다 이과에 적합한 건 아니지 않은가? 올해 열두 살이 된 우리 아들의 놀라운(?) 수학 실력을 생각해보면 필자 역시 고민스럽다. 역시 아이들은 건강하게 잘 크는 게 최고다.

2020 CES는 인공지능 경연장이 됐다

"미래에는 어떤 기술이 인류에게 지대한 영향을 미칠까?"

2019년 7월에 한국을 방문한 일본 소프트뱅크 손정의 회장은 "앞으로 한국이 집중해야 할 것은 첫째도 인공지능, 둘째도 인공지능, 셋째도 인공지능이다."라고 말했다. 그래서인지 2020년 정초부터 신문을 펼치면 온통 인공지능 이야기뿐이다. 인공지능이 한국에서만 뜨거운 건 아니다. 실제 글로벌 시장에서는 이미 거대 기술 기업들의 인공지능 혈투가 시작됐다. 이 혈투의 현장을 어디서 확인할 수 있을까?

2020년 1월에 미국 라스베이거스에서 열린 세계 가전·IT 전시회 CES는 앞으로 10년간 인류에게 어떤 미래가 펼쳐질지를 예측해볼 수 있다. CES 2020의 슬로건은 '인공지능을 우리의 일상으로'이다. 이곳에서 글로벌 1등 기업들이 선보인 기술은 어떤 것이었을까? 사물인터넷, 5G, 가상현실, 증강현실 등 다양한 분야에서 신기술이 쏟아져 나왔다. 하지만 핵심은 단연 인공지능 기술이다. 2020 CES를 유심히 살펴보면 아마존, 구글, 페이스북 등이 인공지능 기술 개발에 얼마나 사활을 걸고 있는지 느낌이 확 올 것이다.

한국은 어떨까? 삼성이나 LG 같은 일부 대기업들의 인공지능 첨단 가전제품 전시가 세계인들의 눈길을 끌었다. 하지만 한국 전체의 인공지능 기술력은 선진국과 비교해 부족함이 많다. 2020년 1월 한국정보화진흥원이 발표한 'NIA AI 인덱스·우리나라 인공지능 수준 조사'에 따르면 인공지능 기업 수는 미국 2,028개, 중국 1,011개인 데 비해 한국은 불과 26개로 조사대상 8개국 중 꼴찌였다.

"외부 변화 속도가 내부 변화 속도보다 빠르다면 종말은 눈앞에 있다."

최근 고인이 된 GE의 잭 웰치Jack Welch 회장이 한 말이다. 지금 한국 외부의 변화 속도는 한국 내부의 변화 속도보다 훨씬 빠르다. 특히 인공지능 분야가 그렇다. 한국은 인공지능 분야의 기초가 되는 '개인의 데이터'를 기업이 활용하는 게 막혀 있어 양팔이 묶여 있는 상태였다. 데이터 3법인 개인정보보호법, 정보통신망법, 신용정보법의 개정안은 2020년 1월에서야 뒤늦게 국회를 통과했다.

공상과학 영화에서 단골로 등장하는 해가 바로 2020년이다. 자동차가 하늘을 날고 무인 자율주행차가 활보하고 무인매장이 대세가 되고 가상현실 세계가 열리고 인공지능 비서가 각 개인에게 보급되고 로봇들이 인간의 일을 대신해주고 로봇이 인간의 지능을 뛰어넘어 반란을 일으키는 해가 바로 2020년이었다. 과거 공상과학 영화에서 예측했던 기술들은 현재 시점에서 상당수가 실현됐거나 얼마 후에는 실현 가능할 전망이다.

곧 인공지능이 일상에 침투할 것이다

2020년인 지금 모두가 인공지능을 이야기한다. 그런데 막상 인공지능이 뭔지 설명해보라고 하면 막연하다. 인공지능이란 단어를 도대체 어떻게 정의할 수 있을까? 대부분의 사람들은 눈 감고 코끼리 더듬는 식으로 이야기한다. 예를 들면 음성인식(코끼리 귀), 영상인식(코끼리 눈), 딥마인드(코끼리 머리)라는 부분 부분만 이야기한다. 이런 이유로 인공지능을 단박에 설명하기가 쉽지 않다. 하지만 인공지능에서 가장 중요한 건 역시 데이터다.

인공지능을 쉽게 설명하면 인간의 뇌와 비슷하다. 인공지능은 '많은 양의 데이터를 입력해주면 그 데이터들을 분석해서 최적의 답을 단숨에 찾아내는 소프트웨어'다. 과거에는 인간의 뇌를 능가하는 소프트웨어는 없었다. 하지만 지금은 고성능 컴퓨터의 발달로 인간의 뇌보다 빠르게 데이터를 분석해 답을 찾아낼 수 있는 소프트웨어가 실제로 존재한다. 그게 바로 인공지능이다.

인공지능이 할 수 있는 일은 뭘까? 컴퓨터 사용을 기반으로 하는 모든 일이 가능하다. 의사, 변호사, 투자자 등 인간의 인기 있는 직업 분야도 예외는 아니다. 지금까지 전문가로 평가받는 사람들의 능력을 분해해보면 '1차적으로는 기존의 다양한 데이터를 학습한 이후 그 내용을 현실에 적용해 이론과 현실의 간극을 좁혀나가는 현실 경험을 쌓는다. 2차적으로는 그 현실 경험을 기반으로 특정 상황마다 최적의 판단을 하는 게 핵심'이다.

이제 인공지능도 이런 방식의 판단이 가능해졌다. 가능해진 정도가 아니다. 사람의 기억력은 한계가 있지만 컴퓨터의 기억력은 무한대다. 수천 년간 쌓인 데이터를 모두 기억한다. 그리고 사람과는 비교도 안되게 빠른 속도로 분석하고 결론을 내릴 수 있다. 더욱이 먹지도 않고 자지도 않고 24시간 내내 스스로 학습하며 계속 능력이 진화하고 있다. 일명 딥러닝이다.

인공지능으로 대체 가능한 인간의 직업은 뭘까? 컴퓨터 사용을 기반으로 하는 모든 직업이다. 컴퓨터를 사용하는 일은 모두 데이터 형태로 저장된다. 인공지능은 숫자 데이터뿐 아니라 글, 사진, 동영상 데이터를 모두 식별한다. 컴퓨터 안에서의 모든 일은 다 데이터 형태다. 이 데이터들은 모두 인공지능이 학습할 수 있다.

그럼 인공지능은 실생활에서 어떻게 쓰일까? 인공지능 스피커를 통해 내 비서 역할을 해준다. 내가 궁금해하는 모든 것을 음성 인식해 사람처럼 말로 대답해준다. 필요한 생필품들을 알아서 주문해준다. 가정용 가전제품은 모두 사물인터넷으로 연결되고 인공지능으로 운용된다. TV, 전등, 에어컨, 난방, 공기청정기 등이 알아서 켜지고 꺼진다. 음악을 틀어주고 건강을 체크해주고 일정을 관리해준다. 더 나아가 인공지능이 내 소설을 써주고 내 그림을 그려주는 시대가 오고 있다.

지금 인기 직업은 20년 뒤에 사라진다

한국에서 가장 인기 있는 직업은 뭘까? 일단 의사를 꼽을 수 있다. 드라마에 나오는 엄친아(엄마 친구의 아들)들이 희한하게도 다 의사인 걸 보면 의사라는 직업의 인기를 느낄 수 있다. 한국의 의대 합격선은 전국 최상위권이다. 서울과 지방 가리지 않고 최고로 공부 잘하는 학생들이 모두 의대를 택한다. 그런데 충격적인 전망이 있다. "미래에는 인공지능이 의사의 80%를 대체할 것이다." 코슬라벤처스의 대표 비노드 코슬라Vinod Khosla의 전망이다. 선뜻 믿기지는 않는다. 어느 간 큰 환자가 감히 '인간 의사' 대신 인공지능의 처방을 믿는단 말인가!

대표적인 의료용 인공지능으로는 IBM이 만든 왓슨이 유명하다. 한국에서는 가천대 길병원의 조사결과 예상과 다르게 암 환자들은 인간 의사들보다 왓슨의 처방을 더 신뢰한다고 나왔다. 인도 마니팔 병원도

'왓슨이 적용된 뒤 치료법의 13.6%가 왓슨의 제안에 따라 바뀌는 등 주목할 만한 성과가 있었다'고 발표했다. 구글헬스는 2020년 1월 『네 이처』에 '약 2만 8,000명을 대상으로 한 유방암 진단 능력 실험결과 자 사 인공지능이 방사선 전문의들보다 우수했다.'라는 결과를 게재했다. 이렇게 의료용 인공지능이 딥러닝을 통해 스스로 빠르게 발전하고 있 다. 이런 이유로 미래에는 인간 의사보다 인공지능 의사의 진단과 처방 이 훨씬 정확할 수 있다. 결국 20년 뒤에는 의료용 인공지능이 상당수 의 의사 자리를 대체하게 될 전망이다.

한국에서 인기 있는 또 하나의 직업은 바로 변호사다. 한국 드라마 에서 검사와 변호사는 번갈아가며 나오는 단골 직업이다. 사법고시 는 폐지됐지만 여전히 서울 최상위권 대학의 로스쿨 경쟁률은 치열하 다. 하지만 미래에는 변호사 또한 안전한 직업이 아니다. 로스는 로스 인텔리전스에서 만든 인공지능 변호사다. 1초당 10억 페이지의 판례 를 검색해 자료들을 골라내는 초능력을 발휘한다. 변호사들이 로스에 게 질문하면 바로 답을 말해준다. 미국의 초대형 로펌들은 로스를 도 입해 인건비를 대폭 절감했다. 한국에서는 유렉스와 알파로라는 인공 지능 프로그램이 유명하다. 2019년에 처음으로 인간 변호사와 알파 로 인공지능 혼성팀의 대결이 있었다. 예상대로 알파로 팀이 승리했 다. 기억력에 한계가 있는 인간이 인공지능과 속도 경쟁을 하는 건 불 가능하기 때문이다. 판례 분석은 속도 싸움이다. 인간에게 절대적으로 불리하다는 생각이 든다.

금융업 또한 급여가 높고 평판이 좋은 인기 직업이다. 금융업을 대 표하는 상징적인 회사는 바로 미국의 골드만삭스다. 이 회사는 2014

년에 켄쇼라는 '인공지능 투자분석 시스템'을 트레이딩팀에 도입했다. 그 결과는? 약 600명에 달하던 트레이딩팀 직원들의 해고였다. 펀드 매니저 직업도 도전받고 있다. 한국에서 인공지능 기반 로보 어드바이저 펀드의 2019년 말 기준 3년 평균 수익률은 8%를 웃돌았다. 반면 인간 펀드 매니저들의 평균 수익률은 이보다 부진했다. 앞으로 인공지능이 더 진화한다면 얼마나 많은 금융업 종사자들이 해고될까?

그렇다고 인공지능이 영악하게도 고소득 전문직종의 일자리만 집중적으로 노린다고 생각하면 그건 오해다. 일반 서민들의 일자리 또한 빠른 속도로 사라질 수 있다. 미국의 우버를 예로 들어보자. 우버는 미국 점유율 1위의 차량공유 회사다. 2019년 나스닥에 상장했지만 여전히 적자 폭이 크다. 가장 큰 이유는 인건비 때문이다. 설상가상으로 임시직 근로자를 정직원으로 채용하라는 'AB5 법'이 캘리포니아주에서 통과됐다. 정직원은 초과 근로수당, 건강보험, 유급휴가 등의 인건비 비용이 추가된다.

그렇다면 앞으로 우버는 어떻게 흑자를 낼 수 있을까? 자율주행차를 도입하면 된다. 자율주행차에는 정규직 기사 대신 무인으로 운용된다. 그래서 인건비 자체가 사라지게 된다. 자율주행차는 20년 안에 대중화될 가능성이 높다. 이때부터 마부가 일자리를 잃듯이 운전기사는 모두 일자리를 잃게 된다. 마부는 운전기사라는 새로운 직업으로 대체됐다. 하지만 자율주행차 도입 이후에는 대체할 수 있는 직업이 없다는 게 문제다.

현재 우버에 등록된 운전기사는 몇 명일까? 300만 명이 넘는다. 그리고 운전기사는 우버에만 있는 게 아니다. 미국의 화물차 기사 또한 최소 200만 명 이상이다. 미래에 이들 모두가 일자리를 잃을 수 있다. 자율주행차 1등 기업인 구글 웨이모의 CEO 존 크라프칙John Krafcik 은 이렇게 말했다. "자동차는 자동차 회사가 만들고 우리는 운전기사 를 만든다." 어떤가? 무시무시하지 않은가?

아마존의 사례도 살펴보자. 일반 점포를 무인점포인 아마존 고Amazon Go로 바꾸면 점포 고용인원을 60여 명에서 8명으로 줄일 수 있게 된다. 아마존 고는 2021년까지 미국에서 3,000개를 출점할 계획이다. 매장당 52명씩 약 15만 개의 일자리가 사라진다는 계산이 나온다. 아마존은 2019년에 미국 내 직원 10만 명의 직업 재교육 계획을 발표했다. 예상 비용은 8,000억 원(7억 달러)이다. 인공지능과 로봇으로 대체 가능한 물류, 상품배송, 일반관리 인력들에 대한 이동배치가 표면적 이유다. 하지만 본심은 장기적으로 이 직원들을 감축해 다른 직업을 찾게 해주는 게 목표인 듯하다. 인건비 절감의 혜택은 고스란히 아마존 경영진과 투자자들이 누리게 될 것이다.

2019년 기준 구글의 직원수는 약 12만 명, 애플은 14만 명, 마이크로소프트는 15만 명, 페이스북은 4만 5,000명이다. 반면 아마존의 직원수는 무려 80만 명이다. 아마존은 업종 특성상 직원들이 많이 필요하긴 하다. 하지만 아마존이 얼마나 직원들을 줄이고 싶어할지도 예상 가능하다.

3
서울 아파트
vs. 글로벌 1등 기업

서울 아파트의 대폭등과 화폐가치의 대폭락

우리네 평범한 직장인들의 소망은 뭘까? 돈을 많이 벌어 부자로 은퇴하는 것이다. 부자가 되면 자신의 소중한 시간을 원하는 대로 쓸 수있기 때문이다. 사람은 아무리 오래 살아봐야 100세이다. 한 번뿐인소중한 인생이니 오롯이 자신에게 충실하고 싶다.

하지만 모든 사람이 다 부자가 될 순 없다. 그러다 보니 직장인들의현실적인 소망은 안정적으로 오랫동안 회사에 다니는 것이다. 회사에다니는 동안에는 의식주 걱정이 없으니까. 고정적인 월급을 통해 생계를 유지하며 저녁과 휴일에는 본인을 위한 취미생활을 하며 시간을쓸 수 있다. 최고의 대안은 아니지만 차선책으로는 나쁘지 않다. 그리고 월급의 일정 부분을 저축하거나 투자한다. 투자를 통해 자산을 늘려나가는 게 부자로 가는 지름길이자 노후를 보장받는 방법이다.

이제 한국의 재테크 환경으로 잠깐 넘어와보자. 평범한 일반인들에게 지난 10년간은 혼란스러운 시대였다. 한국은 연간 2% 남짓한 저성장 시대에 진입했다. 선진국인 미국보다도 낮은 성장률이다. 2010년 초 한국에서의 재테크 상식은 인구감소로 한국 부동산 시장이 일본의 잃어버린 20년처럼 지속해서 하락할 거라는 우려감이 팽배했다. 하지만 10년이 지난 지금 결과는 정반대다. 오히려 부동산 가격은 폭등했다. 이유가 뭘까?

글로벌 중앙은행들은 지난 10년간 제로금리 정책을 쓰며 시중에 유동성을 폭탄처럼 쏟아부었다. 그러다 보니 돈의 가치는 속절없이 추락했다. 우리는 매일매일 하락하는 화폐가치를 절실히 체감하고 있다. 공식적인 물가상승률은 낮지만 체감 물가는 높다. 만약 이 말에 동의하기 어렵다면 오늘 당장 할인마트에 가서 5년 전과 지금의 생필품 가격을 꼼꼼히 비교해보자. 독자들도 다 물가가 폭등했다는 사실을 인정하게 될 것이다.

현명한 투자자들은 화폐가치 하락에 호락호락 당하지 않는다. 투자자들은 돈의 가치를 지켜내기 위해 실물자산에 집중적으로 투자했다. 한국에서는 단군 이래 최저라는 2%대의 낮은 대출금리를 활용한 부동산 투자수요가 폭발했다. 돈은 성장 기대감이 낮은 한국기업들에 투자되지 않았다. 오직 실물자산인 부동산으로 쏠렸다. 특히 수요보다 공급이 부족한 서울 아파트는 최고의 투자 상품이었다. 서울로 서울로 끊임없이 돈이 몰려들었다. 그 결과는? 6년간의 서울 아파트 대폭등으로 귀결됐다.

경기는 어렵지만 부동산 시장은 폭등하는 양극화 장세가 본격화됐다. 경기가 어렵다는 사실만으로 재테크 시장의 붕괴를 예견했던 보수적인 투자자들은 의문의 1패를 당했다. 현금과 예금 위주의 방어적인 운용 전략을 펼쳤는데 화폐가치가 폭락했기 때문이다. 반면 실물 자산인 부동산을 집중 매수한 투자자들은 재테크 시장에서 대승을 거뒀다. 특히 1채가 아니라 2채, 3채 이상의 다주택자들은 이번 폭등 장세로 평생 먹고살 걱정이 없을 정도로 돈을 벌었다.

하지만 이 머니 게임은 40대와 50대 이상의 자산가들에게 절대적으로 유리했다. 자금력이 부족한 20대와 30대 직장인들은 폭등하는 집값을 바라보며 상대적 박탈감에 휩싸였다. 부모의 도움으로 집을 장만한 일부 금수저나 능력이 출중한 소수의 밀레니얼 세대를 제외하고는 애초에 서울 아파트는 매수 가능한 가격대가 아니었다. 게다가 최근 6년간의 대폭등은 평생 서울 아파트를 살 수 없을 것 같은 절망감을 안겨줬다.

2030 직장인들은 부동산 상승 초기에 '영끌(영혼까지 끌어모은) 대출'을 받아 서울 아파트에 투자하지 않은 것을 두고두고 후회하고 있다. 5,000만 원의 연봉을 받는 직장인이 1년에 2,000만 원씩 저축한다 해도 6년간 모을 수 있는 돈은 1억 2,000만 원 수준이다. 하지만 최근 6년간 서울 아파트는 대부분 5억 원 이상 상승했다. 2019년 말 기준 서울 아파트 중위가격은 무려 9억 원이다. 30대 초반으로 유명 대기업을 다니는 한 직장인의 자조 섞인 말을 들어보자.

"나는 학창시절에 고등학교를 1등으로 졸업하고 좋은 대학에 입학해서 좋은 직장에 취직했고 결혼해서 열심히 살아가고 있다. 결혼할 때는 부모님의 도움을 받지 못해 신혼생활을 전세로 시작했다. 성실히 돈을 모으며 직장생활한 지는 5년이 지났다. 나름 열심히 살았다고 자부한다. 그런데 내 주변에는 백수임에도 부모에게 강남 아파트 한 채를 증여받은 친구가 있다. 그 친구는 노력도 안 했고 공부도 못했고 뚜렷한 일자리도 없었지만 5년 전 증여받은 아파트가 지금 10억 원이 올랐다. 나는 뭘 하고 있는 건지 깊은 자괴감이 든다.”

이렇게 한국은 서울 아파트를 '많이 가진 자'와 '그렇지 못한 자' 간의 갈등이 임계점을 넘어가고 있다. 한국 직장인들의 월급 인상률은 서울 아파트 상승률에 비하면 초라한 수준이다. 앞으로 더욱 심각한 문제점은 서울에 아파트를 보유하고 있는 가정과 그렇지 않은 가정 자녀들의 부의 격차다. 부의 대물림으로 인해 한국사회는 더욱 심각한 양극화가 발생할 것이다.

서울 아파트는 대체 얼마나 올랐을까? 2013년 말부터 2019년 말까지 6년간 서울 아파트의 누적 상승률은 74.9% 수준이다. 50% 대출을 가정하면 원금 대비 누적 수익률은 110%를 훌쩍 넘긴다. 반면 한국 주식시장은 어땠나? 동일 기간 한국 코스피 지수는 불과 13% 상승하는 데 그쳤다.

글로벌 1등 플랫폼 기업의 상승률

단순 계산해보면 서울 아파트와 한국 코스피 지수의 대결은 서울 아파트의 압승이다. 한국에서 부동산 투자는 성공으로 가는 길이고 주식투자는 실패로 가는 길이라는 게 공식처럼 통한다. 하지만 만약 주식투자를 한국으로 국한하지 않고 미국 주식들로 범위를 넓혀 대결

서울 아파트 VS. 미국 주식 상승률 비교 (최근 6년)

구분	2013년 말	2019년 말	6년 누적 수익률	연평균 수익률
서울 아파트	75.5	132.0	74.9%	12.5%
미국 나스닥	4,177	8,973	114.8%	19.1%
한국 코스피	1,946	2,197	12.9%	2.1%

(출처: 각 증권거래소 지수, 2019년 말 기준, 한국감정평가원 지수, 2019년 말 기준)

해본다면 결과는 어땠을까?

서울 아파트의 6년간 누적 수익률은 경이적이다. 74.9%다. 연평균 수익률 12.5%를 자랑한다. 반면 한국 코스피 지수의 수익률은 초라하다. 누적 수익률은 12.9%이고 연평균 수익률은 고작 2%다. 은행예금과 비슷하다. 이런 이유로 한국에서는 부동산 투자만이 유일한 승리 공식처럼 여겨진다. 하지만 글로벌 관점에서 관찰해보자. 더 경이적인 수익률을 보이는 곳이 있다. 바로 미국 나스닥 지수다. 최근 6년간 연평균 수익률은 19%다. 한국 코스피 지수의 10배 수준이다. 기간을 늘려 최근 9년간의 연평균 수익률을 살펴보면 무려 40%다. 서울 아파트와 미국 나스닥 지수와의 대결은 나스닥 지수의 압승이다.

도대체 왜 미국 나스닥 지수는 이렇게 많이 올랐을까? 나스닥 시장에 글로벌 플랫폼 시장을 장악한 애플, 마이크로소프트, 아마존, 구글, 페이스북 등이 모두 상장돼 있기 때문이다. 이들 1등 기업들은 플랫폼 시장을 선점하며 압도적인 독점 기업들로 성장했다. 현재도 세계를 지배하는 기업들이지만 앞으로가 더 기대된다. 우리가 자녀들을 성공적으로 교육시키고 성장시키기 위해서는 이 기업들을 잘 관찰해야 한다.

4

1주택은 필수!
그다음은 분산투자

부동산에만 집중하는 건 위험하다

한국 가정에서는 사교육비가 너무 많이 든다는 것이 문제이다. 그런데 한국 가정에 또 하나의 문제점이 있다면 그건 바로 자산의 부동산 집중 현상이다. 한국 가계자산의 75%(통계청, 2018년 가계금융·복지 조사결과)는 부동산이다. 다른 선진국과 비교해보면 그 집중도가 매우 심한 편이다. 물론 이유는 있다. 서울 부동산은 그간 불패의 상승률을 자랑해왔다. 반면 한국 코스피 지수는 10년째 제자리다. 금리는 드디어 1%대로 하락했다. 일반 개인(가계)들은 도대체 부동산 말고 투자할 곳이 없다. 그래서 부동산 집중화는 더욱 강화되는 추세다.

전국 아파트 가격의 최근 6년간 상승률은 23.3%다. 이 정도면 연 3.9%로 물가상승률을 소폭 웃도는 수준이다. 부동산에 투자하는 매력이 커 보이지 않는다. 하지만 이 데이터는 어디까지나 전국 데이터다.

전국 아파트 실거래가격 지수 (최근 6년)

구분	2014년	2015년	2016년	2017년	2018년	2019년	누적
전국 아파트 지수	90.0	95.6	98.1	99.7	101.7	105.4	19.9
전국 아파트 상승률	5.4%	6.2%	2.7%	1.6%	2.0%	3.6%	23.3%

(출처: 한국감정원, 2019년 말 기준)

서울 아파트 실거래가격 지수 (최근 6년)

구분	2014년	2015년	2016년	2017년	2018년	2019년	누적
서울 아파트 지수	79.0	85.5	91.6	100.9	119.2	132.0	56.5
서울 아파트 상승률	4.7%	8.2.1%	7.2%	10.2%	18.1%	10.7%	74.9%

(출처: 한국감정원. 2019년 말 기준)

평균의 함정이 있다.

　서울 아파트 가격으로 범위를 좁혀보면 이야기는 확 달라진다. 서울 아파트 가격의 최근 6년간 상승률은 무려 74.9%다. 그래서 서울 아파트를 가진 사람과 못 가진 사람의 자산 격차는 심각하게 벌어졌다. 앞에서도 설명했듯이 6년간 5억 원 이상 오른 경우도 흔하다. 5억 원을 저축으로 모으려면 도대체 몇십 년을 모아야 하는 걸까? 특히 2주택 이상의 다주택자들은 1채당 5억 원씩만 차익을 봤다고 가정해도 수십억의 엄청난 돈을 벌어들인 셈이다. 이는 고스란히 빈부격차와 양극화 사회를 만드는 데 일조했다.

2주택자보다 해외주식 투자자로 변신해라

서울 아파트 투자는 수익률도 높고 상대적으로 안정성도 있다. 하지만 두 가지 단점이 있다. 첫째는 목돈이 있어야 한다. 서울 아파트를 1억 정도로 투자할 수는 없다. 과거와 달리 대출규제가 강화되고 아파트 가격이 폭등했기 때문이다. 둘째는 2주택자부터는 세금이 폭발적으로 증가한다는 사실이다. 1주택자는 상관없지만 2주택자부터는 강화된 보유세와 양도차익 과세 때문에 그야말로 세금 폭탄을 맞게 된다. 한국정부는 과열된 부동산 시장을 안정시키기 위해 모든 정책적 수단을 동원하고 있다. 이런 정부 정책과 맞서기보다는 실리를 찾는 자산배분이 필요하다.

1차적으로 거액자산가들의 현명한 투자 방법은 똘똘한 아파트 1채를 매입해 거주하며 장기보유 특별공제를 받는 방법이다. 대신 추가 여유자금은 아파트의 추가 구매보다 글로벌 1등 기업에 분산투자를 추천한다. 이유를 따져보자. 첫째로 자산의 부동산 집중 현상을 완화시킬 수 있다. 자산의 75%를 부동산에 배분하는 전략은 상식적으로 바람직하지 않다. 둘째로 글로벌 1등 기업에 분산투자하는 게 세금 측면에서 훨씬 유리하다. 2주택자의 양도차익 최고과세율은 52%, 3주택자의 양도차익 최고과세율은 무려 62%다. 반면 해외주식 투자 시에는 이익금에 대해 22%만 분류 과세하므로 부동산 양도세보다 훨씬 저렴하다.

예를 들어보자. 서울에 시가 10억 원의 아파트를 보유 중인 사람에게 10억 원의 여유자금이 생겼다면 어떤 투자 방식이 좋을까? 기존 집을 매도하고 더 큰 집을 매수해 1주택을 유지하는 건 세금 측면에서는 그리 나쁜 선택이 아니다. 하지만 여유자금으로 아파트를 1채 더 구매해 2주택자가 되는 선택은 피해야 한다. 가장 큰 이유는 세금 때문이다.

만약 2020년 기준 1주택자가 자기자금 10억 원에 대출 5억 원을 받아 15억 원의 아파트를 추가로 1채 더 사 2주택자가 됐다고 가정해보자. 5년 뒤 5억 원 상승한 20억 원에 매도한다면 시세 차익은 무려 5억 원이다. 하지만 빛 좋은 개살구일 뿐이다. 왜일까? 15억 원의 아파트를 매수하려면 취·등록세로 3.3%인 5,000만 원의 세금과 부동산 중개수수료로 0.9%인 1,300만 원을 내야 한다. 이 두 비용만 합쳐도 일단 6,300만 원이다. 매도할 때도 20억 원의 0.9%인 1,800만 원의 중개수수료를 또 내야 한다. 부동산의 거래비용만 다 합쳐도 무려 8,100만 원이다.

보유세는 또 어떤가? 서울에 시세 10억 원과 시세 15억 원의 아파트가 2채가 있다면 공시지가를 시세의 80%만 반영해도 20억 원이 된다. 이 경우 종합부동산세와 재산세 합계는 매년 약 2,000만 원 이상 발생한다. 보유기간인 5년을 곱하면 5년 누적 보유세만 1억 원이다. 만약 추가로 산 아파트에서 월세를 받는다고 해도 대부분은 보유세로 사라지게 될 것이다. 마지막으로 최악의 양도차익 과세가 기다리고 있다. 과거에는 임대사업자로 등록하면 양도차익 감면율이 최대 100%였다. 하지만 2020년부터는 어림없다. 고가주택은 아예 임대사업자 등록이 안 된다. 현재 조정지역 2주택자의 양도소득세 최고과세율은 52%다. 서울은 당연히 조정지역이다.

그래서 양도차익이 5억 원이면 필요경비를 다 차감해도 양도소득세

2020년에 신규로 서울 아파트 매수 시 양도세 감안한 약식 수익률

(기준: 2주택자, 단위: 원)

구분	매수 원금	5년 누적수익	양도 소득세	취등록세	중개료	최종 수익금
금액	15억	5억	약 2억	약 5,000만	약 3,000만	약 2억 2,000만
비고	대출 5억	연 6% 수준	52% 과세	3.3%	매수매도	연 3% 수익률

(계산법: 연 6%씩의 상승을 가정해 5년 뒤에 차익 실현할 경우의 약식 계산)

가 무려 2억 원이다. 결국 5년간 15억 원(대출 5억 포함)을 투자했지만 5억 원의 시세 차익에서 거래비용 8,000만 원과 양도세 2억 원을 차감하면 손에 떨어지는 건 2억 2,000만 원에 불과하다. 5년간의 월세수입은 대부분 보유세로 사라진다. 세금을 자세히 고려하면 실수익률은 고작 연 3%에 불과해 큰 실익이 없다는 계산이 나온다. 결론적으로 서울 1주택 투자자는 수익률이 동일하다면 굳이 추가 구매로 2주택자가 되기보다는 글로벌 1등 해외주식 투자가 세금 측면에서 월등히 유리하다. 꼭 거액자산가가 아니라도 부동산에 투자할 목돈이 없는 투자자라면 글로벌 1등 해외주식 투자를 통해 종잣돈을 만드는 것도 좋은 전략이다.

돈은 수익이 기대되는 곳에 몰린다. 서울 아파트는 지난 6년간 최고의 수익을 주는 투자 대상이었다. 하지만 이미 몇 년 전부터 한국에서도 의미 있는 자산배분의 변화가 일어나고 있다. 바로 해외주식 직접투자의 증가세다. 아직 해외주식 투자를 시작하지 않은 독자들도 언론을 통해 많이 접했을 것이다. 실제로 해외주식 투자는 꾸준히 증가하고 있다. 최근 4년간의 추이를 살펴보자.

한국 예탁결제원 외화증권 보유 현황

(단위: 원)

구분	2016년	2017년	2018년	2019년
해외주식 예탁잔고	7조 2,000억	11조 5,000억	11조 8,000억	17조 3,000억
증가율	55%	60%	2%	47%

(출처: 한국 예탁결제원, 환율 1,200원 적용)

한국인의 해외주식 보유 현황을 살펴보자. 2019년 말 기준 17조 3,000억 원이다. 한 해에 5조 원 이상 증가하는 가파른 성장세를 보였다. 금융투자협회에 따르면 2019년 말 기준 국내 주식형펀드는 67조 원이고 해외주식형펀드는 21조 원이다. 조만간 해외 주식형펀드(21조 원)보다 해외주식(17조 원) 투자 규모가 더 커질 전망이다.

만약 독자 중 한국 부동산에만 집중 투자하고 해외주식 투자를 하지 않았다면 균형 있는 자산배분이라고 말하기 어렵다. 한국의 원화는 기축통화가 아니기 때문이다. 통화 분산 차원에서도 일정비율의 해외주식 투자는 필요하다. 이미 발 빠른 투자자들은 3~4년 전부터 해외주식에 투자해 양호한 수익률을 기록하고 있다. 하지만 아직 늦었다고 생각할 필요는 없다. 어차피 글로벌 1등 기업들의 승자독식 현상은 3~4년 만에 끝날 유행이 아니다. 최소 10년에서 20년을 이끌어갈 장기 트렌드라는 걸 명심하자.

5

글로벌 초거대 기업들의
패권전쟁

플랫폼Platform의 사전적인 의미는 기차 정거장이다. 그렇다면 IT 업계에서 자주 사용하는 플랫폼이라는 단어는 무슨 의미로 사용될까? 이용자수가 압도적으로 많은 컴퓨터 프로그램이나 웹사이트 등을 통칭하는 의미로 쓰인다. 이용자수가 압도적으로 많은 사이트? 그게 뭘까? 예를 들어보자.

글로벌 이용자수를 추정해보면 페이스북이 25억 명, 구글의 유튜브가 20억 명, 마이크로소프트 윈도는 15억 명, 애플 아이폰 이용자수는 9억 명이다. 중국에서 텐센트의 위챗 메신저 이용자수는 12억 명, 알리바바 이용자수는 8억 명이다. 아마존은 미국에서만 프라임서비스 회원이 1억 명이다. 이들이 바로 대표적인 플랫폼 기업들이다. 이들은 거의 독점 수준으로 이용자수를 확보하고 있다.

강력한 플랫폼을 구축한 글로벌 독점 기업들 간의 싸움은 이미 결판이 났다. 전세계 시가총액 상위 10위 중 플랫폼 기업은 무려 7개다. 미국은 앞에서 열거한 애플, 아마존, 알파벳(구글), 마이크로소프트, 페이스북이다. 중국은 알리바바와 텐센트다. 이 거대한 플랫폼 기업들은 이제부터 뭘 해야 할까? 이들은 더 먼 미래에도 계속해서 세계를 지배하기 위해 다시 싸움을 시작했다.

이들의 싸움을 가까이서 관찰하려면 2020년 1월에 진행된 CES 현장을 살펴보면 된다. 2020년에는 28년간 불참했던 애플마저도 참여했다. CES 2020은 '인공지능을 우리의 일상으로'라는 슬로건대로 글로벌 1등 플랫폼 기업들의 최신 인공지능 기술 경연장이었다.

인공지능 기술의 발전에 가장 중요한 요인은 뭘까? 바로 데이터다. 결국 데이터 싸움이다. 인공지능은 많은 양의 데이터를 입력해주면 그 데이터들을 분석해 딥러닝을 통해 계속 진화하기 때문이다. 그렇다면 이 데이터 싸움에서 가장 유리한 기업은 어디일까? 힌트는 이용자수가 많은 기업이다. 예를 들면 전세계인들은 모든 것을 구글에게 물어본다. 당연히 구글에는 전세계인들의 데이터가 넘쳐난다. 비슷한 이유로 미국에서는 아마존, 애플, 페이스북이 데이터가 많다. 중국에서는 바이두, 알리바바, 텐센트를 꼽을 수 있다.

인공지능 분야 중에서 고객에게 제일 가깝게 다가설 수 있는 분야가 뭘까? 바로 음성인식을 바탕으로 하는 인공지능 스피커다. 손으로 검색어를 치는 것보다 그냥 말로 하는 게 훨씬 쉽다. 한 발 더 나아가 말로 지시할 수도 있다. 얼마나 매력적인가? 이 매력적인 음성인식 인공지능 비서의 선두주자는 아마존과 구글이다.

왜 아마존, 구글, 애플, 알리바바는 인공지능 스피커에 사활을 걸고

주요 인공지능 음성인식 비서 및 인공지능 스피커 소개

개발회사	인공지능 음성인식 비서	인공지능 스피커	비고
아마존	알렉사	에코	
구글	구글 어시스턴트	구글홈	
애플	시리	홈팟	
알리바바	알리지니	티몰지니	CES 불참

있을까? 아직 고객에게 인공지능은 개념적으로 막연하다. 이런 생소한 인공지능 기술을 고객이 가장 가깝게 사용할 수 있는 도구가 바로 인공지능 스피커다. 아무리 뛰어난 기술이라도 고객이 사용하지 않거나 소비자에게 익숙해지지 않는다면 확산되기 어렵다. 이런 이유로 적과의 동침도 활발히 진행되고 있다. 치열한 경쟁자였던 아마존, 구글, 애플은 인공지능 스피커의 음성인식과 사물인터넷의 표준 기술을 공동 개발하기로 합의했다.

인공지능 스피커라는 디바이스가 고객의 가정에 침투하면 플랫폼 장악이 쉬워진다. 이미 강력한 플랫폼을 구축한 거대 기업들이지만 미래산업인 인공지능 분야를 선점하기 위해서는 인공지능 스피커를 통해 고객의 홈을 접수해야 한다. 그래야만 인공지능 미래전쟁에서 우위를 점할 수 있다.

아마존의 인공지능 음성인식 비서인 알렉사와 인공지능 스피커인 에코 판매량은 전세계 1위로 점유율 30%다. 아마존을 맹렬히 추격 중인 구글의 인공지능 음성인식 비서 구글 어시스턴트와 인공지능 스피커 구글홈의 판매량은 전세계 2위로 점유율 17%를 기록했다. 애플은 아직 인공지능 기술력이 상대적으로 낮은 편이다. 알리바바는 CES에

글로벌 인공지능 스피커 시장 점유율 현황 (2019년 3분기 기준)

NO.	회사명	2019년 3분기 점유율	2018년 3분기 점유율
1	아마존	30.0%	31.8%
2	구글	17.0%	22.8%
3	바이두	12.2%	8.2%
4	알리바바	11.2%	9.5%
5	샤오미	9.6%	8.4%
6	애플	5.1%	4.9%
7	기타	14.9%	14.5%

(출처: 스트래티지 애널리틱스(SA), 서울경제 2019. 11. 27)

는 불참했지만 중국 인공지능 스피커 시장에서는 바이두와 함께 의미 있는 시장 점유율을 기록하고 있다.

아마존은 CES 2020에서 음성인식 인공지능 비서인 알렉사를 활용해 다양한 가전제품들과 자동차에 연동시킨 솔루션을 집중적으로 전시했다. 구글은 2019년에 이어 2020년에도 구글 어시스턴트의 음성인식 명령어인 '헤이 구글' 광고를 사방에 펼치며 적극 홍보했다. 인공지능 스피커 시장에서 상대적으로 뒤처졌던 애플도 28년 만에 CES에 나왔다. 하지만 애플은 예상과 달리 자사 상품인 시리와 홈팟 홍보는 자제하고 개인정보보호와 관련된 토론에만 집중했다.

CES에 참여하는 기업들은 가장 홍보하고 싶은 기기를 집중적으로 선보인다. 페이스북은 어떤 분야를 홍보하고 싶었을까? 바로 가상현실이다. 뒤의 페이스북 챕터에서 자세히 소개하겠지만 페이스북은 자회사인 오큘러스의 가상현실 헤드 마운티드 디스플레이VR HMD 홍보에 열을 올렸다. SNS 기반의 페이스북은 애플처럼 강력한 디바이스를 가지기를 원한다. 그 디바이스가 바로 가상현실 헤드 마운티드 디스플레이VR HMD다. 언젠가 이 디바이스가 스마트폰처럼 1인당 1개씩 보급될 거라는 희망을 품고 있다.

CES에서 미국기업들은 이렇게 열심히 활동했다. 그렇다면 중국의 인공지능 기술 수준은 어떨까? 한국정보화진흥원NIA에서 2020년 초에 발표한 보고서를 보면 2018년 기준 중국이 등록한 인공지능 관련 특허는 1,351건이다. 미국과 일본을 제치고 조사대상 7개국 중 1위다. 중국은 인공지능 분야의 논문 등록 건수에서도 440건으로 세계 1위를 기록했다.

인공지능 분야에서 중국은 다른 나라와 비교도 할 수 없는 강점을 갖고 있다. 바로 개인정보보호 규제가 느슨하다는 점이다. 중국정부가 이미 중국인들의 얼굴 데이터를 다 가지고 있다는 걸 생각해보라. 중국 기업들의 개인 데이터 활용이 미국기업들보다 훨씬 자유롭다. 이를 기반으로 안면인식, 자율주행차, 헬스케어 등의 기술력이 세계 최상위 수준이다. 만약 미국정부와 미국기업들이 방심한다면 미래의 인공지능 전쟁은 중국기업들의 승리로 끝날지도 모른다.

인공지능은 먼저 달려드는 기업이 선점한다. 이 경쟁에 참여하지 못한 나머지 기업들은 어떻게 될까? 미래에는 이 거대한 인공지능 기술 보유 기업들에게 종속될 가능성이 높다. 아마존, 구글, 애플, 알리바바가 인공지능을 가지고 세상의 모든 부를 다 가져갈 기세다. 이 기업들의 승리에 베팅하고 이 기업들의 주주가 되는 게 투자자로서 승리하는 길이다.

6

글로벌 1등 인공지능 기업
주식을 물려주자

한국에서 사교육은 아직도 유효한가

한국에서 사교육은 아직도 유효한가? 그렇다. 과거보다 훨씬 더 많은 돈을 쓸 수 있다면 유효하다. 한국의 사교육은 어떤 모습일까? 우리가 극장에서 영화 볼 때를 생각해보자. 모두가 앉아서 영화를 본다면 아무 문제가 없다. 하지만 누군가 한 사람이라도 영화를 더 잘 보기 위해 일어서는 순간 모든 사람이 다 같이 일어서서 영화를 볼 수밖에 없다. 하지만 결국 경쟁하는 건 똑같다. 그냥 편하게 앉아서 볼 수 있는 영화를 불편하게도 모두가 서서 볼 뿐이다. 앉아서 보는 게 공교육이고 서서 보는 게 사교육이다.

공교육이 잘돼 있고 입시가 공정하다면 사교육의 필요성은 줄어들 것이다. 하지만 한국 교육 시스템은 오래전부터 사교육에 의존하는 기형적인 형태로 발전해왔다. 사교육은 공교육을 보충하는 수준을 넘어 선행학습을 기본으로 한다. 이런 현실에서 학부모들이 사교육의 늪에서 빠져나오기는 어렵다. 자녀들을 좋은 대학에 보내고 싶어하는 마음은 다 똑같다. 하지만 좋은 대학은 한정적이다. 결국 입시 경쟁은 세상을 살아가는 당연한 이치다.

2019년에 JTBC 드라마 〈스카이 캐슬〉이 대박을 친 이유가 뭘까? 바로 한국 사교육의 현실을 적나라하게 보여줬기 때문이다. 물론 현실보다 다소 과장되긴 했지만 말이다. 드라마상에서 입시 코디네이터가 "어머니, 저를 전적으로 믿으셔야 합니다."라고 말한 대사는 다양한 광고에 활용되며 인기를 끌었다. 드라마는 자산가 자녀들의 명문대학 입학이 과거보다 유리해진 점을 꼬집는다.

과거 한국의 성공방정식 또한 중고등학교 때 성실한 공부와 적절한 사교육을 더해 좋은 대학에 입학한 후 좋은 회사에 취업하는 패턴으로 이어져 왔다. 하지만 지금 현실은 기존의 성공방정식으로 돌파하기 어렵다. 한국에서 좋은 일자리가 사라지고 있기 때문이다. 우리 아이들의 경우 엄청난 사교육비를 쏟아부어 명문대에 진학해도 취업이 보장되지 않는다는 게 제일 큰 문제다.

좋은 직장의 취업 기회가 줄어드는 가장 큰 원인은 뭘까? 바로 자동화와 로봇화이다. 당장 금융권을 보라. 고객들은 군이 은행에 갈 필요가 없다. 증권사도 마찬가지다. 스마트폰 하나로 인터넷 뱅킹도 하고 국내주식과 해외주식을 자유롭게 매매한다. 또 다른 이유는 저성장으로 기업들의 채용 수요가 급감하고 있다.

미국에서도 자동화로 인한 일자리 감소는 심각한 수준이다. 지난 10년간 자동화로 인한 제조업 일자리 감소는 수백만 개가 넘는다. 앞에서 언급했던 아마존의 자동화 속도도 빠르다. 앞으로 미래에는 인공지능으로 일자리가 사라지게 될 것이다.

이런 시대적인 상황에서 사교육비 과다 지출이 전략적으로 좋은 방법인지는 고민이 필요하다. 거액자산가들의 경우 막대한 사교육비도 부담 없이 지출 가능하다. 하지만 중산층에서 막대한 사교육비를 쏟아붓는 것이 과연 효율적인 전략인지는 진지하게 따져볼 필요가 있다.

글로벌 1등 해외주식으로 부를 물려줘라

필자의 아들은 이제 초등학교 5학년이 된다. 하지만 아직 공부에 흥미가 없다. 필자에게 대놓고 "나는 공부가 재미가 없으니 공부하라고 말하지 마세요."라고 얘기할 정도다. 하지만 언제 변심해서 공부를 좋아할지 모를 일이니 너무 뒤떨어지지 않게 꾸준히 사교육을 시키고 있다.

이번에 책을 쓰면서 주변 사람들 사례를 조사해봤다. 초등학생 기준 주변 지인들의 사교육비 조사결과는 월평균 100만 원 내외였다. 하지만 통계청이 발표한 2019년도 사교육 참여학생의 사교육비 평균은 초등학생은 34만 7,000원, 중학생은 47만 4,000원, 고등학생은 59만 9,000원이다. 전체 평균은 42만 9,000원이다.

통계치를 대입해보면 내 주변 사람들은 초등학생 사교육비로 통계청 발표자료의 3배를 쓰고 있는 셈이다. 그렇다면 그들은 대한민국 상위 1%의 사교육비를 쓰는 상류층 가정들이란 말인가? 그런 것 같지는 않다. 이 통계청의 통계결과는 평균의 함정이다.

어쨌든 〈스카이 캐슬〉 같은 드라마를 보면 아이가 공부만 잘한다고 다 해결되는 건 아니다. 좋은 대학에 가기 위해서는 이런저런 복잡한 사교육을 통해 아이의 경력을 만들어줘야 한다. 얼마나 큰 비용이 들어갈지 상상조차 안 된다. 이런 현실에서 어렵게 좋은 대학을 보냈다고 해서 반드시 취직이 보장되는 것도 아니다. 과연 우리 아들은 공부를 월등히 잘해서 명문대에 진학할 수 있을까? 혹시라도 명문대에 진학한다면 그다음 단계인 좋은 회사에 취업이 될 수 있을까?

인생에는 플랜 B가 필요하다. 플랜 A가 명문대 진학과 좋은 회사 취업이라면 플랜 B는 뭘까? 앞으로 세계를 지배하게 될 글로벌 1등 플랫폼 기업이자 인공지능 기업의 주주가 되는 거다. 이를 통해 자녀들이 해당 기업들에 관심을 두게 된다면 일단 성공이다. 차라리 앞으로 쓸 사교육비를 약간 줄여서 글로벌 1등 주식을 사주는 게 교육적으로나 금전적으로 더 좋을 수 있겠다는 생각이 들었다.

그래서 2020년을 기념해 아들에게 제안했다. "이제 너도 한국 나이로 열두 살이 됐으니 종잣돈을 불리기 위해 투자를 시작해보자. 돈을 버는 방법은 크게 세 가지가 있다. 첫째는 사업, 둘째는 부동산 투자, 셋째는 주식투자이다. 너는 사업하기엔 너무 어리고 부동산 투자는 목돈이 필요하니 적은 돈으로 할 수 있는 주식투자를 해보자." 아들은 펄쩍 뛰었다. 손해보는 게 싫어서 안 하겠다는 것이다. 아들이 여태까지 모아놓은 세뱃돈은 총 500만 원이었다. 그래서 "네가 투자를 하면 아빠가 500만 원을 보태서 1,000만 원을 만들어줄게. 아무리 투자를 못 해도 마이너스 50%까지 하락하는 건 흔하지 않으니 손해는 아니지 않을까?"라고 했다. 그제야 간신히 설득됐다.

드디어 1,000만 원으로 증권사에 아들 명의로 주식 계좌를 만들었다. 그리고 이 책에 나오는 13개의 종목 중에 신중히 5개만 고르라고 했다. 아들은 무척 귀찮아했지만 필자의 강요에 못 이겨 위인전을 통해 알게 된 애플, 마이크로소프트, 알파벳(구글), 페이스북과 자신이 즐겨보는 넷플릭스까지 총 5개 종목을 골랐다. 이렇게 우리 아들의 첫 번째 투자가 시작됐다.

필자의 계산법은 심플하다. 아들이 앞으로 공부를 잘할지 장담할 수 없다. 설사 좋은 대학에 입학한다 해도 좋은 회사에 취직하리라는 보장도 없다. 그러니 플랜 B로 글로벌 1등 주식을 사주면 재테크 측면에서도 좋고 현명한 투자 방법도 가르칠 수 있다는 계산이다. 아무래도 글로벌 1등 기업들에 관심을 두면 좀 더 세상의 흐름을 잘 이해할 수 있으리라 생각한다.

특히 우리 아들은 이 투자를 통해 월급쟁이가 아니라 자본가의 길에 들어섰다는 점이 마음에 들었다. 비록 투자금액은 1,000만 원이지만 시작이 중요하다. 월급만으로 부자가 되기는 어렵다. 부자가 되려면 자본가가 돼야 한다. 특히나 지금처럼 글로벌 1등 기업들이 세계의 부를 독점해가는 시대에는 더더욱 자본가의 길에 서는 것이 중요하다.

왜 서울 부동산보다 글로벌 1등 해외주식인가

그동안 계속해서 폭등해왔던 서울 부동산과 글로벌 1등 기업들과의 결정적인 차이는 뭘까? 바로 확장성이다. 글로벌 1등 플랫폼 기업들의 매출은 10년 뒤에 10배로 확장될 수도 있다. 하지만 서울 부동산의 월세가 10년 뒤에 10배로 확장될 수는 없다. 결론은 간단하다. 내 집 1채는 서울에 마련해라. 하지만 내 집 1채를 이미 마련했다면 집을 1채 더 사서 2주택자가 돼 세금의 노예가 되지 마라. 대신 글로벌 1등 기업의 주주가 되는 게 훨씬 더 현명한 투자 전략이다.

이제 독자들의 시간이다. 독자들 스스로가 글로벌 1등 기업의 주주가 돼보면 어떨까? 그리고 독자들의 자녀들을 자본가의 길로 인도해보면 어떨까? 그 첫 출발을 초등학생 또는 중학생 때부터 시작해보면 어떨까? 우리 아이들은 모두 윈도와 페이스북과 아이패드를 쓰고 유튜브와 넷플릭스를 본다. 이런 글로벌 1등 회사의 고객으로만 남지 말고 과감하게 주인이 될 기회를 놓치지 말자.

세상이 변했다. 한국에서 1등 기업이라고 생존을 보장받는 시대가 아니다. 오직 글로벌 1등 기업만이 모든 걸 차지하는 시대이다. 우리에게 투자는 선택의 문제가 아니다. 우리는 삶을 지켜내기 위해, 하루가 다르게 떨어지는 화폐가치를 지켜내기 위해, 우리 자녀들을 잘 성장시키고 세상의 변화에 유연하게 대응하기 위해 투자해야 한다.

인공지능 시대가 성큼 눈앞에 왔다. 글로벌 1등 플랫폼 기업들이 인공지능마저 탑재하고 있다. 미래에 인공지능에 지배당하지 않고 인공지능을 지배하기 위해서는 어떻게 해야 할까? 지금부터 독자들 스스로가 초지능인 슈퍼 인텔리전스를 가질 방법이 무엇인지 같이 고민해보자.

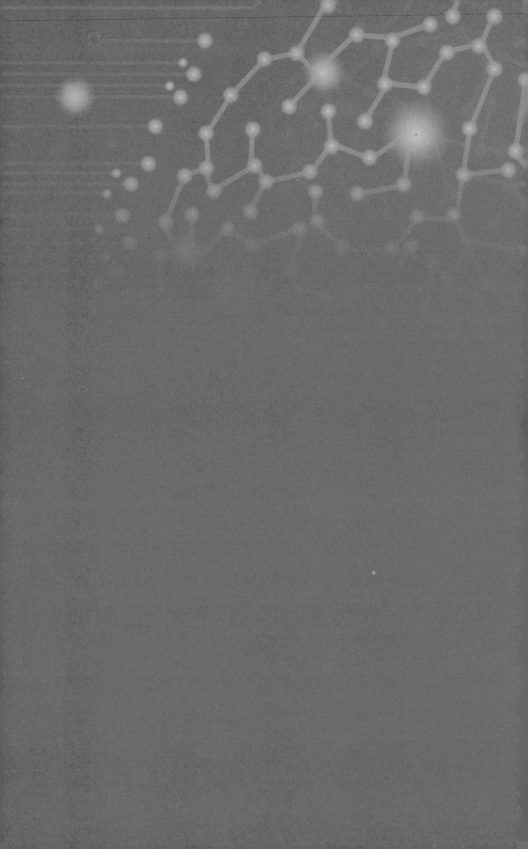

2부

인공지능 플랫폼 기업 분석

2장

주요 8개 종목
요약 분석

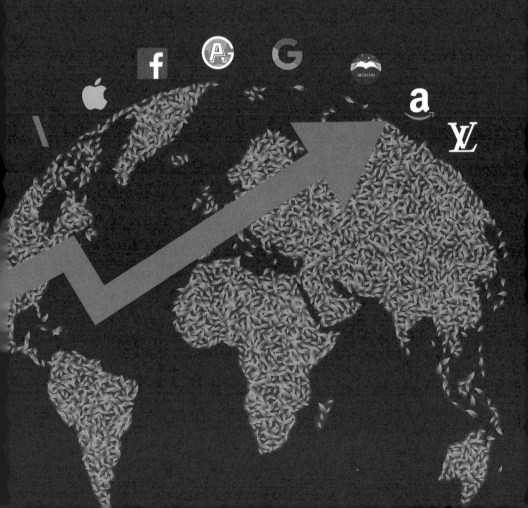

1

주요 8개 종목의
수익률 분석

글로벌 1등 플랫폼 기업들은 이미 글로벌 전체에서 독점적인 경쟁력을 갖추고 있다. 이를 기반으로 막대한 이익을 내고 있다. 게다가 다가올 인공지능 시대에 대비해 상상을 초월하는 자금을 인공지능 기술개발에 선제적으로 쏟아붓고 있다. 그런데 이런 훌륭한 글로벌 1등 플랫폼 기업 중 상당수는 이미 내 첫 번째 책인 『1천만 원부터 진짜 재테크』에서 소개한 바 있다. 그렇다면 이 주요 종목 8개의 2019년 1년간의 평균 수익률은 어땠을까? 무려 43%다. 반면 2019년의 서울부동산 평균 상승률은 10.7%다. 글로벌 시장을 선도하는 주요 8개 기업 수익률이 서울부동산 수익률보다 4배 좋았다. 어찌 보면 당연한 결과다.

그런데 혹시 이 핵심 8개 종목들의 주가가 유독 2019년의 증시가 활황이라서 우연히 오른 건 아닐까? 이렇게 생각하는 독자들도 있을

주요 8개 기업 주식 수익률 (2019년 연간)

NO.	종목명	2018년 말 주가	2019년 말 주가	상승률
1	마이크로소프트	102달러	158달러	55%
2	아마존	1,502달러	1,848달러	23%
3	알파벳A(구글)	1,045달러	1,339달러	28%
4	알리바바	137달러	212달러	55%
5	텐센트	314홍콩달러	376홍콩달러	20%
6	삼성전자	38,700원	55,800원	44%
7	넷플릭스	268달러	323달러	21%
8	항서제약	43위안	87위안	102%
-	8개 기업 평균	-	-	43%

수 있겠다. 그래서 최근 10년 누적 수익률을 계산해보니 역시 1,190% 라는 경이적인 수익률을 기록하고 있다. 10년 동안 무려 10배 이상 올랐다는 뜻이다.

그렇다면 이 종목들은 과연 2020년에도 계속해서 오를까? 주식시 장에서 1년 단위의 단기 전망은 틀릴 확률이 높다. 주식시장은 변동 성이 커서 언제든 큰 폭의 하락 리스크가 존재하기 때문이다. 하지 만 5년이라는 긴 호흡으로 전망해본다면 어떨까? 필자는 5년 뒤인 2025년에도 이 8개 기업들의 평균 수익률은 양호할 거라고 전망한 다. 이 8개의 포트폴리오 안에는 세계 1등 플랫폼 기업들이자 인공지 능 기업들이 다수 포함돼 있기 때문이다. 그리고 여전히 글로벌 시장 에서 높은 성장세를 보이고 있는 독점 기업들이다.

사실 위에서 언급한 주요 8개 종목을 한 번도 못 들어본 사람은 없 다. 글로벌화가 가속화되면서 해당 종목들은 한국사람들에게도 유명

핵심 8개 종목 가치평가 현황 (2019년 말 기준)

NO.	기업명	시가총액	영업이익	매출액	자본총계	ROE	PER	PBR	결산
1	마이크로소프트	1,442조 원	52조 원	151조 원	123조 원	42%	26.5	10.0	6월
2	아마존	1,104조 원	17조 원	337조 원	74조 원	22%	80.4	14.8	12월
3	알파벳(구글)	1,029조 원	41조 원	194조 원	242조 원	18%	27.2	4.6	12월
4	알리바바	682조 원	20조 원	85조 원	123조 원	20%	29.9	5.8	3월
5	텐센트	534조 원	19조 원	63조 원	64조 원	25%	38.5	8.5	12월
6	삼성전자	371조 원	27조 원	231조 원	255조 원	9%	17.4	1.1	12월
7	넷플릭스	170조 원	3조 원	24조 원	9조 원	29%	78.0	18.7	12월
8	항서제약	65조 원	1조 원	4조 원	4조 원	22%	78.2	16.3	12월

주석1) 2019년 말 주가 기준, 달러 1,200원, 홍콩달러 150원, 위안화 170원 원화 환산
주석2) 6월 결산법인은 확정치, 12월 결산법인은 추정치, 알리바바는 2020년 3월 말 추정치
주석3) 삼성전자는 우선주 합산, 알파벳은 A주와 C주 합산

하다. 오히려 필자보다 더 깊이 있는 지식을 가진 사람들도 많다. 하지만 필자는 영업점 현장에서 아이러니한 감정을 느낄 때가 많다. 지식이 많은 것과 실제로 행동하는 것은 완전히 다르다는 사실 때문이다.

글로벌 1등 플랫폼 기업들에 대해 거의 박사 수준의 지식이 있더라도 주식을 직접 매수하는 사람들은 생각보다 많지 않다. 사람들은 쉽게 행동하지 않는다. 물론 행동하지 않는 합리적인 이유는 넘쳐난다. 좋은 기업인 줄은 알지만 지금은 가격이 너무 비싸니 좀 더 하락하면 사겠다는 것이 대표적이다. 하지만 실제로 이 주식들이 하락하면 더 폭락할까봐 두려워 결국 사지 못한다.

또는 투자 이유에 대해서는 공감하지만 막상 투자하려니 계좌도 개설해야 하고 자금도 이체해야 하니 번거롭고 귀찮아서 포기하는 경우도 많다. 결국 이런저런 이유로 인해 필자보다 훨씬 고급 지식을 가지

고도 막상 이런 위대한 기업들을 매수해 수익을 내는 사람들은 생각보다 많지 않다. 우리가 구글이나 아마존에 대해 그 회사 CEO보다 더 잘 알 수는 없다. 완벽한 공부보다는 작은 금액이라도 과감히 투자를 시작해보는 게 더 현명한 행동이라고 생각된다.

IT 기업들의 변화는 일반기업들과는 비교도 안 되게 빠르다. 기업의 본질은 바뀌지 않지만 여러 가지 새로운 시도들을 통해 빠르게 변신해 나가는 게 특징이다. 필자는 이번 책에서 핵심 8개 종목 중 인공지능과 관련 있는 5개 기업(아마존, 알파벳, 마이크로소프트, 알리바바, 넷플릭스)에 대해서는 인공지능 중심으로 요약 분석 해보았다. 추가로 인공지능과 직접적으로는 크게 관련이 없는 3개 기업(텐센트, 항서제약, 삼성전자)에 대해서는 최근의 상황 변화 중심으로 요약 분석했다.

2

아마존, 가격이 아니라
배송 속도로 승부!

　한국의 유통시장이 격변하고 있다. 2019년 한국의 온라인쇼핑 전체 거래액은 전년 대비 20% 성장한 135조 원이다. 한국의 쿠팡은 매년 1조 원 이상의 막대한 적자를 내면서도 로켓배송과 로켓프레시라는 빠른 배송을 통해 점유율을 계속 확대해 나가고 있다. 게다가 2020년 초에 발생한 코로나19 바이러스로 인해 쿠팡의 주문 물량은 배송을 감당할 수 없을 정도로 폭증했다. 신규 가입자도 증가 추세다. 하지만 2019년 기준 쿠팡의 온라인쇼핑 시장 점유율은 13%(추정) 내외로 아마존(45%)이나 알리바바(60%)에 비하면 현저히 낮은 수준이다.

　이런 가운데 오프라인 유통업의 최강자인 롯데그룹의 신동빈 회장이 2020년 3월에 일본 니혼게이자이신문과의 인터뷰에서 롯데마트, 롯데슈퍼, 롯데백화점의 700여 개 오프라인 매장 중 실적이 부진한 200여 곳을 5년 안에 정리할 것이라는 폭탄선언을 했다. 대신 온라인 사업 강화를 선언했다. 한국의 유통업은 지금 격변의 한가운데에 서 있다. 하지만 여전히 처절한 치킨게임 중이라는 사실은 변함이 없다.

미국은 오프라인에서 온라인으로 소비자들이 대이동하는 유통시장의 격변을 이미 오래전에 겪었다. 물론 결과는 45%의 독보적인 점유율을 차지한 아마존의 완승이었다. 아마존은 연회비 119달러(14만 원)를 받는 프라임 서비스로 무료배송, 음악, 비디오 스트리밍 등 다양한 서비스를 해주는 전략으로 시장을 석권했다. 아마존 때문에 주요 오프라인 업체 상당수가 파산하며 몰락했다. 미국의 2019년 온라인 쇼핑 전체 거래금액은 한국(135조 원)의 5배가 넘는 720조 원으로 추정된다. 이 중 약 절반인 300조 원(추정)이 아마존을 통해 거래된 것으로 추정된다. 아마존은 미국 이외에 유럽 주요 국가에서도 온라인 쇼핑 시장 점유율 1위를 달리고 있다.

아마존은 이런 높은 시장 점유율에 만족하지 않고 2019년 하반기부터 새로운 카드를 꺼내 들었다. 바로 기존 '2일배송'을 '1일배송'으로 바꾼 것이다. 참고로 미국의 국토는 한국의 98배에 달한다. 아마존은 저렴한 가격도 중요하지만 가장 중요한 건 배송 속도라는 사실을 일찌감치 간파했다. 하지만 막대한 물류투자 비용에 대한 우려로 아마존의 주가는 2019년 내내 횡보했다. 그러나 이 무모해 보이는 투자는 효과가 있었던 것으로 판명됐다. 아마존의 2019년 4분기 온라인쇼핑 매출이 급증했기 때문이다.

게다가 2020년 초부터 시작된 코로나19 바이러스의 영향으로 아마존의 주문 물량은 폭증하기 시작했고 신규 가입자수 역시 급격히 증가하고 있다. 코로나19 바이러스로 인해 소비자들의 온라인쇼핑 이용은 더욱 가속화되고 있다. 지금은 워낙 배송주문이 몰려 일부 국가에서는 생필품과 음식료품 위주로만 배송하는 등 호흡을 조절하고 있는 실정이다. 이 위기가 지난 후에도 사람들은 계속해서 온라인쇼핑을 이용하게 될 것이다. 장기적으로 볼 때 아마존이 중국을 제외한 전 세계 온라인쇼핑 시장을 석권할 날도 머지않아 보인다. 하지만 아마존은 여기에 만족하지 않는다.

추가로 신선식품 매장 홀푸드를 인수하고 무인 매장 아마존고를 만들어 오프라인 시장에도 진출했고 온라인 약국인 필팩을 인수해 헬스케어 사업에도 진출했다. 코로나19 바이러스는 시장규모가 어마어마한 신선식품의 온라인주문 확대에도 큰 영향을 미치고 있다. 아마존이 영위하는 모든 사업들의 볼륨이 급격하게 커지고 있다. 하지만 아마존은 끊임없이 새로운 사업에 진출하고 있다. 아마존은 지금 상위 1%가 아닌 상위 0.1%가 되는 길을 향해 달려가고 있다.

아마존을 세계 최대의 온라인쇼핑몰로만 생각하면 곤란하다. 2019년 전세계 클라우드 시장규모는 무려 250조 원이며 여전히 매년 30% 이상의 고성장을 기록하고 있다. 이런 거대한 시장에서 아마존 웹서비스AWS의 전세계 클라우드 시장 점유율은 무려 33%다. 아마존 이익의 상당 부분은 클라우드 분야에서 발생하고 있다. 하지만 필자가 장기적으로 가장 주목하는 부분은 바로 아마존의 음성인식 인공지능 비서인 알렉사다.

앞으로 도래할 인공지능 시대에서 아마존은 제품 데이터가 많아 유리한 기업이다. 데이터가 많을수록 미래의 인공지능 기술개발 싸움에서 유리하다. 아직 전반적인 지식 분야에서는 구글 어시스턴트보다 부족하지만 제품 검색 분야에서만큼은 오랫동안 쌓여 있는 데이터를 기반으로 더 우수한 성능을 발휘할 수 있다. 특히 미국에서 인공지능 스피커인 아마존 에코의 2019년 시장 점유율은 무려 70% 수준이다.

아마존은 미래의 인공지능 시장을 선점해 세계를 지배하려는 야망을 숨기지 않는다. 자동 물류로봇과 무인매장 아마존고에도 인공지능을 적극 활용하고 있다. 알렉사를 활용해 인공지능 경제권을 구축하려는 큰 그림을 구상하고 있다. 말 그대로 인공지능 전문 기업이다. 우리는 아마존이 꿈꾸는 인공지능의 미래에 주목해야 한다.

아마존은 2019년 말 기준 애플과 마이크로소프트에 이어 시가총액 (1,100조 원) 3위를 기록 중이다. 2019년 아마존의 영업이익은 17조 원이다. 온라인쇼핑 분야의 영업이익(6조 4,000억 원)외에 수익성이 훨씬 좋은 클라우드 시장에서 전세계 점유율 33%로 1위를 기록하며 더 높은 영업이익(11조 원)을 내고 있다는 점도 돋보인다.

독자들은 경쟁이 격화되고 있는 한국의 유통회사들보다는 이미 모든 경쟁을 끝낸 압도적인 글로벌 전자상거래 1등 기업이자 클라우드까지 글로벌 1등 기업이며 미래에는 헬스케어와 인공지능 분야에서도 승리할 가능성이 높은 아마존의 잠재력에 주목해야 한다. 아마존은 강력한 플랫폼 기업이자 미래의 인공지능 시대를 이끌어갈 상위 0.1%가 될 가능성이 가장 높은 기업이다.

3

알파벳, 구글과 유튜브와 웨이모와
핏빗을 다 가진 지주회사!

처음에는 알파벳의 이름을 생소하게 생각하는 사람들이 많았지만 지금은 어느 정도 익숙해졌을 거라 생각된다. 알파벳은 구글, 유튜브, 안드로이드, 웨이모, 핏빗 등 수많은 초우량 회사를 거느린 지주회사 이름이다. 알파벳이라는 이름은 A부터 Z까지 모든 걸 다 하겠다는 의지를 바탕으로 만들어졌다. 전세계 검색 시장 점유율이 90% 이상인 구글과 전세계 인구 중 20억 명 이상이 사용한다는 유튜브와 안드로이드를 모르는 사람은 없을 것이다. 알파벳에는 그 외에도 다양한 사업을 진행하는 알짜 자회사들이 숨겨져 있다.

그런데 2019년 12월에 충격적인 소식이 전해졌다. 구글의 공동창업자인 래리 페이지와 세르게이 브린이 동시에 경영에서 손을 떼겠다고 발표한 것이다. 구글의 지주회사인 알파벳의 새로운 CEO로는 인도 출신인 순다르 피차이가 임명됐다. 그 뒤 알파벳은 바로 실적발표

방식을 변경했다.

2020년 2월에 15년 만에 처음으로 유튜브의 실적을 공개했는데 2019년 매출액은 18조 원(152억 달러)이었다. 이는 알파벳 매출액 194조 원(1,619억 달러)의 10% 수준이다. 한국에서 3,000만 명, 전세계에서 20억 명이 사용하는 일명 '갓튜브'의 실적은 예상대로 양호한 편이었다. 그리고 꾸준히 성장세를 보이는 점도 긍정적이다. 동영상 시장의 성장세가 계속되고 있어 언젠가는 유튜브가 알파벳 매출의 30% 이상을 차지하는 날이 올지도 모른다.

알파벳의 또 다른 자회사인 인공지능 기반의 자율주행차 프로그램 웨이모는 2019년 9월에 모건스탠리로부터 기업가치 평가를 기존의 210조 원(1,750억 달러)에서 126조 원(1,050억 달러)으로 40% 평가절하당했다. 자율주행차의 기술 상용화가 예상보다 늦어지고 있다는 이유 때문이다. 하지만 웨이모는 여전히 전세계에서 자율주행차 중 기술력이 가장 우수하다. 필자는 결국 시간의 문제일 뿐 자율주행차 시대가 올 것이고 그 선두에는 웨이모가 있을 거라고 전망한다. 그래서 적절한 시기가 되면 모건스탠리는 다시 웨이모의 기업가치 평가를 상향할 것으로 예상한다.

알파벳은 2019년 11월에도 놀라운 발표를 했다. 바로 웨어러블 시장 점유율 1위인 애플워치에 이어 삼성전자와 2위를 다투고 있는 핏빗을 2조 5,000억 원(21억 달러)에 전격 인수한 것이다. 특히나 디바이스에 대한 열망이 강한 페이스북과의 치열한 경쟁 끝에 인수해 보람이 더 클 듯하다.

헬스케어 시장은 거대한 성장성이 예상되는 미래 산업 중 하나다.

이미 알파벳은 수명연장을 연구하는 켈리코와 생명공학 연구소인 베릴리 등을 자회사로 두고 있다. 그런데도 알파벳이 핏빗을 추가로 인수한 가장 큰 의도는 뭘까? 바로 의료 데이터를 확보하기 위해서다. 소비자들이 손목에 차고 있는 핏빗을 이용해 직접 혈압, 맥박, 수면패턴 등의 소중한 의료 데이터를 수집할 수 있다면 알파벳의 의료 인공지능 기술 향상에 큰 도움이 될 것이다.

그 외에도 알파벳에게는 무수히 많은 자회사들이 있지만 필자가 가장 관심 있게 보는 분야는 역시 인공지능이다. 구글은 전세계에서 데이터가 가장 많이 쌓여 있는 기업이다. 세상 사람들은 모두 구글 검색을 통해 정보를 얻어내고 있다. 결국 세상의 모든 데이터는 다 구글이 가지고 있다고 보면 된다.

구글은 이 빅데이터를 기반으로 인공지능 분야에서 기술적으로 가장 앞서 있다. 게다가 막강한 인공지능 자회사인 딥마인드도 있다. 딥마인드는 기계학습과 딥러닝을 통해 정보를 처리하므로 특정 분야에 제한되기보다는 다양한 분야에서 활용된다. 딥마인드는 2020년 1월 『네이처』에 「인공지능을 활용해 도파민이 뇌를 학습시키는 새로운 원리」에 관한 연구결과를 발표하는 등 활발하게 활동하고 있다. 이번 코로나19 바이러스 분석에도 딥마인드가 활용돼 있다.

구글의 음성인식 인공지능 비서인 구글 어시스턴트의 지능 역시 매일매일 진화하고 있다. 전문지식 분야에서 정확성이 높아 구글 어시스턴트를 따라갈 경쟁자는 없다. 하지만 인공지능 스피커인 구글홈의 2019년 미국 시장 점유율은 25% 수준으로 아직 아마존 에코와는 격차가 큰 편이다. 그럼에도 불구하고 구글 어시스턴트의 기술력은 아마존의 알렉사보다 우수하다는 평가가 일반적이다.

그런데 예기치 못한 코로나19 바이러스는 알파벳에게 얼마나 타격을 줄까? 알파벳에는 너무나 멋진 자회사들이 많이 있다. 하지만 안타깝게도 아직까지는 구글과 유튜브의 광고 매출이 알파벳 수익원의 대부분이다. 특히 코로나19 바이러스의 직격탄을 맞고 있는 여행이나 호텔 광고가 차지하는 비중이 상당하다. 그래서 현재 추세라면 2020년의 구글 광고 매출은 15% 수준의 감소가 예상된다. 이런 이유로 알파벳의 주가는 2020년 3월 말 기준 약 25% 하락했다.

알파벳은 2019년 말 기준 아마존에 이어 시가총액(1,030조 원) 4위를 기록 중이다. 알파벳의 영업이익은 무려 41조 원으로 탄탄한 수익성을 자랑한다. 게다가 알파벳에는 우수한 자회사들이 많이 있다. 하지만 필자가 알파벳을 주목하는 가장 큰 이유는 미래에 최고의 인공지능을 만들어낼 가능성이 높은 회사이기 때문이다. 그러한 필자의 주장에 동의한다면 지금 관심을 가져보자. 일시적인 주가하락은 좋은 매수 기회가 될 수 있다.

4

마이크로소프트, 윈도 제국에서
클라우드로 영역 확장

　마이크로소프트MS는 전세계인들이 컴퓨터를 통해 자주 쓰는 소프트웨어들을 개발한 독보적인 회사다. 윈도10이나 MS오피스로 표현되는 엑셀, 파워포인트, MS워드는 모두 마이크로소프트의 소프트웨어다. 게다가 윈도10이나 MS오피스의 가격은 각각 15만 원을 상회할 정도로 고가의 소프트웨어들이다. 그렇다면 전세계에서 윈도 사용자 수는 얼마나 될까? 약 15억 명으로 알려져 있다.

　2020년이 시작되면서 마이크로소프트에 대한 증권시장의 기대감은 절정에 달했다. 아직 세계적으로 20% 이상의 사람들에게 널리 쓰이고 있는 윈도7에 대한 기술 지원이 2020년 1월 14일자로 완전히 종료됐기 때문이다. 따라서 사람들은 빠른 시간 안에 윈도10으로 유료 업그레이드해야 했다.

　하지만 의외의 복병을 만났다. 마이크로소프트 역시 2020년 초부터 시작된 코로나19 바이러스의 영향으로 주가가 급락한 것이다. 필자는 처음에 의아했다. '소프트웨어 기업이랑 코로나19 바이러스랑 무슨 상관일까?' 마이크로소프트의 윈도는 OEM 방식의 매출이 최소 50% 이상이다. 쉽게 설명해 컴퓨터가 출하될 때 윈도10이 내장되어 판매되는 방식을 말한다. 그런데 코로나19 사태로 컴퓨터 제조공장 가동률이 급락하면서 같이 불똥이 튄 셈이다. 하지만 이는 시간이 해결해줄 문제다.

사실 윈도보다 더 기대되는 건 역시 클라우드다. 2019년 말 기준 아마존 웹서비스가 33% 점유율로 1위이고 마이크로소프트 애저가 18%의 점유율로 2위를 기록하고 있다. 그런데 중요한 건 이 격차가 빠르게 좁혀지고 있다는 사실이다. 시작은 아마존이 빨랐지만 현재 성장 속도는 마이크로소프트가 더 빠르기 때문이다.

그렇다면 마이크로소프트 애저의 경쟁력이 더 높은 이유는 뭘까? 대부분의 기업들이 사용하고 있는 오피스365 소프트웨어를 클라우드와 번들 형태로 제공하기 때문이다. 이런 독보적인 경쟁력으로 인해 250조 원에 달하는 전세계 클라우드 시장에서 2019년에 마이크로소프트 애저의 매출액 성장률은 무려 60%를 상회한다. 그래서 마이크로소프트에 대한 시장의 기대감이 크다.

그리고 설치형인 MS오피스를 구독형인 오피스365로 바꾸는 작업도 순탄하게 진행 중이다. 설치형보다 구독형(월정액)의 수익성이 장기적으로 훨씬 좋기 때문에 마이크로소프트는 꾸준히 구독형으로의 전환을 진행해나가고 있다. 2019년 말 기준 구독자수는 약 3,500만 명까지 늘어났다. 증가 추세는 장기적으로 계속 이어질 전망이다.

그외에 마이크로소프트가 관심을 갖는 분야는 바로 게임 스트리밍 서비스 시장이다. 마이크로소트는 강력한 클라우드 서비스의 강점을 활용해 엑스클라우드라는 게임 플랫폼을 선보였다. 이를 통해 200조 원에 달하는 게임시장에 진출했으며 다양한 게임 콘텐츠들을 확보하기 위해 게임 개발사들을 인수합병하는 데도 자금을 투입하고 있어 더욱더 미래가 기대된다.

그런데 필자의 최대 관심사인 인공지능과 관련한 마이크로소프트의 전략은 뭘까? 마이크로소프트에게도 음성인식 인공지능 비서가 있다. 바로 코타나다. 하지만 상대적으로 존재감이 약하다. 게다가 독자적인 인공지능 스피커도 없다. 결국 아마존과 손을 잡고 코타나를 통해 아마존에서 쇼핑할 수 있도록 협력했다. 궁극적으로 코타나는 아마존의 알렉사와 기능이 합쳐지게 된다.

하지만 그렇다고 마이크로소프트가 인공지능을 아예 포기한 건 아니다. 8,000여 명의 엔지니어들을 투입해 자사의 핵심 서비스인 오피스365, 스카이프, 클라우드 애저, 검색엔진 빙 등 모든 제품과 서비스에 인공지능을 적극 활용하고 있다. 다만 아마존이나 알파벳보다는 뒤처져 보이는 것도 사실이다.

마이크로소프트는 2019년 말 기준으로 애플에 이어 시가총액(1,440조 원) 2위를 기록 중이다. 마이크로소프트의 영업이익은 52조 원(2019년 6월 결산)으로 압도적인 수익성을 자랑한다. 특히 빠르게 성장하고 있는 클라우드 시장은 향후에도 마이크로소프트의 든든한 캐시카우가 될 것이다.

꾸준히 배당금을 지급하는 점 또한 마이크로소프트의 매력이다. 그래서 마이크로소프트는 성장주임에도 불구하고 배당주 펀드들도 많이 선호하는 종목이다. 하지만 필자 입장에서 한 가지 아쉬운 점이 있다면 바로 인공지능 분야다. 더 멋진 미래를 위해 인공지능 분야에서도 분발해주기를 기대한다.

코로나19 바이러스의 영향으로 2020년 3월 말 기준 마이크로소프트도 고점 대비 약 20% 하락한 상태다. 하지만 부정적인 영향만 있었던 건 아니다. 코로나19 바이러스로 인해 영상회의가 급증하면서 마이크로소프트의 업무용 메신저이자 영상회의 소프트웨어인 팀스의 사용자수는 폭발적으로 증가하고 있다. 클라우드 수요 또한 가파르게 상승하고 있다는 점도 체크 포인트다.

마이크로소프트의 독보적인 경쟁력, 꾸준한 배당금 지급 정책, 글로벌 시가총액 선두기업의 지위 등으로 볼 때 주가 조정은 투자자 입장에서 좋은 매수 기회가 될 수 있다.

5

넷플릭스, 고객의 잠과
경쟁하며 취향 저격!

   글로벌 유료 동영상 서비스 시장의 압도적인 1위인 넷플릭스의 한국 유료 가입자수는 몇 명일까? 이미 200만 명을 훌쩍 돌파했다. 글로벌 기준으로는 2019년 말 기준 1억 6,700만 명이다. 넷플릭스가 최초로 도입한 월 구독 모델은 지금 모든 플랫폼 기업들이 따라하고 있을 정도로 매력적인 수익 모델이다.

   넷플릭스의 비즈니스 모델은 심플하게 세 가지로 정리된다. 첫째 꾸준한 가입자 유치를 통해 월 구독료를 증가시킨다. 둘째 이미 가입한 사람들이 이탈하지 않게 좋은 콘텐츠를 꾸준히 제공한다. 셋째, 장기적으로 가입자들의 월 구독료를 인상해 이익을 증대시킨다.

   넷플릭스는 누구나 인정하는 최고의 플랫폼 기업이다. 하지만 디즈니플러스와 애플TV가 2019년 11월에 유료 동영상 시장에 신규로 진입하면서 과당경쟁이 시작됐다. 이로 인해 넷플릭스는 세계에서 가장 불안한 플랫폼 기업 취급을 받으며 주가가 심하게 롤러코스터를 탔다. 사실 넷플릭스의 주가는 일반적인 주가평가 기준으로는 엄청 비싸다.

2019년 말 영업이익은 아직 3조 원 수준인 데 비해 시가총액은 무려 170조 원으로 PER 80배, PBR 20배 수준의 고평가를 받고 있기 때문이다. 하지만 이런 고평가는 급성장하는 기업들의 특권이기도 하다. 아직도 막대한 적자를 내고 있는 차량공유 업체 우버도 주식시장 신규 상장 시 90조 원 이상의 기업가치 평가를 받았으니 말이다.

주가는 현재의 실적이 아니라 미래의 가능성으로 평가받는다. 하지만 탄탄대로였던 넷플릭스는 막강한 경쟁사들의 신규 진입으로 인해 미래 성장성을 위협받고 있다. 넷플릭스에 부정적인 투자자들의 주장은 12.99달러의 비싼 구독료를 받는 넷플릭스는 디즈니플러스의 6.99달러나 애플TV의 4.99달러와 장기적으로 경쟁하기 어렵다는 의견을 제시한다. 게다가 디즈니의 2019년 영화 점유율은 무려 30%가 넘는다. 이런 막강한 콘텐츠를 보유한 디즈니와 9억 명의 아이폰 사용자를 보유하고 있는 애플과의 정면승부에서 넷플릭스가 과연 승리할 수 있을까? 장기적으로 패배할 가능성이 높다는 게 회의론자들의 논리다. 이들은 향후에 상당수의 넷플릭스 가입자가 디즈니플러스나 애플TV로 옮겨 타거나 최소한 경쟁자들과의 경쟁심화로 성장이 정체될 가능성이 높다고 주장해왔다.

하지만 2020년 초부터 시작된 코로나19 바이러스로 인해 대반전이 일어났다. 가장 강력한 경쟁기업인 디즈니가 디즈니랜드의 일시 폐쇄와 영화관들의 저조한 관객동원으로 인해 실적에 큰 타격을 받게

넷플릭스 연간 가입자 증가 추이 (단위: 명)

구분	2019년도	2018년도	2017년도	2016년도	2015년도
신규 가입자수	2,774만	2,126만	2,000만	2,324만	1,737만
누적 가입자수	1억 6,700만	1억 3,926만	1억 1,800만	9,800만	7,467만
전년 대비 증가율	20%	18%	20%	31%	30%

(출처: 넷플릭스 발표자료)

된 것이다. 코로나19 사태가 장기화될수록 디즈니플러스의 야심찬 글로벌 시장 공략에는 제동이 걸릴 가능성이 높다. 반대로 이미 대부분의 글로벌 시장을 선점하고 있는 넷플릭스는 신규 가입자수가 급증하고 있다.

필자는 여전히 넷플릭스의 성장 가능성을 높게 본다. 이에는 두 가지 이유가 있다. 첫 번째 이유는 플랫폼 사업에서는 누가 먼저 시작해 사용자수를 많이 확보했는지가 가장 중요하기 때문이다. 이미 빠르게 글로벌 시장을 선점한 넷플릭스의 가입자수는 무려 1억 6,700만 명이다.

물론 온라인 유료 동영상 시장의 경우 독점이 아니라 경쟁 시장이다. 이 치열한 경쟁 구도 때문에 마이크로소프트, 아마존, 구글 같은 완벽한 독점 플랫폼 기업들과 달리 넷플릭스의 1등 지위는 상대적으로 취약하다고 평가받는다.

하지만 온라인 유료 동영상 시장은 완전경쟁이 아니라 과점 시장이다. 한국의 IPTV 3대 사업자인 KT, SK브로드밴드, LG유플러스 모두 사업 초기에는 막대한 적자를 냈지만 지금은 3개사가 시장을 과점하며 막대한 이익을 올리고 있다.

두 번째 이유는 넷플릭스의 구독료가 전혀 비싸지 않기 때문이다. 월 표준 구독료 12.99달러는 외견상 비싸 보이지만 다양한 요금제를 통해 아이디를 공유하면 1인당 비용을 5달러 미만으로 낮출 수 있다. 한국만 해도 영화 1편에 1만 1,000원을 받는다. 이런 저렴한 구독료 정책은 디즈니플러스를 보기 위해 넷플릭스를 끊고 이동하기보다 둘 다 추가로 구독하는 형태로 전개될 가능성이 높다고 생각된다.

특히 아시아 시장에서 빠른 성장 속도를 보이고 있는 넷플릭스가 결국은 구독자수를 압도적으로 늘려 경쟁사들과의 싸움에서 판정승할 것으로 전망한다. 결국 온라인 유료 동영상 시장은 상위 3개에서 5개 기업이 과점하는 마진율 높은 고성장 시장이 될 거라는 판단이다.

넷플릭스는 2019년에 전년 대비 무려 20% 증가한 2,774만 명의 신규 가입자를 유치했다. 최근 5년 이내 가장 많이 증가한 수치다. 2020년에는 넷플릭스가 독점 공급하는 한국드라마 「킹덤」 시즌2가 주요 국가들의 언어로 더빙돼 인기를 끌면서 글로벌 시장의 신규 가입자들을 유혹하고 있다.

필자 또한 넷플릭스의 스탠더드 요금제(1만 2,000원)를 사용 중이다. 이를 통해 〈배가본드〉〈동백꽃 필 무렵〉〈사랑의 불시착〉〈이태원 클라쓰〉 등을 시청하며 아주 행복한 나날을 보냈다. 우리 가족은 3명인데 코로나19로 집에 갇혀서 넷플릭스를 엄청 보고 있다. 계정 2개로 3명이 번갈아 보고 있으니 이론적으로 1인당 4,000원 꼴이다. 필자 생각에는 이 정도로 저렴한 요금이라면 넷플릭스를 끊어버리고 경쟁사로 옮기는 사람은 많지 않을 것 같다.

하지만 넷플릭스가 애플TV는 무시할 수 있을지 몰라도 디즈니플러스의 저력을 무시할 수 있는 상황은 아니다. 디즈니플러스는 2019년 11월 12일에 오픈한 후 5개월 만인 2020년 4월 8일에 미국 구독자수가 5,000만 명을 돌파했다고 발표했다. 이 정도면 애널리스트들의 모든 전망을 뛰어넘는 엄청나게 빠른 진격 속도다. 디즈니플러스도 코로나19의 수혜를 톡톡히 본 셈이다. 더욱 놀라운 건 2020년 4월부터 유럽과 인도에서도 디즈니플러스가 오픈된다는 사실이다. 유럽의 경우 코로나19로 인해 굉장히 혼란스러운 상황인데 오히려 디즈니플러스의 가입자 확보에는 더 유리한 상황일 수도 있다. 인도 또한 마찬가지다.

필자는 이런 경쟁 회사의 빠른 진격에도 불구하고 넷플릭스가 결국 왕좌의 자리를 지켜낼 것으로 전망한다. 글로벌 시장을 선점한 넷플릭스의 브랜드 파워 또한 만만치 않기 때문이다. 그리고 만에 하나 1등 지위를 위협받게 되더라도 넷플릭스 투자자 입장에서는 하나의 카드를 더 손에 쥐고 있는 셈이다. 넷플릭스는 애플이나 아마존 같은 1등 플랫폼 기업들이 호시탐탐 인수합병을 노리고 있는 매력적인 기업이기 때문이다.

넷플릭스도 인공지능 기술력이 뛰어난 기업이다. 넷플릭스는 인공지능을 적극 활용해 정교한 추천 알고리즘을 만들어 냈다. 이를 통해 사용자 개개인의 취향에 맞는 영화나 드라마를 추천해 준다.

글로벌 유료 동영상 서비스 시장에서 압도적인 1위인 넷플릭스를 주목하자. 특히나 넷플릭스에 유료로 가입한 독자들이라면 더더욱 관심을 가져보자.

6

알리바바, 중국 온라인쇼핑의
제왕에서 클라우드로 진격 중!

알리바바는 8억 명 이상의 사용자를 보유한 중국 최대의 온라인쇼핑몰 기업이다. 알리바바의 주력 쇼핑몰 중 오픈마켓 형태인 타오바오와 브랜드몰 형태인 티몰의 2019년 거래추정액을 합치면 약 1,130조 원이다. 중국의 2019년 전체 온라인쇼핑 추정액은 약 1,800조 원으로 알리바바의 시장 점유율은 무려 60%에 달한다.

반면 한국의 온라인쇼핑 전체 거래액은 135조 원에 불과하다. 한국의 8배에 달하는 온라인 거래액을 알리바바 한 개 기업이 처리하고 있는 셈이다. 최근에는 왕홍(인터넷 스타) 마케팅으로 동영상 콘텐츠가 활성화되며 알리바바의 주력 쇼핑몰에 소비자들의 체류시간이 더 길어지는 특징을 보이고 있다.

물론 알리바바도 코로나19 바이러스의 타격을 받았다. 알리바바의 물류 자회사인 차이냐오는 2020년 1월과 2월에 심각해진 중국 내 코로나19의 영향으로 배송률이 20% 미만으로 급락하기도 했다. 이후에도 물품 공급 부족 등 다양한 이유로 물류 기능이 완전히 정상화되지는 않은 상황이다. 따라서 알리바바의 2020년 상반기 매출액은 소폭 감소할 전망이다. 하지만 이번 코로나19 사태는 알리바바나 아마존 같은 글로벌 1등 온라인쇼핑몰의 사용자수가 급격히 증가하는 계기가 될 것이다. 따라서 장기적인 관점에서 알리바바의 온라인쇼핑 매출액은 더욱 확대될 전망이다.

알리바바는 중국 내 온라인쇼핑 시장을 휩쓰는 데 만족하지 않고 아시아 시장에도 본격 진출해 동남아시아 최대 온라인쇼핑 업체인 라자다를 인수했다. 그 외에도 인도네시아의 토코페디아와 인도의 빅바스킷 같은 온라인쇼핑 업체에도 투자하며 본격적으로 아시아를 공략하고 있다.

그런데 알리바바를 단순하게 온라인쇼핑몰로만 생각하면 곤란하다. 필자가 알리바바의 주요 비즈니스 중 유심히 보고 있는 분야는 바로 클라우드다. 알리바바 클라우드 서비스는 2019년에도 중국 클라우드 시장에서 점유율 40% 이상을 차지하며 독보적인 1위를 기록 중이다. 특히 미국주식 위주로만 투자하는 투자자들은 알리바바를 유심히 지켜볼 필요가 있다. 알리바바는 전세계 클라우드 시장에서 점유율 4위를 기록 중이다.

미국기업들은 중국의 클라우드 시장에 진입하기가 쉽지 않다. 결국 알리바바가 클라우드 시장에서도 중국시장을 독식하게 될 가능성이 크다. 아마존의 경우 온라인쇼핑에서 발생하는 이익보다 클라우드에서 발생하는 이익이 더 크다는 점을 생각해보면 알리바바 또한 향후

클라우드 분야의 이익 기여도가 급증할 것으로 전망된다.

그밖에도 알리바바는 중국인들이 현금 대신 사용한다는 알리페이를 만든 앤트파이낸셜과 음식배달업체 어러머 등 다양한 자회사들을 보유하고 있다. 추가로 오프라인 소매 기업들과 유망 스타트업 기업들에 대한 지분투자를 공격적으로 진행 중이다.

하지만 필자의 최대 관심사는 역시 인공지능이다. 알리바바는 온라인쇼핑 시장에서의 높은 점유율을 바탕으로 중국 최대의 빅데이터를 보유해 인공지능 기술 개발에 절대적으로 유리하다. 알리바바의 음성인식 인공지능 비서의 이름은 알리지니이고 인공지능 스피커의 이름은 티몰지니다. 한국에는 잘 알려져 있지 않지만 글로벌 점유율 11%로 당당 4위를 기록 중이다.

또 알리바바의 인공지능 첨단기술이 대거 활용되는 대표적인 온오프라인 매장이 있다. 바로 신선식품 전문매장인 허마셴성이다. 이 매장은 고품질 신선식품을 주문 접수 후 30분 내에 배송(3킬로미터 이내 지역) 하는 게 최대 장점이다. 이를 실현하기 위해 인공지능 첨단기술을 대거 적용해 모든 유통 과정을 표준화했다. 현재 200여 개의 매장을 보유 중이며 계속 확대해나가고 있다. 이 외에도 인공지능을 활용한 원격의료 플랫폼인 알리건강 역시 빠른 속도로 성장하고 있다.

특히 코로나19 바이러스가 널리 퍼지면서 알리건강을 이용한 비대면 원격의료 사용자수가 급증하고 있다. 게다가 알리건강 같은 인터넷 원격 의료 플랫폼을 통해 처방받은 약들에 대해서도 의료보험을 적용해주겠다는 중국정부의 방침까지 발표돼 알리건강의 장기 성장 가능성이 더욱 기대된다.

알리바바는 2019년 말 기준 중국 시가총액(680조 원) 1위 기업이다. 알리바바의 영업이익은 약 20조 원(2020년 3월 결산)으로 높은 수익성을 자랑한다. 아직 수익화가 덜 됐지만 빠르게 성장하는 클라우드 분야는 향후 알리바바의 추가적인 수익성 증대에 큰 힘을 보태줄 것이다. 특히 인공지능을 활용한 다양한 사업에 진출하고 있어 먼 미래에 미국과 중국의 인공지능 경쟁 시 미국기업을 위협하는 역량을 갖춘 중국의 대표 기업이라고 생각된다.

2020년에 발생한 코로나19 사태는 장기적으로 알리바바의 사용자 수를 더 증가시키는 계기가 될 것이다. 일부 투자자들의 경우 투명하지 못하다는 이유로 중국기업에 대한 투자를 꺼리는 경향이 있다. 하지만 중국의 핵심기업들은 장기적으로 미국기업들을 위협하는 수준으로 성장하게 될 것이다. 선입견을 걷어내고 중국 시가총액 1위 기업인 알리바바를 주목해보자.

7

텐센트, 12억 사용자 메신저
위챗에서 게임까지 석권!

텐센트는 중국에서 두 번째로 비싼 회사다. 2019년 말 기준 530조의 시가총액으로 중국 2위를 기록했다. 하지만 우리에게 텐센트는 낯설다. 알기 쉽게 한국기업들로 비교해 설명해보면 게임 회사인 넥슨과 카카오톡과 카카오스토리를 만든 카카오와 음악 스트리밍 회사인 멜론을 다 합쳐놓은 느낌이다.

기업규모를 추정해볼 수 있는 시가총액으로 비교해보면 앞의 3개 기업을 합친 것보다 약 20배 정도 텐센트가 더 크다. 텐센트는 중국 최대 게임 회사이자 14억 명 중 무려 12억 명의 중국인들이 사용하는 위챗 모바일 메신저를 만든 회사이기 때문이다.

먼저 텐센트의 게임부문부터 살펴보자. 텐센트는 중국 1위의 게임 회사다. 재미있는 건 중국에서 1위를 하면 자연스럽게 세계에서도 1위가 되는 경우가 많다. 중국의 인구수가 워낙 많기 때문이다. 2019년 기준 텐센트의 매출액 63조 원 중 게임 부문 매출액은 약 20조 원으로 추정된다. 전세계 게임시장 규모는 약 175조 원으로 텐센트가 점유율 11%로 당당히 1위를 기록하고 있다.

사실 게임을 좋아하지 않는 한국사람이라도 텐센트와 연관 있는 게임 광고는 본 적이 있을 것이다. 영화 「테이큰」으로 유명한 리암 니슨이 나와서 "니가 누군지 모른다. 하지만 넌 나에게 모욕감을 줬어……"라는 대사로 시작하는 게임 〈클래시오브클랜〉의 광고가 기억나는가? 이 게임을 만든 슈퍼셀 회사 지분을 텐센트가 84% 가지고 있다. 또 있다. "근데 한국인들은 너무 바빠. 항상 도망 다니느라……"라는 대사로 시작하는 게임 〈포트나이트〉의 광고가 기억나는가? 이 게임을 만든 에픽게임즈 지분도 텐센트가 48% 가지고 있다.

2019년 말 기준 중국 PC게임 1위는 〈리그오브레전드〉(라이엇게임즈)다. 텐센트는 이 게임을 만든 라이엇게임즈 지분도 100% 보유하고 있다. 2위인 〈던전앤파이터〉(넥슨)와 3위인 〈크로스파이어〉(스마일게이트)의 중국 유통도 텐센트가 한다. 그런데 중국 PC게임의 순위는 최근 몇 년간 계속해서 바뀌지 않고 유지되고 있다. 그 이유가 뭘까? 최근 게임시장의 흐름이 PC에서 모바일로 넘어갔기 때문에 생긴 현상이다.

이번에는 중국 모바일 게임 순위를 알아보자. 1위는 〈화평정영〉이고 2위는 〈왕자영요〉다. 특이한 건 이 게임들도 다 텐센트가 개발했다. 결국 중국의 상위권 게임들은 다 텐센트와 연관이 있다. 세계에서 인구가 가장 많다는 중국에서 이 정도 점유율이라면 텐센트가 세계 1위 게임 회사라는 게 납득되지 않는가?

하지만 중국 현지에서 텐센트는 게임 회사가 아니라 12억 명이 쓰는 위챗 메신저를 만든 회사로 더 유명하다. 중국에서 위챗은 단순한 모바일 메신저가 아니다. SNS, 온라인쇼핑, 위챗페이, 위챗게임 등이 추가된 중국 유일의 독점적인 서비스앱으로 발전했다.

우리가 위챗을 제대로 이해하려면 카카오톡을 생각해보면 된다. 플랫폼은 쓰는 사람이 많아질수록 강력해진다. 한국 5,000만 명의 국민들은 모두 카카오톡을 통해 소통한다. 카카오는 카카오톡이라는 강력한 단일 플랫폼을 기반으로 여러 가지 수익 모델을 만들었다. 서비스 개시 2년 만에 가입자수 1,000만 명을 돌파한 카카오뱅크를 비롯해 카카오택시, 카카오내비, 카카오페이, 카카오증권 등 다양한 분야로 수익 모델을 확장하고 있다. 특히 카카오톡 대화목록에 광고를 도입한 〈톡보드〉로 인해 수익성이 월등히 개선되고 있다.

위챗은 중국 인구 14억 명 중에 12억 명이 사용하는 중국 최대의 단일 플랫폼이다. 한국의 카카오톡보다 훨씬 다양하고 강력한 수익 모델을 가지고 있다. 중국인들은 모두 위챗에 머무르며 생활한다. 그렇다면 위챗은 어떻게 돈을 벌까? 1차적인 수익 모델은 역시 광고다. 중국의 전 국민이 쓰는 위챗은 중국 기업들이 소비자들에게 광고하기에 가장 좋은 최고의 플랫폼이다.

중국 기업들은 카카오 플러스친구와 유사한 기능인 위챗 공중계정이라는 기업 전용 광고 플랫폼을 통해 타깃 소비자들에게 맞춤 광고를 한다. 예를 들면 필자는 카카오 플러스친구로 시원스쿨과 ABC마트를 등록했다. 필자가 등록한 기업들은 정기적인 행사광고를 카카오톡으로 보내준다. 위챗 공중계정도 이와 비슷하다. 위챗은 중국의 수

많은 기업들에게 광고 플랫폼을 제공하고 수수료를 받는다.

한국의 카카오스토리와 비슷한 위챗 모멘트 SNS도 기업들에게 광고료를 받는다. 물론 한국은 요즘 인스타그램이 대세다. 그러나 중국은 페이스북이나 인스타그램이 진입하기 어려워 위챗 모멘트가 가장 활성화된 SNS다. 요즘 SNS는 네다섯 개의 게시물을 넘기면 어김없이 기업광고 게시물이 1개씩 포함돼 있다. 이게 바로 위챗 모멘트나 인스타그램의 광고 수익 모델이다.

온라인과 오프라인 결제 기능을 갖춘 위챗페이도 가맹점에게 결제 수수료를 받는 텐센트의 훌륭한 수익 모델이다. 중국 스트리밍 점유율 1위의 텐센트뮤직과 중국 동영상 점유율 2위인 텐센트비디오도 향후 기대되는 분야다. 급성장 중인 클라우드 시장에도 진출해 텐센트 클라우드가 시장 점유율 2위다. 추가로 알리바바가 독주하는 중국 전자상거래 시장에도 진출해 호시탐탐 시장 점유율 확대를 노리고 있다. 필자는 미국 1등 기업에만 집중투자하기보다 중국의 대표기업인 알리바바와 텐센트에도 분산투자하는 게 좀 더 균형적인 포트폴리오라고 생각한다.

세계 1위의 게임 회사이자 위챗이라는 중국 유일의 메신저 앱을 기반으로 전 분야에서 점유율을 높이고 있는 중국 시가총액 2위 기업인 텐센트를 주목해보자. 텐센트의 2019년 영업이익은 전년 대비 23% 증가한 19조 원에 육박한다. 코로나19 바이러스로 인해 사람들이 외출을 자제하면서 텐센트의 모바일 게임 〈화평정영〉과 〈왕자영요〉의 2020년 1분기 매출이 큰 폭으로 증가한 점도 주목할 만하다.

8

항서제약, 중국 항암제 시장의
폭발적 성장의 주역으로 부상!

코로나19 바이러스를 겪어보니 인류가 아직 극복하지 못한 불치
병들이 많다는 사실을 새삼 깨닫게 된다. 하지만 인류는 꾸준히 해답
을 찾기 위해 노력해왔다. 페스트, 천연두, 에이즈 등도 과거에는 불
치병이었지만 지금은 백신이나 치료약의 발달로 관리가 가능한 질병
이 됐다.

지금 인류에게 가장 큰 불치병은 뭘까? 바로 암이다. WHO 산하 국
제암연구기구IRCA가 조사한 분석결과에 따르면 2018년에 전세계에
서 암에 걸린 사람은 1억 810만 명이고 사망자는 960만 명으로 추정
된다. 전세계 남성 5명 중 1명, 여성 6명 중 1명이 평생 동안 암에 걸
리고 남성 8명 중 1명, 여성 11명 중 1명이 암으로 사망한다.

그렇다면 전세계 항암제 시장규모는 얼마나 될까? 아이큐비아IQVIA
가 내놓은 「2018년 전세계 항암제 트렌드 보고서」에 따르면 2022년

기준 약 240조 원(2,000억 달러)으로 예상된다. 프로스트 앤 설리번 Frost & Sullivan 리서치에 따르면 중국 항암제 시장규모는 2018년도 기준 29조 원(240억 달러)으로 연평균 12.8%씩 성장한 것으로 추정된다.

이렇게 시장규모가 막대하다 보니 전세계적으로 항암제 연구가 활발하게 진행되고 있다. 항서제약은 중국에서 항암제 기술이 가장 뛰어난 기업이다. 중국 로컬 기업 중 항암제 시장 점유율 1위 기업이기도 하다. 연구개발 비용을 많이 쓰는 회사로도 유명하다. 항서제약의 2019년도 연구개발 비용은 매출액(4조 원)의 17%인 약 6,700억 원으로 매우 높은 편이다.

항서제약의 2019년도 제품별 매출 비중을 살펴보면 항암제 46%, 마취제 24%, 조영제 14%, 기타 16%다. 점점 항암제 비중이 커지고 있는 게 특징적이다. 아직은 복제약 비중이 높은 편이지만 점차적으로 신약 매출의 비중이 늘어날 예정이다. 이유는 항서제약이 보유한 신약 파이프라인(후보물질)이 무려 30여 개나 되기 때문이다. 이 중에서도 특히 항암제 후보물질을 많이 보유하고 있다.

항서제약의 신약 파이프라인은 다양하지만 딱 3개만 꼽아본다면 위암에 적용되는 아파티닙과 간암에 적용되는 캄렐리주맙과 유방암에 적용되는 피로티닙이 대표적이다. 이 중 유방암에 적용되는 피로티닙은 2019년 11월에 국가보험약품목록NRDL에 신규로 등재됐다. 이 경우 정부가 약값의 일부를 부담하기 때문에 처방이 급증해 매출이 확대되는 효과가 있다.

그리고 항서제약이 가장 기대하는 신약인 면역항암제 캄렐리주맙이 오랜 기다림 끝에 2020년 3월에 드디어 간암 적응증으로 중국

정부의 시판 허가를 받았다. 캄렐리주맙은 간암 외에도 식도암과 비소세포폐암 등 다양한 질환 치료에 사용할 수 있도록 계속해서 임상실험을 진행하고 있다. 앞에서 소개한 이 3개의 항암제 매출액은 해가 가면 갈수록 계속해서 폭발적으로 성장해나갈 것이다. 항서제약의 든든한 원, 투, 쓰리 펀치다. 항서제약의 2019년 매출액은 전년보다 35% 급증한 4조 원(233억 위안)이며 영업이익은 36% 급증한 1조 원(57억 위안)이다. 이런 꾸준한 성장세로 인해 이번 코로나19 바이러스로 인한 하락장에서도 주가는 탄탄한 하방경직성을 보이고 있다.

지금 65세인 사람들은 10년 뒤에 반드시 75세가 된다. 14억 인구 대국 중국의 고령화에 따라 제약바이오 시장과 항암제 시장은 폭발적인 성장을 할 것이다. 중국 1위 항암제 회사인 항서제약을 주목하자.

9
삼성전자, 2020년의
동학개미운동!

삼성전자는 한국에서 유일한 글로벌 1등 기업이자 한국의 자랑스런 대표기업이다. 삼성전자는 독자들 모두가 너무나 잘 아는 종목이라 긴 설명은 하지 않겠다. 2018년에 D램 반도체 시장과 낸드 플래시 반도체 시장의 초호황으로 창사 이래 처음으로 59조 원이라는 막대한 영업이익을 냈다. 세계에서 세 번째로 많은 이익 규모다.

하지만 2018년 여름부터 시작된 반도체 가격의 대폭락으로 인해 2019년의 영업이익은 전년보다 53% 급감한 28조 원으로 감소했다. 삼성전자의 약점은 이익의 대부분이 반도체 분야에 집중돼 있어 반도체 시황 변화에 따라 기업의 이익 변동성이 크다는 점이다.

물론 스마트폰 시장에서도 출하량 기준 전세계 1위 기업이지만 뒤에서 설명할 애플과 비교해보면 스마트폰 분야에서는 애플보다 이익 규모가 상당히 뒤처지는 편이다. 그래도 2019년 같이 반도체 분야의 부진으로 영업이익이 급감할 때도 스마트폰 분야에서는 9조 원의 양호한 영업이익을 달성해 삼성전자에게 큰 힘을 보태주고 있다.

삼성전자는 2019년 말 기준 D램 반도체는 43.7%의 시장 점유율로 세계 1위, 낸드플래시는 35.5%의 시장 점유율로 세계 1위다. 이런 압도적인 시장 점유율에도 불구하고 투자자들이 삼성전자를 우려하는 가장 큰 이유는 중국의 '제조 2025'로 대표되는 반도체 기술 추격 리스크다. 그러나 종합적인 상황을 고려해볼 때 중국의 반도체 기술 추격은 최소 10년간은 불가능하다는 게 여러 전문가들의 결론이다.

삼성전자를 우려하는 또 하나의 시선은 바로 미래에 새로운 먹거리가 없다는 점이다. 그래서 삼성전자는 메모리 반도체에 비해 상대적으로 부진했던 시스템 반도체(비메모리) 분야에 2030년까지 133조 원의 자금을 집중 투자해 10년 뒤에 1위로 올라서겠다는 야심 찬 계획을 발표했다. 이 발표에 경쟁사들은 모두 초긴장하고 있는 상태다.

하지만 삼성전자도 코로나19 바이러스의 영향권에서는 벗어날 수 없었다. 삼성전자의 경우 수혜 분야와 피해 분야가 나뉜다. 2019년까지 주춤했던 반도체 수요는 2020년부터 코로나19의 영향으로 비대면 업무 수요가 급증하면서 초대형 IT 기업들인 텐센트, 알리바바, 아마존, 페이스북 등의 데이터 센터 증설 수요로 인해 급격히 살아나고 있다. 이로 인한 최대 수혜 기업은 반도체 시장 점유율 1위인 삼성전자다.

반면 삼성전자의 스마트폰이나 가전 부문의 매출은 감소할 수밖에 없는 상황이다. 코로나19로 인한 경기 침체가 길어질수록 반도체 분야를 제외한 나머지 분야의 매출은 어려워질 수밖에 없다. 그럼에도 불구하고 한국기업 중에서 삼성전자만큼 믿음직한 곳도 없다. 그래서 필자는 오래전부터 해외주식 투자에 거부감을 보이는 고객들에게는 삼성전자를 최우선적으로 소개해왔다. 하지만 너무 흔한 주식이라 고객들의 반응은 좋지 않았다.

그런데 2020년 1분기부터 희한한 광경이 펼쳐졌다. 코로나19 사태로 코스피 지수가 1,500포인트 밑으로 급락하자 갑자기 수많은 개인 고객들이 증권사 창구로 달려와 삼성전자를 집중적으로 매수하기 시작한 것이다. 일명 '동학개미운동'이다. 개인들의 강력한 매수세는 외국인들의 삼성전자 매도공세를 거침없이 받아내고 있다.

이런 개인들의 투자를 우려하는 시선도 많지만 필자는 장기적인 관점에서 긍정적이다. 과거에는 개인투자자들이 우량주보다는 변동성이 큰 중소형주 위주로 투자해 고수익을 추구하는 경향을 보여왔다. 이에 따라 손실을 본 개인들이 많았다. 하지만 2020년부터는 개인들이 삼성전자 같은 글로벌 1등 기업들을 집중 매수하며 과거보다 훨씬 영리한 전략을 펼치고 있다. 단기투자만 아니라면 장기적인 관점에서 삼성전자 분할매수 전략은 유효하다는 판단이다.

반도체는 4차 산업혁명이 성장하는 데 있어서 가장 중요한 핵심 부품이다. 초대형 IT 기업들의 성장과 더불어 삼성전자 또한 동반 성장할 가능성이 높다. 삼성전자는 반도체 외에도 판매량 기준 스마트폰 시장 점유율 세계 1위이자 고품질의 폴더블폰까지 만들어낸 기술력 있는 기업이다. 한국의 대표기업인 삼성전자를 주목하자.

＊투자자들이 가장 궁금해하는 것

필자가 이번 책을 쓰게 된 두 가지 이유가 있다. 우선 첫 번째 책에서 제시했던 포트폴리오에는 이른바 FAANG으로 불리는 종목 중 애플과 페이스북이 빠져 있었기 때문이다. 첫 번째 책을 집필할 당시에는 스티브 잡스도 없고 스마트폰 시장도 성숙기에 진입했기에 애플에 대해 반신반의했다. 또한 고객정보 해킹 문제로 끊임없이 공격받고 있는 페이스북에 대해서도 의구심이 들었다.

게다가 한국에서 애플과 페이스북은 워낙 유명해 모르는 사람이 없기 때문에 필자가 군이 별도로 설명할 필요가 없다는 생각도 들었다. 그러나 글로벌 1등 기업들은 막대한 자금력이나 플랫폼으로서의 독점력이 압도적이다. 특히 애플은 전세계 시가총액 1위 기업이자 인공지능 기업이다. 페이스북 역시 전세계에서 가장 많은 사용자수를 확보한 엄청난 회사다. 따라서 좀 더 완벽한 포트폴리오를 추구한다면 애플과 페이스북이 독자들의 포트폴리오에 포함돼야 한다고 생각했다.

또 하나의 이유가 있다. 첫 번째 책을 발간한 후 현장에서 가장 많이 받은 질문이 바로 중국주식에 대한 것이었다. 14억 인구수를 자랑하는 중국주식 중 진정한 내수 수혜주가 무엇인지를 묻는 고객들이 정말 많았다. 물론 기존에 소개한 알리바바, 텐센트, 항서제약이 다 중국의 주요 내수 수혜주다. 그러나 그 외에도 다른 종목은 없는지 고객들의 질문이 끊이지 않았다. 고민 끝에 이번 책에서는 귀주모태주와 평안보험을 소개한다. 그리고 다소 엉뚱하지만 중국 내수 성장의 진정한 수혜주로 루이비통에 대해서도 소개해본다.

3장

잡스 사후 명실상부
글로벌 1등 기업 애플

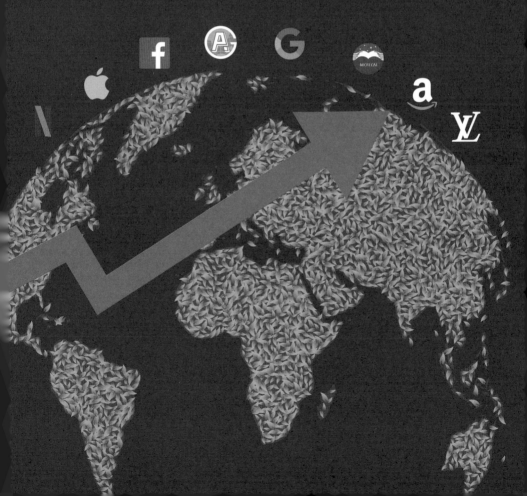

1

맙소사, 애플 주식을
사지 않았다니!

왜 애플을 저평가했을까……

왜 한국은 미국과 달리 애플의 아이폰 사용자수가 적을까? 한국기업인 삼성전자의 갤럭시폰을 더 선호하기 때문이다. 시장조사업체 스탯카운터Statcounter가 분석한 2019년 말 기준 한국 모바일 벤더 점유율은 삼성이 64.1%, 애플이 24.8%, LG가 8.3%다. 반면 미국의 경우 애플이 57.4%, 삼성이 25.6%, LG가 5.6%다. 결론적으로 미국은 애플이고 한국은 삼성으로 요약할 수 있다.

한국에서도 20대나 30대 밀레니얼 세대들은 상대적으로 애플의 아이폰 보유 비율이 높은 편이다. 하지만 주식투자 평균금액이 높은 40대와 50대들의 아이폰 보유 비율은 현저히 낮다. 이런 특수한 상황은 해외주식 투자 결정 시 종목선택에 영향을 미친다. 애플의 아이폰을 쓰지 않는 75%의 고객들이 굳이 애플 주식에 과감히 투자하기에는 뭔가 망설여진다.

2019년 말 기준 미국 시가총액 1위 기업은 애플이다. 하지만 한국 예탁원이 집계한 한국인의 2019년 연간 '해외주식 종목별 결제기업 순위'를 살펴보면 한국인들은 아마존(1위), 마이크로소프트(3위), 알파벳(5위)을 애플(10위)보다 훨씬 선호했다(참고로 애플 주가가 많이 상승한 2019년 4분기에는 애플 결제 순위가 3위였다). 그럼에도 이미 진작에 애플 주식을 사놓은 독자들에게는 경의를 표하고 축하를 드린다.

애플 주식을 애매하게 생각한 건 한국의 개인 투자자들뿐만이 아니다. 한국 증권사 애널리스트들의 2018년과 2019년 상반기까지의 해외주식 보고서를 살펴보면 애플에 대한 매수의견 분석보고서는 미국의 다른 IT 기업들보다 상대적으로 적은 편이었다. 하지만 안타깝게도 애플 주식은 2019년 내내 상승했다. 그래서 2019년 하반기부터 투자자들은 본격적으로 애플 주식에 관심을 두기 시작했다.

애플은 코스피 전체 시가총액보다 크다

"애플 한 개 기업이 한국 코스피 시장 전체보다 크다."

2019년의 부진한 한국증시를 평가할 때 자조적인 의미로 가장 많이 사용됐던 말이다. 애플의 시가총액(2019년 말)은 1,500조 원(1조 3,000억 달러)으로 792개 회사가 상장된 한국 코스피 전체 시가총액 1,420조 원보다 크다.

그렇다. 애플은 2019년 미국 IT 회사 중에서 가장 많이 상승한 종목이다. 무려 86% 폭등했다. 세계 1위의 시가총액을 자랑하는 기업이다. 하지만 필자가 이 책을 쓰면서 가장 다루기 싫었던 종목이 바로 애플이다. 이유는 간단하다. 도대체 한국에서 애플을 모르는 사람이 누가 있단 말인가? 누구나 다 아는 종목을 굳이 다시 언급하는 건 사족과 같다고 생각했다. 하물며 필자는 애플 유저도 아니다. 삼성의 스마트폰을 평생 써왔다. 이런 필자가 혹시라도 사실과 다른 내용을 언급했다가 애플 유저들에게 받게 될 비난이 두려웠다.

하지만 고민 끝에 결국 두 가지 이유로 생각을 고쳐먹었다. 첫째는 애플 주식의 시가총액은 전세계 1위다(사우디아라비아의 아람코를 제외한다면 말이다). 세계에서 가장 인기 있는 일명 FAANG(페이스북, 아마존, 애플, 넷플릭스, 구글) 주식 중에서도 핵심 종목인 애플을 언급하지 않고 세계 1등 플랫폼 기업들과 인공지능 시대라는 거창한 주제를 설명할 방법은 없다.

둘째 이유가 더 중요하다. 한국에서 삼성전자를 모르는 사람은 없지만 삼성전자의 주주는 생각보다 많지 않다. 애플 역시 마찬가지다. 애플을 아는 것과 애플 주식에 투자하는 건 완전히 다른 문제다. 이 책을 계기로 초우량 주식인 애플에 투자할 마음을 먹게 되는 독자가 한 명이라도 더 생긴다면 보람찬 일이다. 하지만 애플의 창업 시점부터 다룬다면 내용이 너무 길어진다. 그래서 스티브 잡스가 애플의 새로운 CEO인 팀 쿡을 임명하는 시점부터 같이 살펴보자.

2
잡스 사후
애플의 기록적 폭풍 성장

스티브 잡스가 없는 애플

2011년 10월 5일 IT 산업의 혁명인 아이폰을 만들어냈던 불세출의 천재 스티브 잡스의 죽음이 전세계에 알려졌다. 병명은 췌장암. 불과 56세의 젊은 나이라 더욱 안타까움이 컸다. 스마트폰을 통해 인류의 삶을 완전히 바꿔버린 혁신의 아이콘 스티브 잡스의 죽음에 전세계 모든 사람들이 애도를 표했다.

이제 시장의 관심은 IT 업계의 전설이 된 스티브 잡스가 사망 50일 전에 새로 임명한 애플의 신임 CEO 팀 쿡에게 쏠렸다. 스티브 잡스는 왜 '따분한 살림꾼'으로 평가받던 팀 쿡을 차기 CEO로 지정한 걸까? 이번에도 과연 스티브 잡스가 옳은 걸까? 여러 의견들이 있었지만 일반 대중들의 평가는 단호했다.

"스티브 잡스가 없는 애플은 이제 끝이다!"

애플 이사회와 애플 직원들께

나는 만약 내가 애플 최고경영자CEO로서의 의무와 기대를 만족시킬 수 없는 날이 온다면 여러분에게 가장 먼저 알리겠다고 항상 말해왔습니다. 불행하게도 바로 그날이 왔습니다. 이로써 나는 애플의 최고경영자직을 사임합니다. 나는 이사진의 동의하에 이사회 의장과 임원, 애플의 직원으로 일하기를 희망합니다.

나의 후임자와 관련해서 우리가 준비한 애플의 승계 계획을 실행할 사람으로 애플 최고운영책임자COO인 팀 쿡을 새로운 최고경영자로 강력히 추천합니다. 나는 애플의 미래가 매우 밝고 혁신적이리라 믿으며 새로운 자리에서 애플의 성공을 지켜보면서 또 그 성공에 공헌하길 기대합니다.

나는 애플에 재직하며 인생에서 가장 좋은 친구들을 만났습니다. 수년간 함께 일해준 여러분 모두에게 감사의 마음을 전합니다.

2011년 8월 24일 – 사망 50일 전 발표

하지만 대중들의 전망은 완벽하게 틀렸다. 지나고 보니 역시 스티브 잡스가 옳았다! 그로부터 8년이 지난 2019년 말의 애플 시가총액은 미국 1위다. 전세계에서도 2위다(사우디 석유회사 아람코가 2019년에 상장하는 바람에 2위로 밀렸다). 스티브 잡스가 경영 일선에서 물러난

스티브 잡스 이후 2배 이상 성장한 애플 실적

구분	2011년 회계연도	2019년 회계연도	증감
매출	130조 원	312조 원	2.4배 증가
영업이익	41조 원	77조 원	1.9배 증가
주가	50.8달러	293.7달러	5.8배 증가

(출처: 애플 발표자료(9월 결산법인), 주가(12월 말, 권리변동가격 감안), 1,200원 원화 환산)

이후 지난 8년간 도대체 팀 쿡은 무슨 일을 한 걸까? 먼저 지난 8년간 애플의 경이적인 실적을 한 번 살펴보자.

스티브 잡스가 사망할 당시인 2011년의 경이적인 애플 실적이 계속 유지될 거라고 믿는 사람은 아무도 없었다. 그 당시 영업이익 41조 원은 감히 어떤 회사도 넘볼 수 없는 이익 규모였다. 하지만 새로운 CEO 팀 쿡이 애플을 맡은 뒤 8년이 지난 2019년의 영업이익은 77조 원으로 2배 가까이 증가했다('단 한 개의 기업이 77조 원의 영업이익을 낼 수도 있구나.'라는 생각이 든다). 매년 엄청난 현금이 고스란히 애플 내에 쌓여가고 있다. 시장 참여자들은 이 놀라운 실적증가를 마침내 현실로 인정하기 시작했다. 그래서 8년 동안 애플 주가는 무려 5.8배 폭등했다.

하지만 이 모든 걸 다 팀 쿡의 공이라고 할 수는 없다. 스티브 잡스는 마치 '죽은 제갈량이 살아 있는 사마의를 물리친 것'처럼 그 당시 애플을 빠른 속도로 추격하던 유일한 맞수 삼성전자를 물리칠 비장의 카드 3개를 숨겨놓았다. 첫째는 명품 이미지이고 둘째는 IOS운영체제를 통한 서비스 분야이고 셋째는 웨어러블 기기의 장기 성장 계획이었다. 애플은 스티브 잡스가 사망하기 전에 만들어놓은 비장의 카드 3개를 차근차근 실현하며 전진해왔다. 그래서 명품 이미지와 IOS운영체제와 웨어러블 장기계획이 없는 3무無 상태에서 빠른 속도만으로 추격전을 벌인 삼성전자를 멀찌감치 따돌렸다. 단순히 스마트폰 판매량 순위로 보면 삼성전자가 글로벌 1위다. 하지만 가장 중요한 이익 점유율 기준으로 따져보면 애플과 삼성전자 간의 격차는 상당히 크다.

물론 삼성전자는 세계 1위의 반도체 회사다. 애플의 주력인 스마트폰 분야만으로 삼성을 단순 비교하는 건 옳지 않다. 애플 역시 급할 때마다 삼성의 반도체와 디스플레이에 손을 내민다. 게다가 삼성은 그 당시 천하를 호령하던 휴대폰 제조사인 노키아, 모토로라, 소니에릭슨이 흔적도 없이 사라질 때도 유일하게 애플과 맞장 뜨는 슈퍼파워를 보여준 회사다. 스티브 잡스가 없던 2012년에는 스마트폰 점유율 30%를 달성하며 점유율 20%에 불과했던 애플을 역전한 한국 최고의 기업이다.

누구나 삼성전자를 세계 최고의 반도체 회사라고 인정한다. 하지만 현재 스마트폰 분야에서만큼은 삼성이 애플을 뛰어넘었다고 인정하는 전문가는 없다. 이는 여러 가지 수치로 명확하게 확인된다. '죽은 스티브 잡스가 살아 있는 삼성을 이겼다'는 표현은 결코 과장이 아니다. 그렇다고 이 모든 공이 스티브 잡스의 것만도 아니다. 스티브 잡스 사후에 애플을 이끌어온 팀 쿡이 없었다면 불가능했을 일이다. 그렇다면 잡스 이후 팀 쿡은 지난 8년간 어떻게 거대 기업 애플을 바꾸어놓았을까? 팀 쿡의 필살기는 뭘까? 바로 창의적인 웨어러블(IT 기기를 사용자 손목 등 몸에 지니고 다닐 수 있는 기기로 만드는 기술) 시리즈다.

스티브 잡스의 최초 구상을 뛰어넘는 독창적인 웨어러블 시리즈는 애플의 아이폰과 유기적으로 연동되며 애플을 세계 최고의 기업으로 만드는 데 이바지했다. 애플의 대표적인 웨어러블 기기로는 애플 워치와 무선 에어팟을 들 수 있다. 그 외에도 아이패드와 맥 등 다양한 제품군들이 있다. 그리고 이 제품군들은 모두 성공했다.

아웃소싱을 통해 이루어낸 수익 극대화

그런데 애플은 아이폰을 직접 만들어내지 않는다. 설계와 디자인은 애플이 하지만 실제 제품은 대부분 아웃소싱을 통해 위탁 생산한다. 세계 최고의 스마트폰 제조 기업인 애플이지만 자신들의 제조공장이 거의 없다는 사실은 아이러니하다. 애플은 전세계 곳곳에 있는 세계 최고의 회사들에게 아이폰의 부품생산을 위탁하고 있다.

최종적으로 애플은 아이폰 조립의 90% 이상을 폭스콘이란 회사에 위탁한다. 폭스콘은 대만기업이지만 제조공장은 중국에 있다. 그래서 애플의 아이폰, 아이패드, 에어팟에는 "Designed Apple in California(캘리포니아에 있는 애플이 디자인하고) Assembled in China(중국에서 조립함)"이라는 문구가 제품이나 설명서상에 당당하게 표기돼 있다.

대만기업인 폭스콘에 아이폰 제조를 아웃소싱한 건 팀 쿡이다. 애플이 자체 공장을 보유하면 고정비가 많이 든다. 그래서 애플은 의도적으로 자체 공장 보유를 최소화했다. 팀 쿡은 2000년대 후반부터 "아웃소싱으로 효율성을 높여라"는 스티브 잡스의 요구를 해결하기 위해 폭스콘을 적극 활용했다.

폭스콘의 장점은 유연성이다. 애플의 경우 제품 출시 불과 몇 주 전에도 디자인이 변경되는 경우가 많다. 그런 급박한 상황에서도 폭스콘은 빠른 시간 안에 디자인 변경을 제품에 반영하는 기적을 보여줬다. 이 기적의 비밀은 중국 노동자들의 엄청난 초과근로와 희생 덕분이다.

팀 쿡은 "폭스콘에 아이폰의 위탁생산을 맡긴 건 인건비 때문이 아니라 유연성 때문"이라고 밝힌 바 있다. 게다가 미국에는 20만 명이 넘는 제조 인력들을 한꺼번에 아이폰만을 만드는 데 투입할 능력을 갖춘 도시나 공장이 없다. 그만큼 애플과 폭스콘은 서로 궁합이 잘 맞았다. 하지만 폭스콘 공장의 열악한 노동 환경으로 2010년 전후로 노동자들의 자살사건이 자주 이슈화됐다. 2012년에는 미국 ABC방송에서 폭스콘 공장의 실태를 폭로하기도 했다. 그 뒤 팀 쿡은 기존의 스티브 잡스 시절보다 폭스콘 노동자들의 인권보호에 더 많이 신경쓰고 있다.

그런데 2020년 1분기에 전혀 생각지도 못했던 중국의 코로나19 사태로 폭스콘의 중국 공장 가동률이 50% 미만으로 급락했다. 이에 따라 2020년 1분기의 애플 기기 생산량도 급감해 매출 감소에 지대한 영향을 미쳤다. 이 사건으로 애플은 제조공장을 중국 이외의 다른 지역과 미국으로 분산해야 하는지에 대해 심각하게 고민 중이다.

3

최고가 전략으로
명품이 된 애플

가격이 아닌 품질과 디자인으로 승부

애플은 아이폰, 아이패드, 에어팟의 최종 조립을 미국이 아니라 폭스콘에 위탁해 제조비용을 낮추었다. 미국 근로자보다 중국 근로자들의 인건비가 훨씬 저렴하기 때문이다. 그렇다면 판매가격을 낮춰 점유율을 더 높이는 게 상식이다. 하지만 그건 애플의 상식이 아니다. 애플의 전략은 박리다매가 아니기 때문이다. 최대한 많이 팔기보다는 비싼 가격에 적당히 팔겠다는 배짱이다.

그 이유는 스티브 잡스 때부터 이어져 온 최고의 품질과 최고의 디자인을 바탕으로 애플의 명품 이미지를 관리하기 위해서다. 애플의 능력은 엄청나다. 미국이 아니라 중국에서 제품을 조립하면서도 명품 이미지를 굳건히 유지하고 있으니 말이다.

독자들은 스타벅스에서 애플의 맥북을 꺼내 들고 디자인 작업을 하

전세계 스마트폰 판매(출하량) 대수 현황 (2016~2019년)

순위	회사명	2019년 판매량	2019년 점유율	2018년 판매량	2018년 점유율	2017년 판매량	2017년 점유율	2016년 판매량	2016년 점유율
1위	삼성	3.0억 대	20%	2.9억 대	19%	3.2억 대	21%	3.1억 대	21%
2위	화웨이	2.4억 대	16%	2.1억 대	14%	1.5억 대	10%	1.3억 대	9%
3위	애플	2.0억 대	13%	2.1억 대	14%	2.1억 대	14%	2.2억 대	15%
	기타	7.5억 대	52%	8.0억 대	53%	8.6억 대	56%	8.4억 대	56%
	총계	14.9억 대	100%	15.1억 대	100%	15.4억 대	100%	15.0억 대	100%

(출처: 2016~2017년 가트너, 2018년~2019년 카운터포인트)

는 사람을 보면 무슨 생각이 드는가? 뭔가 전문가 같은 느낌이 들지 않는가? 그냥 맥북으로 넷플릭스만 보고 있어도 고급스러운 느낌이 든다. 아이폰과 에어팟의 이미지 또한 마찬가지다. 비싸고 고급스러운 느낌. 이게 바로 명품 기업 애플의 이미지다. 그 대신 스마트폰의 총 판매량은 오래전부터 삼성전자에 추월당했다. 하지만 애플은 전혀 개의치 않는다. 그 이유가 뭘까? 바로 경쟁 회사들보다 압도적으로 높은 수익성 때문이다.

2019년 기준 전세계 인구수는 77억 명이다. 그중 스마트폰 사용자 수는 35억 명으로 추정된다. 스마트폰을 단순히 판매대수로 계산하면 애플의 연간 판매량은 삼성전자보다 무려 1억 대나 부족하다. 2019년에는 화웨이마저 처음으로 애플을 제치고 판매량 2위로 올라섰다. 하지만 애플은 앞에서도 설명했듯이 최고가 전략을 쓴다. 그 결과 판매량은 적어도 매출액이나 영업이익률은 경쟁사보다 훨씬 크다.

예를 들어보자. 애플의 2019년 3분기 매출액은 38조 7,000억(334

억 달러), 삼성전자는 26조 9,000억 원(232억 달러)이다. 애플의 매출액이 삼성전자보다 44% 높다. 영업이익률은 더 차이가 난다. 카운터포인트 리서치의 2019년 3분기 전세계 스마트폰 판매 수익 추정결과 애플은 9조 3,000억 원(80억 달러)으로 66%를 점유율을 보인다. 삼성전자는 2조 3,000억 원(20억 달러)으로 17% 점유율에 불과하다.

결론적으로 애플의 스마트폰 이익점유율은 삼성전자의 4배에 가깝다. 이런 이유로 전세계 스마트폰 수익의 대부분은 애플이 가져간다는 말이 나온다. 그래서 애플은 삼성전자와 화웨이의 스마트폰 판매량이 늘어나도 별로 개의치 않는다. 특히 프리미엄급 제품들의 높은 가격을 통해 전반적인 애플 제품 가격의 상향평준화를 만들어내고 있다. 아이폰의 최고가격은 200만 원 수준이다. 2020년 하반기부터는 본격적으로 애플의 5G 아이폰까지 나온다. 5G 아이폰의 통신 속도는 획기적으로 빠르다. 당연히 역대 최대 판매량을 경신할 것으로 예상된다. 더욱이 애플의 스타일상 절대 싸게 팔 일은 없다. 그래도 잘 팔릴 게 틀림없다. 애플은 명품이니까!

하지만 세상 모든 일에는 예외가 있다. 애플이 가격은 인하하고 성능은 높인 아이폰 모델을 선보인 적이 있다. 바로 2016년에 창립 40주년을 맞아 발매된 4인치 크기의 아이폰 SE 모델이다. 출고가 399달러(47만 원)의 중저가 스마트폰이다. 그동안 애플의 고가정책으로 인해 애플 생태계에 진입하지 못한 신흥국 소비자들을 타깃으로 출시됐는데 가성비가 높아 꾸준히 인기를 얻었다.

아이폰 SE 모델은 경쟁 스마트폰 회사들과의 가격경쟁으로 계획만큼 많이 팔리지는 않았다. 그래도 신흥국에서 아이폰을 원하는 사용자들 중심으로는 꾸준히 팔려서 애플 생태계 확대에 크게 기여했다. 이렇게 애플은 고가와 중저가의 투트랙 전략으로 애플 생태계를 넓혀가고 있다. 일단 애플 생태계에 한 번 들어오면 쉽게 이탈하지 않는다.

애플은 중저가폰을 남발해 명품 브랜드 이미지를 훼손시키는 어리석은 일은 하지 않는다. 2016년 이후 아직 추가로 가성비 좋은 중저가폰이 나온 적은 없다. 그래서 수많은 애플 유저들이 애타게 중저가폰을 기다리고 있다. 그리고 2020년 상반기에 드디어 아이폰 SE의 두 번째 모델이 나온다는 소문이다.

하지만 2020년 2월 말 기준 코로나19 바이러스의 확산으로 폭스콘 중국 공장의 가동률이 급락해 여전히 불확실한 상황이다. 그런데 애플이 무려 4년 만에 중저가폰을 출시하려는 이유는 뭘까? 13억 명 인구 대국인 인도에서의 아이폰 점유율은 고작 2%에 불과하다. 애플은 중저가폰 출시를 통해 본격적으로 인도시장을 공략할 것으로 전망된다.

고객 충성도는 안드로이드와 안드로메다만큼 차이!

애플 마니아층의 충성도는 엄청나다. 이들은 절대 흔들리지 않는다. 에어팟이 콩나물 디자인으로 조롱을 받고 아이폰의 후면 카메라 디자인이 인덕션이라는 놀림을 받아도 일관되게 애플을 믿는다. 그래서 혹평받던 신제품이 막상 출시되면 애플스토어 앞에는 길고 긴 줄이 늘어서 있다. 그리고 시간이 지나고 보면 결국 애플 디자인이 유행을 선도하고 만다. 처음에 소비자들에게 받았던 혹평은 단지 새로운 디자인에 낯선 소비자들의 초기 저항일 뿐이다.

스티브 잡스는 1998년에 『비즈니스위크』와의 인터뷰에서 이렇게 말했다. "대부분의 사람들은 제품을 보여주기 전까지는 자신들이 원하는 게 뭔지도 정확히 모른다." 결국 애플의 신제품을 보고 나서도 일정 시간이 흐른 뒤에야 고객들은 스펀지처럼 애플의 스타일을 적극 받아들이게 된다.

애플의 운영체제인 IOS는 애플이 아닌 다른 기기들과는 연동되지 않는다. 이런 배타성 때문에 애플 제품 간에는 강력한 애플 생태계가 조성돼 있다. 그래서 아이폰을 구매하고 나면 핵심 운영체제인 IOS를 중심으로 아이패드, 맥북, 애플워치, 에어팟을 모두 구매하고 싶어진다. 이 기기들을 서로 연결해서 스스로 애플 생태계와 애플 서비스에 빠져들고 싶어하는 소비자들이 많다.

이런 강력한 소비자 충성도 때문에 구글 안드로이드 사용자와의 충성도 차이가 '안드로메다'만큼이라는 말도 나온다. 그리고 애플 소비자들은 은연중에 자신들이 명품을 쓴다는 자부심을 가진 듯하다. 물론 필자는 애플 사용자가 아니라서 그게 어떤 마음인지는 잘 모른다.

4

애플은 스마트폰에서
웨어러블로 간다

IT 업계 루이비통 같은 명품

애플은 이제 스마트폰만 만드는 회사가 아니다. 애플은 2019년부터 아이폰, 아이패드, 맥북 등의 판매량 공개를 중단했다. 2018년 4분기에 아이폰 판매량이 급감하면서 40%의 주가 폭락을 경험한 이후 정책을 바꿨다. 사실 진작부터 애플은 대량판매 전략을 버리고 고가판매 전략을 쓰고 있지만 투자자들은 여전히 판매량에 대한 미련을 버리지 못하고 있다.

일단 팀 쿡이 CEO를 맡은 2012년부터의 애플 주요 제품 판매량 추이를 한 번 살펴보자. 애플의 아이폰은 2012년의 1억 2,500만 대를 바닥으로 2015년 애플워치 출시 때 절정을 이뤄 2억 3,100만 대가 판매됐다. 그 후 조금씩 감소해 2019년도는 연간 판매대수가 2억 대 밑으로 내려왔다. 특히 2018년 4분기 판매량이 급감하며 시장은 민감하

애플 최근 2년간 주가 흐름 차트 (2018년 초~2020년 초)

(출처: 미래에셋대우 홈트레이딩 시스템)

게 반응했다. 하지만 주목할 점은 아이폰의 평균 판매가격이 계속 오르고 있다는 사실이다. 2012년의 아이폰 평균 판매단가는 약 650달러(76만 원)였지만 2019년의 아이폰 평균 판매단가는 약 850달러(100만 원)에 육박했다. 이런 고가정책의 영향으로 판매량 정체에도 여전히 아이폰의 매출액은 증가하고 있다.

2010년 아이패드가 처음 나왔을 때의 충격을 잊을 수 없다. 디자인이란 무엇인가를 제대로 보여줬다. 이후 저가형인 아이패드 미니와 고가형인 아이패드 프로 등 다양한 시리즈가 나왔다. 가격은 사양에 따라 300달러(35만 원)에서 4,000달러(480만 원) 내외로 편차가 크다. 아이패드는 2013년에 무려 7,100만 대가 판매되며 정점을 찍었으나 그 뒤로는 판매량이 지속적으로 감소해 애플의 고민거리가 됐다. 부진의 원인은 문서작업이 불편하고 아이폰의 대형화 때문이다. 아이패드의 판매량은 앞으로도 정체되거나 소폭 감소할 것으로 예상된다. 하지만 아이패드 프로 출시를 통한 고가정책으로 인해 평균 판매가격

아이폰 연간 판매량 추이 (단위: 억 대)

구분	2012년	2013년	2014년	2015년	2016년	2017년	2018년	2019년
판매량	1.25	1.50	1.69	2.31	2.12	2.17	2.18	1.96

(출처: 스타티스타 발표자료, 2019년은 카운터포인트)

아이패드 연간 판매량 추이 (단위: 만 대)

구분	2012년	2013년	2014년	2015년	2016년	2017년	2018년	2019년
판매량	5,830	7,100	6,800	5,490	4,560	4,380	3,380	미공개

(출처: 스타티스타 발표자료)

은 과거보다 상당히 높아졌다. 이는 매출액 증가에 긍정적인 영향을 미치고 있다.

맥북은 애플의 역사 그 자체다. 애플의 개인용 컴퓨터 역사는 1976년에 만들어낸 애플1부터 시작해 매킨토시로 이어진다. 이후 데스크톱은 맥으로 노트북은 맥북으로 발전해왔다. 맥북 노트북은 명품 수준의 고급스러운 이미지다. 비싸서인지 판매량은 연간 2,000만 대 미만으로 정체돼 있다. 최고사양인 맥북 프로 노트북의 경우 300만 원이 훌쩍 넘는다. 그래서 누구든 스타벅스에서 맥북 프로을 꺼내놓고 있다면 루이비통 같은 명품 보유자로 인정받게 된다.

이 애플 대표 제품들의 판매량이 감소하거나 정체되고 있는 현재의 추이를 보면 독자들은 어떤 생각이 드는가? 2018년 4분기의 애플 주식 40% 대폭락이 이해되지 않는가? 마치 애플의 성장이 이제는 멈춰버린 듯한 느낌이 든다. 하지만 그건 오해다. 애플 웨어러블 시리즈의 급성장과 서비스 분야에서의 성장 가능성까지 분석해본다면 부정적인 생각은 긍정적으로 바뀔 수 있다.

애플 맥 시리즈 연간 판매량 추이 (단위: 만 대)

구분	2012년	2013년	2014년	2015년	2016년	2017년	2018년	2019년
판매량	1,816	1,634	1,891	2,059	1,848	1,925	1,821	미공개

(출처: 스타티스타 발표자료)

비장의 무기 애플워치와 에어팟

스마트폰과 아이패드는 스티브 잡스의 작품이다. 그렇다면 후임자인 팀 쿡의 첫 번째 작품은 뭘까? 바로 애플워치다. 애플워치는 2015년에 첫 출시된 후 1,200만 대가 판매됐다. 2019년에는 3,070만 대를 판매해 4년 만에 2.5배 이상 성장하며 스마트 워치 시장을 주도했다. 하지만 냉정히 평가해보면 기대보다는 다소 덜 팔렸다. 아이패드가 전성기에 연간 7,100만 대나 판매됐고 아이폰의 판매량이 여전히 연간 2억 대라는 사실을 생각해보라.

그럼에도 애플워치는 애플의 첫 번째 웨어러블 기기라는 상징성이 있다. 애플은 차세대 핵심 사업으로 헬스케어(건강관리 서비스) 분야를 정했다. 그래서 애플워치의 여러 기능 중에서 특히 의료 빅데이터 수집은 중요하다. 앞으로 애플이 헬스케어 인공지능 능력을 높이는 데 크게 이바지할 것이다. 애플워치는 이미 수면 중 무호흡, 맥박산소, 호흡수, 혈압, 혈당, 심전도 측정기능 등에 대한 고유의 특허를 출원 중이다.

애플은 애플워치 외에도 아이폰의 애플 헬스 앱을 통해 이미 오래전부터 사용자들의 운동정보와 건강정보를 수집해왔다. 애플은 미국 병원들이 각각 다르게 사용하는 전자의무기록EMR 데이터를 애플의 앱을 통해 호환될 수 있도록 준비하고 있다. 전자의무기록에는 환자

애플워치 연간 판매량 추이 (단위: 만 대)

구분	2015년	2016년	2017년	2018년	2019년
판매대수	1,200	1,190	1,800	2,250	3,070

(출처: 시장조사업체 스트래티지애널리틱스SA 발표자료)

개개인의 의료정보들이 기록돼 있다.

개인의 의료기록은 민감한 정보다. 그래서 사용자들은 개인정보보호에 관심이 높다. 애플은 뒤에서 설명할 페이스북에 비해 보안 측면에서 신뢰도가 높은 회사다. 미국 FBI에게 범죄 용의자의 아이폰 잠금장치 해제 요청을 받았지만 거절했다. FBI가 직접 아이폰을 해킹하려 했지만 결국 실패했다. 일반적으로 애플의 IOS는 구글의 안드로이드보다 보안성이 뛰어나다는 평가다.

이번 2020년 1월의 CES에 무려 28년 만에 등장한 애플은 의외의 선택을 했다. 필자는 경쟁사보다 뒤처지는 이미지를 가진 애플의 인공지능 비서 시리와 인공지능 스피커 홈팟을 집중적으로 홍보할 것으로 예상했다. 하지만 애플은 뜻밖에 개인정보보호와 관련된 토론에 집중했다. 애플은 고객들에게 자신들의 개인정보보호 정책이 전세계에서 가장 강력하다는 걸 어필하는 느낌이다. 이를 무기로 개인들에게 민감한 정보인 의료정보 시장을 선점하려는 전략인 듯하다.

2019년에 애플워치는 전년 대비 판매량이 36% 폭증했다. 애플워치의 평균 판매가격은 약 450달러(53만 원)로 추정된다. 명품 기업인 에르메스와 협업해 고가의 한정판 제품을 선보여 명품 이미지를 구축하려 한다. 2019년에는 드디어 '남자의 로망'이라는 스위스 명품 시계와의 전쟁에서 승리했다. 애플워치의 2019년 판매량 추정치는

3,070만 대 수준인 데 비해 스위스 명품시계의 전체 판매량은 2,110만 대에 불과했기 때문이다.

앞으로 애플워치의 과제는 뭘까? 필자 같은 귀차니스트들은 웬만해서는 시계를 풀지 않는다. 수면 체크도 해야 하니 말이다. 하지만 이틀에 한 번꼴로 충전해야 하는 불편함은 문제다. 배터리 시간을 획기적으로 늘리거나 배터리 충전의 불편함마저 뛰어넘을 만큼 소비자들을 사로잡을 강력한 헬스케어 기능이 추가될지가 핵심 과제다.

에어팟은 애플 웨어러블 시리즈의 두 번째 작품이다. 애플은 여전히 소비자가 무엇을 원하는지 잘 안다. 그렇다. 우리는 모두 선이 없는 무선 이어폰을 원해왔다. 하지만 스티브 잡스의 말처럼 "대부분의 사람들은 제품을 보여주기 전까지는 자신들이 원하는 게 뭔지도 정확히 모른다." 우리는 에어팟을 실제로 눈앞에서 본 뒤에야 알게 됐다. 우리가 얼마나 간절하게 에어팟을 원했는지 말이다.

그 증거는 에어팟의 폭발적인 판매량으로 증명할 수 있다. 콩나물 디자인으로 조롱받던 에어팟은 2016년 12월에 처음 선보인 후 2017년에 1,500만 대가 판매됐다. 그런데 불과 2년 뒤인 2019년에는 평균 판매가격이 2배 이상 상승했음에도 불구하고 무려 4배가 넘는 6,000만 대가 팔렸다. 소비자들이 에어팟을 얼마나 원해왔는지는 이 폭발적인 판매량을 통해 확인할 수 있다.

요즘 버스나 지하철에서 유선 이어폰을 쓰는 사람을 찾기는 어렵다. 워낙 무선 에어팟의 위세가 대단하기 때문이다. 필자같이 아직 에어팟을 안 산 사람들은 공공장소에서 유선 이어폰을 사용하는 것도 눈치 보이는 세상이 됐다. 유선 이어폰이 불과 1만~2만 원인 데 비해

에어팟 연간 판매량 추이 (단위: 만 대)

구분	2017년	2018년	2019년	2020년(예상치)
판매대수	1,500	3,500	6,000	9,000

(출처: 현지 언론 추정치)

에어팟 프로의 가격은 무려 30만 원이 넘는다.

2019년에 출시된 에어팟 프로는 노이즈 캔슬링(주변소음 차단기술) 기능을 추가해 그야말로 돌풍을 일으켰다. 시끄러운 장소에서도 얼마든지 영화나 음악을 감상할 수 있다. 주변소음을 거의 완벽하게 차단해주기 때문이다. 통화할 때도 무선 마이크와 노이즈 캔슬링의 위력은 막강하다. 우리는 오래전부터 손을 사용하지 않고 무선으로 조용히 통화할 수 있는 기술을 원해왔다. 애플은 그걸 해냈다. 그래서 지금 에어팟 프로는 없어서 못 파는 상황이다.

에어팟의 2019년 매출은 14조 원(120억 달러)으로 추정된다. 애플 전체 매출의 4.5% 수준이다. 2019년의 애플 주가 급상승에 공헌한 1등 공신이기도 하다. 물론 늘 그래 왔듯이 애플이 신제품을 출시하면 가격이 저렴한 경쟁사들의 유사 제품들이 쏟아져 나온다. 중국 화웨이와 샤오미의 저가 제품부터 삼성전자, LG전자, 구글, 마이크로소프트, 아마존 등이 모두 무선 이어폰 시장에 뛰어들고 있다.

하지만 2020년 2월 말 기준 애플의 노이즈 캔슬링 기술을 뛰어넘는 경쟁사 제품은 보이지 않는다. 게다가 에어팟에는 애플의 명품 이미지가 고스란히 살아 있다. 에어팟의 질주는 상당 기간 계속될 전망이다.

무선 이어폰 시장 점유율 현황 (2019년)

NO.	회사명	판매대수	점유율
1	애플	5,870만 대	54.4%
2	샤오미	910만 대	8.5%
3	삼성전자	740만 대	6.9%

(출처: 시장조사업체 스트래티지 애널리틱스SA, 연합뉴스, 2020. 1. 15)

시리와 에어팟을 연결한 인공지능 비서 전략

애플은 2010년에 처음으로 인공지능 음성인식 기술을 가진 시리를 2억 달러(약 2,200억 원)에 인수했다. 이때만 해도 애플이 인공지능 분야에서 아마존이나 구글보다 뒤처질 거라고 예상한 사람은 아무도 없었다. 하지만 현재 기술적으로 미진하다는 평가를 받고 있다. 인공지능 스피커가 제대로 작동하기 위해서는 인공지능 음성인식 비서 역할을 하는 아마존의 알렉사, 구글의 구글 어시스턴트, 애플의 시리가 얼마나 똑똑한지가 가장 중요하다.

그래서 애플은 시리의 기술 향상을 위해 조용히 전열을 재정비하고 있다. 2018년 4월에는 구글의 인공지능 검색 분야 핵심인력인 존 지아난드레아John Giannandrea를 영입했고 2019년 3월에는 구글의 인공지능 머신러닝 핵심인력인 이안 굿펠로우Ian Goodfellow를 영입했다. 그리고 2020년 2월에는 인공지능 음성인식 기술을 보유한 기업 풀스트링을 약 1억 달러(1,200억 원)에 인수했다. 풀스트링은 아마존의 알렉사, 구글의 구글 어시스턴트와도 협력해온 것으로 알려져 있다. 애플은 이런 노력을 통해 인공지능 비서인 시리의 기능을 대폭 향상시킬 것으로 기대된다. 그런데 이런 인공지능 비서들을 가정에서 실제로 활용하기 위해서는 인공지능 스피커라는 디바이스가 있어야 한다. 인공지능 스피커가 널리 보급될수록 인공지능 플랫폼 시장 장악이 쉽다. 그래서 인공지능 스피커 시장에서 점유율 싸움이 치열하다.

2019년의 미국 인공지능 스피커 시장 점유율은 아마존의 에코가 70%이고 구글의 구글홈이 25%인 양강 구도가 이어지고 있다. 애플 홈팟의 존재감은 미미하다. 심지어 글로벌 순위에서도 중국의 바이두, 알리바바, 샤오미가 애플 홈팟의 판매량을 앞서고 있다. 애플은 인공지능 음성인식 비서인 시리의 기술 향상에 많은 돈을 쏟아붓고 있다. 그런데 소비자들에게 접근할 수 있는 인공지능 스피커 디바이스인 홈팟의 점유율 확대는 생각보다 지지부진하다. 왜일까? 필자의 추측을 말해본다. 그건 애플이 무선 이어폰 디바이스 시장에서 에어팟 프로가 이미 압도적인 1등이기 때문이다. 에어팟 프로를 통해 인공지능 음성인식 비서인 시리와 쌍방향 대화가 가능하다. 그래서 군이 집안에서만 한정적으로 사용되는 인공지능 스피커 시장에 공격적으로 에너지를 쏟지 않는다는 의심이 든다.

애플로서는 인공지능 음성인식 비서와 인공지능 스피커 시장은 절대 포기할 수 없는 차세대 핵심 사업이다. 이 분야가 IT 기업들의 미래를 좌우하는 게임 체인저가 될 것이다. 하지만 디바이스 싸움에서 반드시 인공지능 스피커가 유일한 진리는 아니다. 인공지능 스피커와 에어팟의 대결에서 최후의 승자는 누구일까? 필자는 귀에 꽂기만 하면 무선으로 인공지능 비서인 시리와 대화를 주고받을 수 있는 에어팟이 승자가 될 수도 있다고 생각한다.

애플 글래스와 무인 자율주행차 타이탄 프로젝트

페이스북의 마크 주커버그는 미래의 가상현실 시장과 증강현실 시장에서 사용될 핵심 디바이스를 갖고자 하는 열망으로 헤드 마운티드 디스플레이HMD 제조업체인 오큘러스를 인수했다. 애플도 2022년 출시를 목적으로 증강현실 기기인 애플 글래스를 준비 중이다. 워낙 은밀히 진행 중이라 알려진 정보가 많진 않다.

애플이 또 하나 은밀하게 진행 중인 프로젝트가 있다. 바로 자율주행차 개발 프로젝트인 타이탄이다. 자율주행차 분야의 압도적인 1등 기업은 구글의 웨이모다. 하지만 애플도 자율주행차 개발을 지속해왔다. 한때 기술적 어려움으로 200명을 감원하면서 타이탄 프로젝트를 포기하는 게 아니냐는 전망도 나왔지만 관련 특허를 계속 출원하며 여전히 도전 의지를 불태우고 있다.

5

애플은 멀티 플랫폼 기업이다

세계 유일의 양손잡이 기업

하드웨어hardware란 무슨 뜻인가? 영어로 철, 장비, 강한 쇠 등을 뜻한다. 컴퓨터 용어로 하드웨어는 손으로 만질 수 있는 모든 장비를 의미한다. 반대로 소프트웨어software는 손으로 만질 수 없는 운용체제나 프로그램을 의미한다.

애플은 아이폰, 아이패드, 맥북, 애플워치, 에어팟 등 세계 최강의 하드웨어 제품을 제조하는 기업이다. 그래서 우리는 '아이폰의 판매량이 줄었다'는 언론보도를 접하면 애플의 성장세가 꺾이는 게 아닌지 우려한다. 애플의 맞수인 삼성전자 또한 세계 최강의 하드웨어 제조기업이다. 반도체와 스마트폰 판매량 세계 1위 기업 아닌가? 하지만 애플과 삼성전자 간에는 중요한 차이가 하나 있다. 바로 소프트웨어 분야다. 애플은 소프트웨어 분야에서도 세계 최강자다. 하지만 하드웨어 분야가 워낙 강하다 보니 상대적으로 과소평가되고 있다. 소프트웨어가 강한 대표적인 기업은 어디일까? 세계에서 약 15억 명이 사용한다는 윈도 운용체제를 만든 마이크로소프트가 대표적이다.

그렇다면 애플은 하드웨어 제조 기업인가? 아니면 소프트웨어 플랫폼 기업인가? 투자자들의 의견이 분분하다. 누군가는 제조 기업이라고 생각하고 누군가는 플랫폼 기업이라고 생각한다. 정답은 아이폰으로 대표되는 최강의 하드웨어 제조 기업이지만 IOS 운영체제로 대표되는 최강의 소프트웨어 기업이기도 하다. 게다가 12억 명의 활성 사용자수를 보유한 플랫폼 기업이기도 하다. 한마디로 하드웨어와 소프트웨어를 다 갖춘 멀티 플랫폼 기업이다.

그런데 이게 왜 중요하냐고? 일반적으로 증권시장에서는 하드웨어 기업들보다 소프트웨어 기업들이나 플랫폼 기업들의 가치를 더 높게 평가한다. 그 이유는 확장성에 대한 기대감 때문이다. 지금의 인터넷 세상에서 소프트웨어 기업들이나 플랫폼 기업들은 단시간에 전세계인들에게 손쉽게 접근할 수 있는 확장성이 뛰어나다. 게다가 플랫폼을 기반으로 한 높은 수수료 서비스 사업으로 진출하기도 쉽다. 그래서 애플이 하드웨어 기업인지, 아니면 소프트웨어를 기반으로 하는 플랫폼 기업인지는 중요한 문제다. 필자의 결론은 애플은 세계 유일의 양손잡이 기업이다.

애플 IOS의 생태계 확장 전략

시장조사 업체 스탯카운터의 「스마트폰 운용체제 점유율(2019년 말)」 자료를 보면 전세계에서 구글 안드로이드의 점유율은 74.2%고 애플 IOS의 점유율은 24.7%다. 하지만 애플의 본고장인 미국은 IOS의 점유율이 55.6%로 안드로이드 점유율 44.3%를 뛰어넘었다. 정반대로 인구 13억 명의 인도에서는 안드로이드가 94.4%로 애플 IOS 2.6%를 압도한다.

어쨌든 결론은 명확하다. 애플 IOS 운영체제의 전세계 점유율은 고작 25% 수준이라는 점이다. 안드로이드 운용체제의 75% 점유율에 비하면 3분의 1에 불과하다. 그래서 우리는 여전히 애플을 불편하게 바라본다. '독점하지도 못한 상태에서 개방하지도 않는 프로그램이나 운영체제는 결국 망한다'는 선입견 때문이다.

애플의 IOS는 마이크로소프트의 윈도처럼 90% 이상 독점한 상태도 아니고 구글의 안드로이드처럼 모든 스마트폰에 개방된 것도 아니다. IOS는 애플 제품 안에서만 작동하는 폐쇄적인 운영체제다. 이는 오래전 소니가 경쟁제품이 있음에도 베타라는 고유의 비디오테이프를 폐쇄적으로 운영하다가 대실패한 사례를 떠올리게 한다.

하지만 결과적으로 소니는 실패했고 애플은 성공했다. 가장 큰 차이는 뭘까? 애플은 폐쇄적이라고 해도 상관없을 만큼 최고의 제품들을 계속 만들어내고 있다. 아이폰뿐 아니라 아이패드, 맥북, 애플워치, 에어팟 등 여러 종류의 제품들이 모두 최고의 품질을 자랑한다.

이들이 서로 강력히 연동되며 애플 생태계가 더 견고하고 촘촘해졌다. 그 결과 지금은 애플의 폐쇄성이 오히려 애플의 장점으로 승화되고 있다. 물론 애플은 앞으로도 최고의 제품들을 만들어내야 하는 부담감이 있다. 하지만 이미 애플 생태계가 견고하기 때문에 그 부담감은 훨씬 가벼워졌다.

애플 아이폰의 재구매율은 무려 90%가 넘는다. 한 번 애플 생태계에 들어온 사람들은 그곳을 빠져나갈 생각이 없다. 안드로이드 계열의 스마트폰 재구매율도 70%는 지켜내고 있다. 하지만 사용자들의 충성도 격차는 크다. '안드로이드는 크게 불편하지 않아서 계속 쓰지만 애플 IOS는 너무 만족해서 계속 쓴다.'라고 표현하면 적절한 비유가 될까?

애플의 서비스 분야 확대 전략

애플의 IOS 운영체제를 사용하는 사람들은 몇 명일까? 2019년 말 기준 아이폰 사용자수는 9억 명이고 아이패드 사용자수는 약 6억 명이다. 따라서 애플의 IOS 사용자수는 15억 명이지만 적극 사용자수는 약 12억 명으로 추정된다. 애플은 이 막강한 12억 명의 사용자들을 대상으로 서비스 부문의 매출을 확대하려 한다.

(1) 애플 앱스토어

애플의 IOS 운영체제에는 앱스토어가 있고 구글의 안드로이드 운용체제에는 구글 플레이가 있다. 앱스토어나 구글 플레이는 다양한 앱(게임, 음악, 동영상 등의 콘텐츠 응용프로그램)을 사고 파는 온라인 상점이다.

가장 인기 있는 앱은 역시 게임이다. 게임 매출 비중이 60%를 훌쩍 넘는다. 대신 애플이나 구글은 앱 개발자들에게 판매금액의 30%를 수수료로 받는다. 사실 엄청난 수수료율이다. 그래서 애플로서는 꽤 괜찮은 서비스 수익 모델이다.

그렇다면 2019년 애플 앱스토어의 매출액은 얼마나 될까? 무려 60조 원(500억 달러)이다. 애플의 서비스 수익 모델 중에 가장 매출액이 크다. 애플의 대표적인 서비스 분야는 애플 앱스토어 외에 또 어떤 게 있을까? 애플페이, 애플 뮤직, 아이클라우드, 애플TV 등이 있다.

(2) 애플페이

애플페이는 애플 서비스 분야 중 가장 성장 가능성이 높다. 한국에도 삼성페이가 활성화돼 있어 애플페이의 구조에는 모두 익숙할 것이다. 시장조사 기관 이마케터에 따르면 2019년 미국 모바일 결제 시장 1위는 47%의 점유율로 3,000만 명의 사용자를 보유한 애플페이다. 2위는 39%의 점유율로 2,500만 명의 사용자를 가진 스타벅스다.

그렇다면 애플페이의 전세계 사용자수는 얼마나 될까? 스태티스타에 따르면 약 4억 4,100만 명(2019년 9월)이다. 이는 2018년도 2억 2,900만 명보다 93% 폭증한 수치다. 증가율이 가히 폭발적이다. 아이폰 사용자의 약 48%가 애플페이를 사용하는 것으로 파악된다.

애플페이는 미국에서 사용 시 카드사에 결제금액의 0.15%를 수수료로 부과해 마진율이 높다. 하지만 중국시장에 진출할 때는 알리페이와 위챗페이와의 경쟁을 의식해 수수료율을 0.03%로 파격 인하해 줬다. 한국시장의 경우 카드사들과의 수수료율 협상 결렬로 못 들어오고 있다. 삼성페이는 수수료 없이 카드사에 지문인식 비용만 건당

10원 미만으로 저렴하게 부과해 가격경쟁 자체가 안 된다. 그래서 한국의 아이폰 유저들은 기약 없이 애플페이를 기다리는 중이다.

팀 쿡은 2019년 9월 실적발표 때 "애플페이의 매출은 매년 두 배 이상 증가했으며 9월 분기에는 30억 건이 거래돼 페이팔의 거래 건수를 능가했다."라고 자랑했다. 우리는 애플페이의 놀라운 성장 속도에 주목해야 한다.

(3) 애플뮤직

애플뮤직은 미국 음악 스트리밍 시장 점유율 2위다. 점유율 1위인 스포티파이를 맹렬히 추격 중이다. 미국 기준 월 구독료는 1만 2,000원(9.9달러)이다. 애플뮤직의 전체 유료 구독자수는 2019년 기준 약 6,000만 명 수준이지만 매출 규모는 정확히 공개되지 않고 있다.

필자가 굳이 추정해보자면 대략 7조 원(60억 달러) 수준이 아닐까? 필자는 한국에서 멜론 음악 스트리밍을 쓰고 있는데 매월 어김없이 칼같이 요금이 빠져나간다. 기업 입장에서 월 구독료만큼 안정적인 수익 기반은 없어 보인다.

(4) 아이클라우드

스마트폰과 연동시키면 자료들이 자동으로 아이클라우드의 서버에 저장되는 서비스가 제공된다. 그래서 스마트폰을 분실하더라도 소중한 사진과 자료들을 다시 찾을 수 있다. 아이폰 사용자들에게는 기본적으로 5GB의 무료 용량이 제공되지만 IT 시대에는 아무리 많은 저장용량이라도 결국은 부족하다.

그래서 용량을 50GB로 추가할 경우 월 1,200원(0.99달러), 200GB 는 월 3,600원(2.99달러), 2TB의 경우 월 1만 2,000원(9.99달러)의 합 리적인(?) 요금을 부과해 수익을 창출한다. 적은 무료용량 제공을 통 해 유료가입자 확대를 유도하고 있다.

(5) 애플 TV

온라인 유료 동영상 서비스 시장은 그야말로 대격전지다. 이 시 장 선두업체인 넷플릭스의 전세계 유료 구독자수는 1억 6,700만 명 (2019년 말)이다. 언뜻 많지 않은 것 같다. 하지만 넷플릭스의 아이디 를 보통 2~4명이 공유하기 때문에 실제 구독자수는 최소 4억 명 이상 으로 추정된다.

그런데 2019년 11월에 디즈니와 애플이 각각 도전장을 냈다. 넷플 릭스는 월 12.99달러의 구독료를 받는 데 비해 디즈니는 월 6.99달 러에 디즈니플러스를 출시했고 애플은 월 4.99달러에 애플 TV 플러 스를 출시했다. 디즈니와 애플은 둘 다 믿는 구석이 있기 때문이다. 디즈니는 세계 영화 시장 점유율이 30%가 넘는 콘텐츠의 왕국이다. 「어벤저스」「토이스토리」「겨울왕국」 등 넘쳐나는 콘텐츠 경쟁력을 바탕으로 단숨에 2,650만 명(2019년 말)의 가입자수를 확보했다. 앞 으로도 탄탄한 디즈니의 콘텐츠를 바탕으로 지속적인 가입자 증가가 예상된다.

그렇다면 애플은 왜 애플 TV를 출시했을까? 12억 명의 애플 사용 자들을 믿고 확 지른 느낌이다. 월 4.99달러의 구독료는 무척 저렴하 긴 하지만 과연 애플 TV가 성공할지는 예단하기 어렵다. 콘텐츠 확보에 추가로 천문학적인 자금이 들기 때문이다. 이미 넷플릭스라는 강력한 선두주자가 있고 아마존과 훌라도 온라인 유료 동영상 서비스 시장에 오래전부터 진출해 있는 상태다. 추가로 디즈니플러스라는 막강한 경쟁사마저 신규로 진입했다.

아무리 12억 명의 애플 사용자들을 믿는다고 해도 이 시장에 후발주자로 뛰어든 건 다소 무모한 선택이 아닐까? 참고로 투자의 대가 워런 버핏Warren Buffett도 애플의 온라인 유료 동영상 서비스 시장 진출 선언에 부정적인 의견을 밝혔다. 2019년 3월에 미국 CNBC와의 인터뷰에서 "애플이 성공하는 것을 원하지만 애플은 충분히 한두 번의 실책을 겪을 수도 있는 기업이다."라고 말했다. 하지만 최종 결과는 좀 더 지켜봐야 알 듯하다.

그리고 실제로 성사되기는 어렵겠지만 시장은 초대형 인수합병을 기대하고 있다. 바로 애플이 넘쳐나는 막대한 자금을 활용해 넷플릭스를 인수하는 시나리오다. 만약 이 인수합병이 성사된다면 애플은 전세계에서 가장 멋진 회사가 될 듯하다. 그런데 과연 넷플릭스 경영진이 애플에게 회사를 팔 생각이 있을까?

애플의 매출 비중 분석

애플의 주력 하드웨어 분야인 아이폰의 매출액은 2018년에 198조 원이었으나 2019년에는 171조 원으로 무려 13.5% 감소했다. 이 영향으로 애플의 성장세가 끝났다는 시장의 평가와 함께 2018년 4분기에 애플 주가가 급락했다. 또 다른 전통의 하드웨어인 아이패드와 맥

애플 제품별 매출 현황

구분	2018년 매출액	증감률	제품별 비중	그룹별 비중	2019년 매출액	증감률	제품별 비중	그룹별 비중
아이폰	198조 원	16.8%	62.1%		171조 원	-13.6%	54.7%	
아이패드	22조 원	-4.2%	6.9%	78.5%	27조 원	20.1%	8.5%	72.8%
맥	30조 원	-2.7%	9.5%		30조 원	-1.2%	9.6%	
웨어러블	21조 원	34.9%	6.6%	21.5%	29조 원	40.8%	9.4%	27.2%
서비스	48조 원	32.3%	14.9%		56조 원	16.6%	17.8%	
총합계	319조 원	15.9%	100.0%	100.0%	312조 원	-2.0%	100.0%	100.0%

(출처: 애플 발표자료 및 필자 추정, 9월 결산 법인, 환율 1,200원으로 환산)

시리즈도 역시 정체 상태다(아이패드는 몇 년간 지속적으로 판매량이 감소했지만 아이패드 프로를 통한 고가 정책의 영향으로 2019년 매출액은 전년 대비 20% 상승했다).

반면에 애플워치와 에어팟으로 대표되는 웨어러블 시장은 40.8%라는 폭풍 성장을 하며 애플의 미래를 주도하고 있다. 게다가 애플 앱스토어, 애플페이, 애플뮤직으로 대표되는 서비스(소프트웨어) 시장도 16.6%라는 양호한 성장세를 보이고 있다. 현재 애플의 전통 하드웨어 분야의 매출 비중은 72.8%다. 반면에 웨어러블과 서비스 시장의 매출 비중은 아직 27.2% 수준이지만 점점 더 매출 비중이 높아지고 있는 점은 긍정적이다.

6

애플 투자 포인트

애플의 시가총액은 1,500조 원으로 2019년 말 기준 세계 1위(아람코 제외)이다. 애플의 영업이익 77조 원은 시가총액 1위를 다투는 마이크로소프트의 영업이익 52조 원보다 1.5배 많고 아마존의 영업이익 17조 원보다는 4배 많다. 외형상 제조 기업임에도 영업이익률이 24.6%로 양호하다. 제일 놀라운 건 자기자본수익률ROE이 무려 55.9%라는 사실이다. 현실세계에서 이런 회사를 본 적이 있는가? 재무적으로 상당히 우수한 구조다. 단지 아쉬움이 있다면 전년 대비 애플의 매출액과 영업이익이 모두 감소했다는 사실이다.

하지만 이는 일시적인 현상이다. 12억 명의 애플 사용자들을 기반으로 한 애플의 생태계는 더욱 견고해지고 있다. 세계 최고의 품질을 자랑하는 아이폰, 아이패드, 맥으로 대표되는 최강의 하드웨어와 애플워치와 에어팟으로 대표되는 웨어러블의 폭발적인 성장세를 보라.

애플 최근 5년간 주가 차트 (2015년 1월 1일~2019년 12월 31일)

(출처: 미래에셋대우 홈트레이딩 시스템)

애플 주가 및 연간 수익률 추이

구분	2015년	2016년	2017년	2018년	2019년	5년 누적 수익률	연평균 수익률
주가	98달러	111달러	164달러	155달러	293달러	-	-
상승률	-3%	13%	48%	-5%	89%	190%	38%

(출처: 미래에셋대우 홈트레이딩 시스템, 권리변동가격 반영)

애플 매출액 및 영업이익

구분	2018년 9월 말	증가율	2019년 9월 말	증가율
매출액	319조 원	15.9%	312조 원	-2.0%
영업이익	85조 원	16.0%	77조 원	-10%
영업이익률	26.7%		24.6%	
자기자본수익률 (ROE)	49.4%		55.9%	

(출처: 회사 발표자료, 9월 결산법인, 환율 1,200원으로 환산)

　　게다가 애플 앱스토어, 애플페이, 애플뮤직, 아이클라우드, 애플 TV는 애플을 단순한 하드웨어 제조 기업이 아니라 서비스 분야에서 도 막강한 수익을 창출하는 양손잡이 멀티 플랫폼 기업으로 만들어줄 것이다. 먼 미래에는 애플 사용자들이 모두 인공지능 음성인식 비서인 시리에게 심각하게 의존하게 될 것이다. 우리는 무선 에어팟을 귀에 꽂고 일상의 모든 일에 대해 인공지능 비서인 시리와 대화를 나누게 될 것이다.

투자 귀재인 워런 버핏이 이끄는 버크셔 헤서웨이의 투자 바구니에서 2019년 말 기준 애플은 30% 비중을 차지한다. 보유주식 순위 1등이다. 애플의 전체 주식 중 5%의 지분을 버크셔 헤서웨이가 보유하고 있어 애플의 3대 주주가 됐다. 워런 버핏이 애플 주식에 집중 투자한 이유가 뭘까? 워런 버핏은 애플을 IT 기업이 아니라 필수 소비재로 인식하고 있다. 투자 거인의 어깨에 올라 한 배를 타보자. 우리가 애플 주식을 사야 할 이유가 하나 더 추가된 셈이다.

코로나19 바이러스로 인해 애플의 2020년 상반기 매출은 큰 타격을 받고 있다. 중국에 있는 폭스콘 공장은 2020년 1월과 2월에 가동률이 급락했다. 다행히 3월부터 정상화가 이뤄져 애플의 중저가 모델인 아이폰 SE 2세대의 4월 출시와 고가 모델인 5G 아이폰의 하반기 출시일정에는 큰 지장이 없을 전망이다.

또한 전세계 애플 매장은 최소 2주 이상 매장 운영을 중단하는 조치가 취해진 상태다. 이래저래 애플의 2020년 매출은 불가피하게 감소할 전망이다. 하지만 이런 우려로 인해 주가 또한 고점 대비 25% 이상 하락한 상태다. 미래에 애플은 인공지능을 지배하는 기업이 될 가능성이 높다. 장기적인 관점에서 생각해본다면 저렴한 가격에 인공지능 회사의 주인이 될 수 있는 기회이기도 하다.

4장

전세계인을
페친으로 만든
페이스북

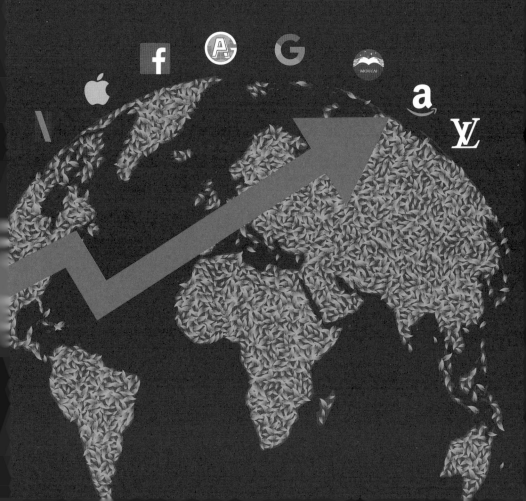

1
사용자수! 사용자수! 사용자수!

전세계 SNS 사용자수 1위

미국인들의 일상에 IT 서비스가 얼마나 깊숙이 들어왔는지를 직관적으로 보여주는 영화가 있다. 바로 영화 「서치」다. 이 영화를 보면 미국인들이 실생활에서 아이폰, 구글, 유튜브, 페이스북 등을 얼마나 많이 이용하는지를 한 눈에 볼 수 있다. 전세계 SNS 중 사용자수 1위는 단연 페이스북이다. 그렇다면 우리는 페이스북이라는 회사에 대해 얼마나 알고 있을까?

내 주변 사람들의 페이스북에 대한 인식은 심플하다. "페이스북? SNS를 만든 그 회사잖아. 인스타그램도 인수했지. 나야 당연히 잘 알지."라든가 "페이스북요? 어머 촌스럽게 왜 이래요? 요즘 애들은 다 인스타그램해요. 역시 나이가 있으시니……." 정도의 반응이다. 어쨌든 사람들은 다 페이스북을 잘 안다고 막연하게 인식하고 있다.

정보의 비대칭성이란 정보가 한쪽에만 존재하고 다른 한쪽에는 존재하지 않는 상황을 말한다. 우리가 미국인보다 미국기업에 대해 더 속속들이 잘 알 수는 없다. 언어적 장벽, 지리적 장벽, 문화적 장벽이 엄연히 존재하니까.

마크 주커버그는 사실 전세계 모든 부모들의 엄친아(엄마 친구 아들)다. 일단 하버드대 재학 중에 만든 것이 페이스북이다. 천재 인정이다. 대학교를 중퇴하고 어린 나이에 창업해서 전세계에서 손꼽히는 부자가 됐다. 그는 구글, 마이크로소프트, 아마존, 넷플릭스, 애플의 CEO들과 달리 아직도 고작 30대 중반이다.

2020년 초에 필자는 열두 살이 된 아들에게 슬그머니 어린이용 위인전『마크 주커버그』를 건네줬다. 그래서 억지로 책을 읽던 아들이 갑자기 뛰어왔다. 무척 상기된 표정으로 "아빠! 마크 주커버그가 불과 열두 살에 닌텐도 게임기를 분해해 새로운 게임을 만들었다는 거 알아?"라고 외쳤다. 아들은 요즘 한창 재미있게 하고 있는 닌텐도 게임기를 동갑내기인 주커버그가 분해해 새로운 게임을 만들어낸 사실에 완전히 경악했다. 애초 아들에게 꿈과 희망을 주려 했는데 대신 좌절감만 느끼게 하고 만 것이다.

필자는 애써 "미국 나이로 열두 살은 한국에서는 열세 살이니 너와 동갑은 아니란다."라는 아주 작은 위로를 건넸을 뿐이다. 마크 주커버그는 2004년에 페이스북을 창업해 많은 걸 이루어냈다. 하지만 여전히 젊다. 1984년생. 한국 나이로 서른일곱 살이 된 그는 여전히 더 먼 미래를 보고 있다.

최대 위기 정보유출 사건

마크 주커버그는 평소 회색 티셔츠에 후드티, 청바지, 운동화 차림을 고수한다. 지난 2016년에는 자신의 옷장 사진을 공개한 적이 있다. 옷장에는 회색 반소매 티셔츠 9벌과 회색 후드티 6벌이 옷걸이에 일렬로 걸려 있었다. 그는 2015년 페이스북 사용자들과 공개 질의응답을 하면서 "왜 똑같은 옷을 입느냐?"는 질문에 이렇게 답했다. "페이스북을 잘 만들어가는 것 외에는 해야 할 결정의 수를 되도록 줄이고 싶어서다. 먹는 것, 입는 것 같은 일상의 작은 일들에 에너지를 쓰면 일에 전념하기 어렵다."

그랬던 그가 공개석상에서 처음으로 양복을 입은 모습을 보여줬다. 그가 2018년 4월 10일 미국 의회 청문회에 참석했을 때 복장은 단연 화제였다. 그는 이날 짙은 남색 양복에 푸른색 넥타이를 맸다. 미국 언론들은 회색 반소매 티셔츠가 아닌 정장을 입은 그에 대해 "의회의 규칙을 따르며 존중하는 모습을 보여줬다."라고 평가했다. 그런데 자유분방한 그는 왜 이리 긴장하며 정장을 빼입은 걸까? 사건은 2년 전으로 거슬러 올라간다.

2016년 미국 대선이 한창일 때 영국 데이터 분석업체인 케임브리지 애널리티카가 페이스북 사용자 8,700만 명의 데이터를 유출해 트럼프 선거운동에 활용했다. 이 데이터는 미국뿐 아니라 영국 브렉시트 선거 때도 활용된 것으로 알려졌다. 미국의 『뉴욕타임스』 등 주요 언론은 2018년 3월 17일에 이 사실을 대대적으로 보도했다. 페이스북 주가가 폭락했다. 그는 1개월 뒤 상원 청문회에 강제 소환됐다.

그는 의회 청문회에서 '그것이 가짜 뉴스에 이용되고 외부 세력이 선거에 개입하는 데 사용된 것'에 대해 사과했다. "제 실수입니다. 죄송합니다. 페이스북을 만든 사람도 저이고 운영한 사람도 저이므로 모든 일에 대한 책임은 저에게 있습니다." 그가 몸을 낮추고 사과를 해서 미국 여론이 급격히 나빠지는 것은 간신히 막아낼 수 있었다.

페이스북 주가도 짧은 기간의 하락을 보인 끝에 다시 원상 복귀됐다. 그가 정장을 입고 나와서 몸을 낮춘 모습이 TV 뉴스 화면에 나와 사태 해결에 도움이 됐던 것 같다. 그 후 주요 언론에 '우리는 당신의 정보를 보호할 책임이 있다. 만약 그럴 능력이 없다면 우리는 정보를 가질 자격이 없다.'라는 문구로 대대적인 사과 광고를 했다.

하지만 이건 시작에 불과했다. 더 치명적인 문제가 터졌다. 청문회 후 불과 5개월이 지난 2018년 9월에 페이스북은 중대 발표를 했다. 페이스북 사용자계정 5,000만 명이 해커의 공격으로 해킹당했다는 충격적인 내용이었다. 전세계 1위 사용자수(25억 명)를 자랑하는 거대 기업 페이스북이 너무도 쉽게 해킹당했다.

그러면서 페이스북에 대한 신뢰는 바닥으로 떨어졌다. 페이스북 사상 최대의 악몽이 시작됐다. 미국 대선 때 페이스북 사용자 데이터를 이용해 선거에 활용됐던 사건과는 차원이 달랐다. 페이스북의 전산시스템에 대한 근본적인 의문이 제기됐기 때문이다. 페이스북은 이 사건 발표 후 2018년 말까지 고점 대비 주가가 무려 40% 폭락했다. 페이스북에게 2018년은 가장 악몽 같은 한 해였다.

페이스북의 개인정보 유출 사건 관련 미 연방거래위원회FTC는 2019년 7월 과징금 50억 달러(6조 원)를 확정했다. 영국정보위원회 또한 50만 파운드(7조 5,000억 원)의 과징금을 부과했다. 유럽연합EU

에서 규제를 담당하는 아일랜드의 데이터보호위원회DPC도 페이스북의 개인정보 유출 문제로 수십억 유로(약 5조 원 추정)의 벌금을 부과할 예정이다. 게다가 미국 일리노이주에서는 신기한 소송이 제기됐다. 페이스북의 '얼굴 자동 인식 기능'이 일리노이주의 개인 생체정보 보호법을 위반했다는 이유로 주민들이 집단소송을 낸 것이다. 이 합의금도 5억 5,000만 달러(6,600억 원) 수준이다. 페이스북이 미국과 영국과 유럽연합에 내야 하는 벌금을 다 합치면 20조 원이 넘는다. 웬만한 기업이었으면 벌금 내다가 망할 판이다.

다행히 페이스북은 큰 위기를 넘겼다. 2018년에 폭락했던 주가는 2019년 들어 완만하게 회복됐다. 물론 대중들의 신뢰를 완전히 회복한 건 아니다. 『포브스』가 2019년 11월에 발표한 미국 윤리적 기업 순위 1위는 마이크로소프트다. 페이스북은 2018년에는 35위였으나 2019년에는 147위로 곤두박질쳤다. 하지만 여전히 사람들은 페이스북을 쓴다. 사건 발생 후 일부 사용자들의 이탈이 있긴 했지만 곧 진정됐다. 창사 이래 최악의 위기를 넘겼지만 페이스북의 보안시스템은 근본적인 개선이 필요하다.

사용자수 확대를 위해 통신위성 발사

마크 주커버그가 꿈꾸는 페이스북의 미래 모습은 뭘까? 페이스북은 사람과 사람을 연결해주는 것으로 사업을 시작했다. 그의 꿈은 전 세계인을 모두 연결하는 거다. 이 큰 그림을 완성하기 위해 계속 나아가고 있다. 페이스북이 그 꿈에 가까워질수록 돈은 자동으로 벌게 된다. 사용자수가 많은 것만큼 강력한 무기는 없다. 모든 플랫폼 기업들이 사용자수에 집착하는 이유이기도 하다. 하지만 승자는 역시 페이스북이다.

전세계 인구수는 77억 명이다. 그중 10억 명 이상이 사용하는 플랫폼은 총 8개다. 그렇다면 페이스북의 사용자수는 몇 명이나 될까? 무려 25억 명이다. 전세계 인터넷 사용자수는 46억 명이다. 인터넷 사용자 기준으로 54%가 페이스북을 쓴다. 중국에서는 페이스북을 쓰지 못한다는 특수성까지 고려하면 점유율이 무시무시하다. 전세계에서 이보다 사용자수가 많은 플랫폼 서비스는 없다. 구글의 유튜브마저도 20억 명 수준으로 페이스북보다 적다.

하지만 그는 이 숫자에 만족하지 않는다. 사용자수를 더 늘리기 위해 안간힘을 쓴다. 그는 왜 그토록 사용자수에 집착하는 것일까? 결국 사용자수가 많은 기업이 막대한 권력을 가질 수 있게 된다. 그리고 전세계인들을 연결하려면 여전히 더 많은 사용자수가 필요하다. 페이스북이 현재 25억 명인 사용자수를 더 늘리려면 어떻게 해야 할까? 먼저 인터넷 사용자수를 늘리는 게 순서다. 2019년 말 기준 전세계 인터넷 사용자수는 약 46억 명으로 60%의 보급률이다. 한국은 무려 96%다.

하지만 여전히 아프리카는 열악하다. 아프리카 인구 13억 명 중 인터넷 사용 인구는 5억 5,000만 명으로 보급률은 40% 내외다. 아프리카의 인터넷 보급률을 획기적으로 높이는 게 페이스북의 1차 목표다. 인터넷이 보급되면 페이스북 사용자수는 자연스럽게 늘어난다는 셈법이다. 그가 야심 차게 기획한 게 바로 아프리카 상공에 아모스 6으로 불리는 인터넷 통신 위성을 쏘는 거였다. 하지만 안타깝게도 2016년 9월 통신위성 발사가 실패하면서 아모스 6은 불타버렸다.

그렇다고 페이스북이 아프리카를 포기한 건 아니다. 다시 소형 인공위성인 아테나를 개발 중이다. 여전히 아프리카에 인터넷을 널리 보급할 방법을 다각도로 계속 연구하고 있다. 물론 아프리카는 구매력이 낮은 지역이다. 광고 매출도 선진국에 비하면 10분의 1 이하다. 하지만 페이스북은 장기적인 관점에서 사용자수 확대를 위해 끊임없이 노력 중이다.

페이스북은 어떻게 돈을 버는가?

대부분의 인터넷 기업들의 고민은 무엇일까? 당연히 비즈니스 모델이다. 사용자가 늘어날수록 서버비용, 기술비용, 인건비 등이 급증한다. 이런 비용들을 충당하려면 돈을 벌어야 한다. 제대로 된 비즈니스 모델을 만들어야 한다. 대부분의 인터넷 기업은 그 해답을 광고에서 찾았다. 페이스북 역시 마찬가지다. 광고가 돈이다. 페이스북의 매출은 99%가 광고에서 나오고 있다.

하지만 광고에도 품격이 있어야 한다. 우리가 인터넷 뉴스를 볼 때 가장 짜증 나는 게 뭔지 기억나는가? 팝업으로 뜨며 페이지 오픈 속도마저 느리게 하는 짜증 나는 광고들이다. X표마저 교묘하게 숨겨놓아 결국 실수를 유도해 팝업을 클릭하게 만들고야 마는 광고들은 솔직히 경멸스럽다. 이런 광고들이 과연 매출에 효과가 있을까? 또 나를 분노케 하는 건 인터넷에서 뉴스 기사를 보려고 해당 페이지에 들어갔다

주요 플랫폼 사용자수 현황 (2019년 기준)

순위	플랫폼명	사용자수	회사명	비고
1	페이스북	25억 명	페이스북	
2	유튜브	20억 명	알파벳(구글)	
3	왓츠앱	20억 명	페이스북	
4	구글	17억 명	알파벳(구글)	매일 사용자 기준
5	윈도	15억 명	마이크로소프트	활성 사용자 기준
6	페이스북 메신저	13억 명	페이스북	
7.	위챗	12억 명	텐센트	
8	인스타그램	11억 명	페이스북	

(출처: 각 사 발표자료, 현지 언론기사, 필자 추정)

가 덕지덕지 붙어 있는 광고들과 그로 인해 속도가 현저히 느려지는 불쾌한 경험들이다. 이에 비하면 구글과 네이버의 광고에는 품격이 있다.

실명제 가입을 원칙으로 하는 페이스북의 광고는 어떨까? 더욱 조심해야 할 부분이다. 하지만 페이스북도 2010년도까지는 다이어트 광고나 데이트 광고로 도배되던 시절이 있었다. 스스로의 품격을 떨어뜨리는 촌스러운 광고 전략이다. 물론 그로 인해 광고 매출이 오르기는 했지만 장기적으로 좋은 방법이라고 생각하기 어렵다. 그는 이런 문제들을 해결하기 위해 사업이 본 궤도에 들어설 무렵인 2008년도에 구글에서 셰릴 샌드버그Sheryl Sandberg를 모셔왔다. 그녀는 초반에는 고전했지만 결국 본인의 능력을 유감없이 발휘해 페이스북의 광고 방식을 세련되게 바꿔냈다. 광고는 결국 광고주에게도 효과가 있어야 하고 고객에게도 거부감이 없어야 한다. 고객으로서는 한 발

페이스북 지역별 광고 매출 현황

지역	2017년	2018년	2019년
북미	23조 원	32조 원	40조 원
유럽	12조 원	16조 원	20조 원
아시아	8조 원	11조 원	15조 원
기타	5조 원	6조 원	8조 원
결제·기타	1조 원	1조 원	1조 원
합 계	49조 원	67조 원	85조 원

(출처: 페이스북과 인스타그램 발표자료, 환율 1,200원으로 환산)

더 나가 광고가 쓸모 있어야 한다. 이런 방향으로 접근한 페이스북의 광고 매출은 꾸준히 성장해가고 있다. 특히 개인의 구매이력 등을 분석한 타깃 광고는 효과가 좋다. 페이스북의 소중한 수익 모델들이다.

페이스북의 광고 매출은 2017년에 49조 원(47%) 2018년에 67조 원(37%), 2019년에 85조 원(25%)으로 지속적인 증가 추세다. 과거보다 매출의 절대 금액 자체가 커져서 증가율이 둔화되는 것처럼 느껴지지만 여전히 고성장하고 있다. 지금은 페이스북보다 인스타그램의 광고 매출 성장세가 훨씬 더 가파르다.

2

이미지 SNS
인스타그램 인수

SNS 서비스는 언제든 1등이 바뀔 수 있다

독자들은 혹시 한국 SNS의 원조 싸이월드를 기억하는가? 한때 전
국민이 사용했던 싸이월드는 스마트폰의 등장과 함께 사용자수가 지
속적으로 감소해 지금은 거의 잊혀지고 있다. 미국의 마이스페이스
또한 싸이월드와 비슷한 길을 가고 있다.

하지만 카카오스토리는 특이하다. 카카오톡은 한국사람들 모두가
사용하는 국내 1위의 압도적인 메신저 앱이다. 한국사람들은 모두
카카오톡으로 소통한다. 그럼에도 카카오톡과 연결된 카카오스토리
의 활동 사용자수는 눈에 띄게 줄어들고 있다. 좀 의외다. 여기서 우
리가 추정할 수 있는 건 뭘까?

SNS 서비스는 언제든 고객의 변심 또는 유행에 따라 1등이 바뀔
수 있다는 사실이다. 이건 합리적인 의심이다. 수많은 투자자가 이런

SNS의 특성 때문에 페이스북에 투자하는 걸 두려워한다. 물론 합리적인 두려움이다. 미국의 마이스페이스와 한국의 싸이월드는 스마트폰이 나오기 전에 서비스가 시작된 옛날 사이트다. 그래서 스마트폰 시대에 적응하지 못해 1등을 지키지 못했다는 변명이 가능하다.

하지만 카카오톡은 스마트폰의 최대 수혜자다. 그런 카카오가 심혈을 기울여 스마트폰에 최적화돼 나온 SNS 서비스가 바로 카카오스토리다. 그런데도 활동 사용자수가 줄어드는 이유가 뭘까? 필자는 그 이유를 글로벌 연결에서 찾는다. 지금은 세계화 시대. 언어는 다르지만 우리는 이제 전세계인들과 교류한다. 페이스북은 글로벌 누구와도 연결된다. 25억 명의 막대한 사용자수는 다른 SNS 서비스들과 차별화되는 가장 강력한 경쟁력이다. 결국 한국사람들만 사용하는 카카오스토리보다 전세계인을 연결하는 페이스북이 승리하지 않을까? 하지만 단지 이것만으로는 설명이 안 된다.

페이스북은 앞으로도 계속 전진하고 확장될 수 있을까? 혹시 비슷한 다른 SNS가 나오면 미국 마이스페이스나 트위터처럼 순식간에 왕좌를 뺏기는 건 아닐까? 만약 그 상대가 세상의 모든 데이터를 다 가지고 있다는 천하의 구글이라면 어떨까? 페이스북을 뛰어넘을 목적으로 2011년에 시작된 구글 플러스 SNS의 총공격은 페이스북으로서는 존폐를 가르는 위기 상황이었다. 그러나 페이스북은 왕좌의 자리를 지켜냈다. 결국 구글 플러스는 존재감 없이 축소됐다. SNS 분야는 아무리 거대한 플랫폼 기업이라도 쉽게 공략하기 어렵다는 사실을 다시 한 번 보여준 사례다.

반면에 신생기업이라도 한방에 페이스북을 왕좌에서 끌어내릴 역량을 가진 경우도 있다. 그 대표적인 사례가 바로 인스타그램이다. 만약 페이스북이 인스타그램을 인수하지 않았다면 어떤 일이 벌어졌을까? 지금 두 곳의 성장 속도를 단순 비교하면 인스타그램의 압승이다. 페이스북이 인스타그램과 계속 경쟁 관계였다면 굉장히 쫓기는 상황이 됐을 것이다.

구글이 인수를 결정한 2006년 당시 유튜브는 강력한 위협 요인은 아니었다. 그 당시 인터넷 속도는 너무 느려 유튜브가 빠르게 확산되기 어려운 환경이었다. 하지만 구글은 막대한 데이터 분석을 통해 유튜브의 미래 가능성을 높게 평가했다. 그래서 2006년에 유튜브를 과감하게 약 1조 9,000억 원(16억 5,000만 달러)에 인수했다. 인수 당시 유튜브의 시장 평가금액은 1조 2,000억 원(10조 달러)이었다. 무려 7,000억 원의 프리미엄을 더 주고 인수한 것이다. 하지만 14년이 지난 지금 생각해보라. 유튜브가 없는 구글은 상상할 수 없다. 구글의 인수합병은 대성공이었다.

그렇다면 페이스북의 인스타그램 인수는 어떨까? 마크 주커버그역시 치밀한 데이터 분석을 통해 인스타그램이 페이스북에 위협적인 경쟁자가 될 거라는 사실을 간파했다. 구글의 유튜브 인수 때와 다른 점은 인스타그램은 페이스북의 경쟁자이자 추격자라는 사실이다. 그래서 그는 1조 2,000억 원(10억 달러)이라는 과감한 베팅으로 인스타그램을 2012년에 전격 인수했다. 개발된 지 고작 2년도 안 된 직원 13명에 사용자수 3,000만 명에 불과한 기업이었다. 하지만 그가 인스타그램을 인수하지 않았다면 어떤 일이 생겼을까? 페이스북은 매우 곤경에 처했을 것이다.

마크 주커버그는 모든 정보를 분석해 과감한 가격 베팅으로 인스타그램을 인수했다. 그가 인스타그램의 인수에 성공한 가장 큰 이유는 파격적인 인수 금액이다. 하지만 그게 다는 아니다. 그는 인스타그램 창업자인 스탠퍼드대 출신의 케빈 시스트롬Kevin Systrom과 정기적으로 만남을 유지해왔다. 그리고 인수 후에도 인스타그램을 독립적으로 운영할 권한을 부여했다. 이 부분에서 매도자에게 호감을 사 결국 알짜 회사를 손에 넣게 됐다.

인스타그램 CEO인 케빈 시스트롬은 페이스북에 인수된 이후 6년간 인스타그램을 독립적으로 운영해왔다. 그리고 인스타그램 사용자 수가 10억 명을 돌파한 2018년 10월에 회사를 떠났다. 모회사인 페이스북의 경영 간섭이 심해지면서 갈등이 있었기 때문이다. 하지만 필자는 6년간 독립 경영을 보장해줬으면 마크 주커버그로서도 상당히 배려했다고 생각한다.

밀레니얼 세대에서는 인스타그램이 대세이다

우리들은 사람과 사람 간의 연결을 간절히 원한다. 그러면서도 프라이버시가 침해되는 연결은 강하게 거부하는 심리도 있다. 그런 면에서 실명제를 원칙으로 하며 친구들이 꼬리에 꼬리를 물고 확장되는 페이스북의 스타일은 부담스럽기도 하다. 반면 인스타그램의 기본 콘셉트는 최고의 사진을 보여주는 것이다. 그래서 셀카를 선호하는 한국사람들의 취향에 더 잘 맞는 느낌이다.

지금 한국의 SNS 대세는 인스타그램이다. 세계적인 대세도 인스타그램으로 전환되고 있다. 전체 사용자수는 페이스북이 월등히 많지만 적극 사용자수로 따져보면 인스타그램의 성장성이 훨씬 높다. 이유가 뭘까? 인스타그램은 글보다 사진과 동영상 위주여서 더 직관적이고 사용하기 편리하기 때문이다. 사용자 연령도 어리다. 비실명으로도 계정을 자유롭게 만들 수 있다. 이런 이유로 인스타그램은 35세 미만의 밀레니얼 세대가 주력이다. 1990년대생이 많다. 또 한 가지 특징은 페이스북은 남자 사용자가 더 많은 반면 인스타그램은 여자 사용자가 60%를 훌쩍 넘는다. 셀카와 맛집 사진이 많은 게 특징이다. 그래서 '셀카그램' 또는 '먹스타그램'이라고 불리기도 한다.

인스타그램은 특히 맛집이나 유명 여행지 같은 장소 검색에서 탁월한 경쟁력을 갖추고 있다. 동일한 맛집 검색 시 다른 모든 포털을 뛰어넘는 방대한 정보와 최신 사진들이 가득하다. 이유는 물론 사용자수가 많기 때문이다. 인스타그램이 2011년에 도입한 '해시태그(게시물에 일종의 꼬리표를 다는 기능)'도 한몫했다. 해시태그는 특정 단어 앞에 해시(#)를 붙여 연관된 정보를 한데 묶을 때 쓴다. 해시태그 덕분에 검색이 어려웠던 사진 공유가 손쉽게 이루어지며 인스타그램의 급성장에 기여했다.

사람들은 자신의 생활을 인스타그램에 공개하고 은근히 자랑한다. 연예인들과 기업들도 인스타그램을 홍보 목적으로 적극 활용한다. 이런 이유로 인스타그램 사용자수는 계속 늘어나고 있다.

만약 인스타그램이 한국에서 만든 SNS였다면 아무리 유명한 연예인이라도 2,000만 명이 넘는 팔로우는 절대 불가능했을 것이다. 글로벌 전체의 사용자수가 막대하기 때문에 가능한 팔로우 인원이다. 이

한국 인스타그램 연예인 팔로우 순위

순위	연예인 명	팔로우 수
1	블랙핑크 공식계정	2,173만 명
2	BTS 공식계정	2,164만 명
3	지드래곤(권지용)	1,716만 명
4	백현	1,630만 명
5	태연	1,413만 명

(출처: 녹스 인플루언스, kr.noxinfiuencer.com, 2019년 12월 31일 기준)

렇게 세상은 글로벌화되면서 초연결되고 있다.

페이스북 인수 당시 3,000만 명이었던 인스타그램 사용자수는 현재 11억 명이다. 25억 명이 이용하는 페이스북보다는 적지만 성장률은 훨씬 높다는 사실이 중요하다. 마크 주커버그는 페이스북과 인스타그램이라는 세계 최대의 SNS 2개를 모두 손에 넣고 오늘도 전세계 사람들을 모두 연결하기 위해 나아가고 있다.

인스타그램의 광고 수익 모델에 대해 알아보자. 스크롤을 밑으로 죽 내리면 5개의 게시물당 1개의 광고가 섞여 있다. 광고 내용 또한 타깃 소비자의 취향이나 연령대에 맞는 맞춤형 광고다. 그래서 인스타그램을 이용하다 보면 본인이 자주 이용하는 쇼핑몰이 광고로 보이는 신기한 경험을 하게 된다.

최근 인스타그램에 도입된 광고 기능 중 가장 주목받는 건 '쇼핑태그' 기능이다. 예를 들어 독자들이 인스타그램 게시물에서 예쁜 가방을 봤다고 가정해보자. 그 가방이 쇼핑태그와 연결돼 있다면 클릭만으로 가방 이름과 가격이 나온다. 한 번 더 클릭하면 바로 그 가방의 구매 사이트로 연결되는 기능이다. 이외에도 인스타그램은 다양한 방식의 자연스러운 광고를 선보이고 있다. 이런 소중한 광고 수익 모델은 인스타그램을 인수한 페이스북에 큰 기쁨을 안겨주고 있다.

3

메신저앱 1위 왓츠앱 인수

한국의 메신저앱 1위는 카카오톡이다. 전국민이 쓰니 사용자수는 5,000만 명에 가깝다. 한국 검색시장 1위인 네이버는 메신저앱 시장에서 카카오톡에게 선수를 뺏겼다. 대신 해외로 진출해 일본시장에서 1위다. 일본에서 네이버 라인LINE 사용자수는 8,000만 명 이상이다. 일본 외에도 태국과 인도네시아 등 동남아에서 높은 점유율을 가지고 있다. 중국 1위 메신저앱은 어디일까? 텐센트의 위챗 메신저가 사용자수 12억 명으로 부동의 1위다.

여기서 퀴즈가 나간다. 그렇다면 유럽시장과 남미시장 점유율 1위 메신저앱은 어디인가? 바로 왓츠앱이다. 사용자수는 무려 20억 명! 전세계 메신저앱 중 사용자수 1위를 자랑한다. 미국에서 이 왓츠앱이 어느 회사 소유인지 물어보는 내용의 설문조사가 2019년에 진행됐다. 신기하게도 정답을 맞힌 미국인은 40%에 불과했다. 정답은 당연히 페이스북이다. 페이스북은 이 설문조사에 충격받아 자사의 페이스북 메신저와 왓츠앱 메신저를 통합하는 작업을 진행 중이다.

마크 주커버그는 인스타그램 인수 때와 비슷한 방식으로 왓츠앱 인수를 추진했다. 2012년부터 관심 있었던 왓츠앱의 CEO 얀 쿰Jan Koum과 정기적으로 만나며 관계를 유지해왔다. 그리고 2014년 2월에 얀 쿰을 집으로 초대해 인수를 제안했다. 결국 페이스북은 23조 원(190억 달러)에 왓츠앱을 인수했다. 인스타그램을 1조 2,000억 원(10억 달러)이라는 헐값(?)에 산 것에 비하면 왓츠앱의 인수가격은 그야말로 역대급이다.

페이스북은 왜 막대한 금액을 들여서 메신저앱을 인수한 걸까? 가장 큰 이유는 메신저앱의 높은 성장성이다. 가입자수 증가 속도가 SNS보다 빠른 건 메신저앱이 유일하다. 또 다른 이유는 사업 다각화다. 왓츠앱은 원래 1년 사용료로 0.99달러를 받는 유료 서비스였으나 2016년부터 완전 무료화했다. 페이스북 인수 당시 사용자수는 4억 5,000만 명이었으나 지금은 20억 명으로 4배 이상 껑충 뛰었다. 이번에도 마크 주커버그의 베팅은 대성공했다.

그는 처음 왓츠앱을 인수할 때 인스타그램과 마찬가지로 독립적으로 운영한다고 밝혔다. 추가로 왓츠앱에서는 광고하지 않겠다고 했다. 하지만 마음속으로는 '인수 후 일정 기간까지만'이라는 단서를 스스로 붙였던 것 같다. 세계 최대 규모인 20억 명이 쓰는 왓츠앱을 광고 없이 영원히 운영한다는 건 사기업 입장에서는 말도 안 되는 얘기다. 왓츠앱의 CEO 얀 쿰은 이러한 광고 수익 모델에 대한 생각이 달라서 인수된 후 4년이 지난 2018년에 떠났다.

중국의 텐센트는 가입자 12억 명인 메신저앱 위챗을 활용해 다양한 수익 모델을 만들어냈다. 한국의 카카오도 2019년부터 카카오톡 채팅창 내 비즈보드(톡보드) 광고 삽입 등 다양한 광고 전략을 개발해 수익률을 급격히 증가시키고 있다. 이런 훌륭한 수익 모델을 스스로 포기하는 건 좋은 기업의 자세가 아니다. 왓츠앱도 장기적으로 다양한 광고 수익 모델을 개발해 수익성을 끌어올릴 것이다. 적정한 이윤 추구는 기업의 존재 이유다. 하지만 마크 주커버그는 왓츠앱에 대한 사용자들의 충성도가 지금보다 훨씬 더 강화될 때까지 앞으로 상당 기간은 광고하지 않을 계획이다.

퀴즈를 하나 더 내본다. 그렇다면 미국 1위 메신저앱은 어디일까? 아마 왓츠앱이라고 대답할 것이다. 하지만 기본적으로 미국은 메신저앱 시장이 발달하지 않았다. 미국은 SMS를 무제한 제공하는 통신 환경의 특성상 문자메시지가 가장 많이 쓰인다. 그래서 높은 점유율의 메신저앱 1위 업체는 없다. 하지만 굳이 순위를 매긴다면 1위는 페이스북 메신저이다. "엉? 페이스북에도 메신저가 있나요? 네. 있습니다." 사용자수는 무려 13억 명이다.

어쨌든 결론적으로 페이스북은 막강한 SNS 2개(페이스북과 인스타그램)과 막강한 메신저앱 2개(왓츠앱과 페이스북 메신저)를 보유한 전세계 최대 사용자수를 자랑하는 엄청난 기업이다. 물론 이들 서비스들은 중복 사용자들이 많다. 그래서 4개 서비스 각각의 사용자들을 다 합치면 69억 명이지만 중복 사용자수를 차감하면 페이스북 서비스 전체 사용자수는 약 30억 명 수준으로 추정된다. 페이스북은 오늘도 세상 사람 모두를 계속해서 연결하고 있다.

4

가상현실 업체 오큘러스 인수

공상과학 영화로 보는 가상현실 세계

공상과학 영화나 드라마는 정말 묘하다. 영화를 보는 시대(ex 1980 년)의 관점에서는 물론 신기하다. 하지만 '설마 저게 되겠어?'라는 생각이 든다. 그런데 묘하게도 세월이 지나면 정말 된다.

만약 독자들이 현재 시대에서 또 하나의 미래를 보고 싶다면 2018 년에 개봉한 「레디 플레이어 원」이라는 영화를 추천한다. 영화의 시대적 배경은 2045년이다. 가상현실 세계인 오아시스OASIS에서는 누구든지 원하는 캐릭터를 만들어 어디든 갈 수 있고 무엇이든 할 수 있다. 상상하는 모든 게 가능한 낙원이다. 아바타를 통해 친구들을 만나지만 그 친구들을 현실세계에서는 한 번도 본 적이 없다. 가장 큰 문제는 대부분의 사람들이 '밥 먹고 화장실 가고 잠자는 시간만 빼고 종일 방구석에 처박혀 오아시스라는 가상현실 세계 속에서만 살아간다'

는 점이다.

이쯤 되면 독자들은 왜 페이스북 이야기를 하다가 생뚱맞게 미래의 가상현실 세계를 다룬 영화를 이야기하는지 궁금할 듯하다. 가상현실 세계로 들어가기 위해서는 필수품이 있다. 우리가 인터넷이나 앱을 이용하려면 스마트폰 같은 디바이스가 있어야 한다. 마찬가지로 가상현실에 접속하기 위해서도 반드시 디바이스가 필요하다. 가상현실에 접속할 수 있는 디바이스를 헤드 마운티드 디스플레이HMD라고 한다. 한마디로 '머리 착용 디스플레이'다. 이 헤드 마운티드 디스플레이를 가장 잘 만드는 기업은 어딜까? 바로 지금 소개하려는 오큘러스이다.

그리고 그 오큘러스를 인수한 기업이 바로 페이스북이다. 마크 주커버그는 왓츠앱을 천문학적인 금액인 23조 원에 인수하고도 여전히 허전했다. 그러던 차에 레이더에 포착된 회사가 바로 오큘러스다. 그래서 왓츠앱 인수 후 불과 2개월 만인 2014년 3월에 오큘러스를 2조 4,000억 원(20억 달러)에 인수해버린다. 그는 디바이스에 대한 갈망이 있었다. 오큘러스를 인수함으로써 드디어 애플처럼 디바이스를 갖게 된 것이다. 물론 그의 큰 계획에는 10년 뒤에 모든 사람이 스마트폰처럼 '오큘러스 헤드 마운티드 디스플레이HMD'라는 디바이스를 사게 될 거라는 꿈과 희망이 있다.

본격적으로 이야기를 시작하기에 앞서 먼저 5G(5세대 이동통신서비스)에 대해 살짝 정리해본다. 사실 5G가 널리 보급돼야 인공지능, 가상현실, 자율주행, 사물인터넷이 활성화된다. 특히 이 책에서 설명할 인공지능과 가상현실도 5G 기반이 중요하다. 일단 용어 정리부터 해보자. 가상현실을 설명하기에 앞서 먼저 5G를 설명해야 한다.

- **5G 서비스**: LTE에 비해 속도가 20배 빠른 이동통신 기술이다. 5G는 초고속, 초저지연, 초연결의 특징을 보인다. 여기서 가장 중요한 건 초저지연이다. 이는 끊김 현상이 거의 없어진다는 뜻이다. 가상현실 상용화에서 매우 중요한 기술이다.
- **가상현실VR**: 컴퓨터로 만들어놓은 가상세계에서 사람이 실제와 같은 체험을 할 수 있도록 하는 최첨단 기술을 말한다. 머리에 장착하는 헤드 마운티드 디스플레이HMD, Head Mounted Display를 활용해 체험할 수 있다. 바로 이 헤드 마운티드 디스플레이 제품 중 가장 유명한 것이 오큘러스사의 오큘러스 퀘스트다.
- **증강현실AR**: 현실세계를 기반으로 하고 추가되는 정보만 가상으로 만들어 보여주는 형태다. 즉 증강현실은 현실세계의 실제 모습이 주요 구성요소라는 점에서 가상현실과 다르다. 대표적인 예로 게임 〈포켓몬고〉나 드라마 〈알함브라 궁전의 추억〉에 잘 표현되어 있다.

오큘러스가 만든 오큘러스 퀘스트는 가상현실을 체험할 수 있는 헤드 마운티드 디스플레이다. 오큘러스 퀘스트가 화제가 된 가장 큰 이유는 독립적으로 작동하기 때문이다. 기존에는 고사양 컴퓨터와 연결해서 사용해 불편했다. 그런데 2019년 5월에 드디어 스마트폰 앱과 연동해 독립적으로 작동하는 오큘러스 퀘스트가 출시되면서 가상현실 시장이 비약적으로 발전할 계기가 마련됐다.

하지만 가상현실을 제대로 즐기려면 기본적으로 빠른 통신 속도가 필수다. LTE의 20배 속도라는 5G는 한국이 세계 최초로 도입했다(사실 2019년 말 기준 한국 5G 속도는 LTE의 20배가 아니라 고작 3배 속도다). 하지만 아직 5G 공유기를 통해 제대로 된 초고속과 초저지연 기술을 체감하기에는 좀 더 시간이 필요하다. 전세계적으로 5G가 제대로 작동하는 통신 환경이 구현된다면 가상현실의 문제점으로 지적되던 조잡한 그래픽과 끊김 현상이 획기적으로 개선된다. 필자는 제대로 된 5G 기술이 늦어도 2025년까지는 대부분의 주요 국가에 적용될 것으로 예상하고 있다.

여기서 헤드 마운티드 디스플레이HMD의 추가적인 핵심 기술용어 2개만 더 설명해본다.

- 머리 추적Head Tracking 기술: 가상현실을 구현하는 헤드 마운티드 디스플레이HMD에서 사용자의 머리 움직임을 추적하는 기술. 한마디로 머리를 움직이면 시야에 따라 화면이 함께 움직이는 기술이다.
- 위치 추적Positional Tracking 기술: 가상현실을 구현하는 헤드 마운티드 디스플레이, 컨트롤러, 주변 기기 등의 위치를 측정하여 동작 변화를 추적하는 기술, 한마디로 몸이나 시야의 움직임에 따라 공간 감각과 위치가 추적되어 함께 움직이는 기술이다.

오큘러스 헤드셋으로 VR 게임 시장 진출

이제 어느 정도 용어가 파악됐다면 같이 가상현실 세계에 빠져들어가 보자. 게임은 중독성이 강하다. 그리고 저렴하다. 그래서 현실세계

오큘러스 퀘스트와 컨트롤러를 착용한 모습 (컨트롤러는 조만간 없어질 예정이다)

가 우울한 사람들일수록 게임에서 재미를 찾는 경우가 많다. 하지만 게임은 좋아하는 사람들만 좋아한다. 아직 SNS처럼 모든 사람을 끌어들일 정도의 매력은 없다.

하지만 페이스북의 꿈은 다르다. 1차적으로는 모든 사람을 가상현실 게임 세계에 끌어들일 작정이다. 2차적으로는 SNS 기반의 가상현실 세계를 만들어내려 한다. 그 원대한 꿈의 시작이 바로 오큘러스의 헤드 마운티드 디스플레이HMD다. 애플은 디바이스가 많다. 아이폰, 애플워치, 에어팟 등 웨어러블의 최강자다. 하지만 페이스북은 디바이스가 없다. 그래서 애플을 무척 부러워했다.

2019년 5월에 야심 차게 출시한 오큘러스 퀘스트는 페이스북의 욕망을 채워줄 만한 디바이스다. 스마트폰처럼 10년 뒤에는 전세계인이 1인당 1개씩을 보유할 가능성이 있다. 이미 5년 전에 가상현실 시장의 가능성을 꿰뚫어보고 내린 승부처가 바로 VR 기기 제조 기업인 오큘러스 인수다.

그동안 가상현실 구현 시 기술적으로 문제가 됐던 부분은 뭘까? 사용자가 체감적으로 멀미를 한다는 점이다. 멀미를 하는 이유는 시야각 차이, 속도 지연, 헤드 마운티드 디스플레이 기기의 무게, 조잡한 입체 영상 등이 복합적으로 작용해왔다. 이런 기술적 문제는 차례로 해결되고 있다. 특히 속도지연 문제는 5G 통신기술이 상용화되면 말끔히 해결 가능하다.

5G가 상용화되면 가상현실 시장은 기하급수로 발전하게 된다. 2020년은 그 시작이다. 독자들은 혹시 가상현실 게임방에 가본 적이 있나? 20대나 30대라면 경험 있는 독자들이 꽤 될 것 같다. 필자 같은 40대 이상은 경험자가 드물 것 같다. 막상 한 번 가서 경험해본다면 그동안의 기술 진보에 놀라게 될 것이다. 스마트폰의 초기 상황을 생각해보자. 애플워치, 에어팟 또한 마찬가지다. 이런 기기들은 특이점이 오면 확산은 순식간이다. 임계점을 넘어서면 오큘러스의 헤드 마운티드 디스플레이HMD 역시 폭발적으로 팔리게 될 것이다.

오큘러스가 설립된 목적은 바로 헤드 마운티드 디스플레이HMD의 대중화다. 대중화가 되려면 기본적으로 가격이 저렴해야 한다. 2019년에 그 목표는 이미 달성됐다. 오큘러스 퀘스트의 미국 출시 가격은 48만 원(399달러)이다. 생각보다 반응이 좋아 2020년 1월에는 일시 품절되기도 했다. 오큘러스 퀘스트보다 훨씬 기술이 낮고 엄청나게 무거운 헤드 마운티드 디스플레이HMD의 1990년대 초반 가격은 최소 1,200만 원(1만 달러) 이상이었다.

이제 오큘러스 덕분에 우리는 50만 원에 무선 헤드 마운티드 디스플레이HMD를 살 수 있게 됐다. 일단 사기만 하면 추가비용은 제로에 가깝다(아이템을 사지 않을 인내력이 있다면 말이다). 미래에는 24시간 내내 가상현실 세계에서 살아갈 수도 있다. 물론 아이템을 구매하기 위해 돈을 꽤 써야 할 수도 있다. 하지만 가상현실 게임은 기존 게임과 비교조차 할 수 없을 정도로 재미있다. 지금부터 10년 뒤인 2030년이 되면 현실과 가상을 구별하지 못하는 경지에까지 이르게 될 것이다. 현실세계가 힘들어질수록 가상현실에 몰입하는 사람들이 급속도로 늘어날 것이다. 누구나 가상현실에서는 장동건이나 현빈이 될 수 있다.

하지만 오큘러스 퀘스트 수준으로는 아직 만족할 만한 확산이 어렵다. 최소 5G에서 자유롭게 구동되는 가칭 오큘러스 퀘스트2 정도는 나와야 까다로운 게이머들과 사용자들을 만족시킬 수 있을 것으로 전망된다. 가상현실 시장은 게임산업부터 먼저 비약적으로 발전시킬 것으로 생각된다. 게임산업은 연간 200조 원이 넘는 거대시장이기 때문이다.

그래서 페이스북은 2019년 11월에 가상현실의 대표 게임인 「비트 세이버」를 제작한 비트게임즈를 전격 인수했다. 2020년 2월에는 추가로 산자루 게임즈를 인수해 가상현실 게임 콘텐츠 강화에 주력하고 있다. 2020년은 5G의 빠른 속도와 오큘러스 헤드 마운티드 디스플레이의 대중화가 맞물려 가상현실 게임의 대유행이 시작되는 원년으로 기록될 가능성이 크다.

최종 목표는 가상현실 소셜 월드 제패

그런데 게임만으로 전세계 사람들을 가상현실 세계로 모두 끌어들일 수는 없다. 게임시장 규모는 거대하지만 여전히 게임을 좋아하는 사람들은 한정적이기 때문이다. 해법은 바로 SNS 기반의 가상현실 세계를 만드는 거다. SNS의 2차원이 페이스북과 인스타그램이고 3차원 가상현실은 아바타를 활용한 개방형 버추얼 소셜 월드다.

더 쉽게 설명하면 가상현실 안에 페이스북이나 인스타그램 같은 소셜 월드를 만드는 거다. 그래서 사람들이 2차원인 인스타그램에서 3차원인 가상현실 소셜 월드로 넘어가게 만드는 게 궁극적인 성공의 길이다. 이걸 노린 게 바로 2019년 9월에 페이스북이 정식으로 오픈한 가상현실 소셜 월드인 호라이즌Horizon이다.

가상현실 소셜 월드의 장점은 뭘까? 서울과 부산에 사는 친구가 가상현실 세계에서 아바타로 만나 같이 파리를 여행갈 수 있다. 기존에는 해보지 못했던 엄청난 사용자 경험이다. 오큘러스 퀘스트를 게임으로만 활용하는 것보다 확장성이 폭발적으로 커지게 된다.

오큘러스 퀘스트가 보완해야 할 점은 뭘까? 여전히 머리에 써야 하는 헤드 마운티드 디스플레이HMD 형태로는 사람들이 흔하게 이용하는 스타벅스에서 자유롭게 사용하기 어렵다. 사람들은 외부에 있을 때 머리에 무언가를 써서 본인의 머리가 망가지는 걸 아주 싫어한다. 남자든 여자든 마찬가지다. 착용했을 때 불편함이 없을 정도로 가벼운 무게와 외형을 어떻게 갖출 수 있느냐가 관건이다.

2019년의 헤드 마운티드 디스플레이HMD 출하 대수는 700만 대 수준이다. 이 정도면 아직 크게 확산됐다고 보기 어렵다. 요즘 폭발적으로 성장하는 무선 이어폰의 경우 2019년에 무려 1억 2,000만 대가 팔렸기 때문이다. 헤드 마운티드 디스플레이HMD도 언젠가는 VR 글래스 형태로 소형화돼 5G 통신 인프라의 보급과 함께 스마트폰처럼 소비자들이 1인당 1대씩을 필수적으로 보유하는 순간이 올 것이다.

언제가 스타벅스 안에서 헤드 마운티드 디스플레이HMD가 아니라 VR 글래스 형태의 기기를 착용한 사람들을 보게 되는 날이 올 것이다. 그때가 되면 페이스북의 오큘러스 퀘스트는 스타벅스 안에서 애플 맥북, 스마트폰, 스마트워치, 에어팟 같은 웨어러블의 지위를 가지게 될 것이다.

마크 주커버그는 가상현실 시장뿐 아니라 증강현실 시장으로도 진격하고 있다. 이미 '오리온'이라는 암호명이 붙은 AR 글래스를 개발하고 있다. 그는 2020년 1월에 본인의 페이스북에 "2010년대의 기술 플랫폼이 휴대전화였다면 2020년대에는 AR 글래스에서 혁신이 나올 것이다."라고 주장했다.

그의 목표는 10년 뒤인 2030년에 페이스북의 'VR 글래스'와 'AR 글래스'가 지금의 스마트폰 지위를 차지하게 만드는 거다. 정말 그런 날이 온다면 드디어 그가 꿈에도 그리던 페이스북을 대표하는 디바이스를 전세계 사람들이 모두 가지게 될 것이다. 그리고 우리는 페이스북의 호라이즌이라는 가상현실 세계와 우리가 생활하고 있는 진짜현실 세계를 넘나들며 살아가게 될지도 모른다.

5

페이스북 블록체인
암호자산 리브라

전세계 단일 결제수단 제공 계획

2019년 6월 페이스북은 블록체인 암호자산인 리브라Libra를 발표
했다. 리브라는 페이스북 사용자라면 누구나 페이스북 플랫폼 내에서
사용 가능한 암호자산이다. 페이스북은 별도로 28개 업체가 참여한
리브라협회를 출범시켰다.

하지만 국가가 중앙은행을 통해 독점하던 화폐 발행과 유통의 권리
가 페이스북으로 넘어가는 것을 좋아할 리 없다. 당연히 2019년 7월
에 열린 G7 재무장관 및 중앙은행 총재 회의에서도 부정적 기류가 대
세였다. 리브라는 사방에서 집중포화를 맞았다. 이런 이유로 리브라
협회 참여를 진행했던 페이팔, 비자, 마스터카드, 이베이, 보다폰 등이
줄줄이 협회 탈퇴를 선언했다.

리브라를 설명하기 위해서는 부득이 비트코인 등의 일부 암호자산

을 언급할 수밖에 없다. 그러나 현재 한국의 모든 금융기관은 내부 컴플라이언스 지침에 의거 암호자산에 대한 상담 자체가 금지돼 있다. 이 책에서도 잠깐 언급되는 암호자산 관련 내용은 페이스북의 리브라를 설명하기 위한 수단일 뿐이지 암호자산의 매수를 추천하는 것은 절대 아니라는 점을 명백하게 밝힌다.

2017년은 글로벌 국가 대부분에서 암호자산에 대한 명확한 정의도 없는 상태였다. 이 시기에 전세계적으로 비트코인 등의 암호자산에 대한 투자가 급증했다. 한국은 높은 인터넷 보급률과 스마트폰 보급률로 10분이면 암호자산거래소에 회원 가입해 암호자산을 살 수 있었다. 그러다 보니 한국에서만 1년 만에 약 300만 명이 암호자산을 거래하는 엄청난 확산 속도를 자랑했다. 물론 지금은 한국정부의 규제 조치와 가격 하락으로 광풍은 진정됐다.

암호자산 광풍이 불었던 2017년의 기억을 잠깐 더듬어보자. 한국에서 비트코인 가격은 2017년 초 100만 원에서 1년 뒤인 2018년 초에 2,500만 원까지 치솟았다. 하지만 2018년 말에는 다시 90% 가까이 폭락한 300만 원에 거래됐다가 2019년 말에 1,000만 원 수준으로 다소 회복됐다. 결론적으로 초기에 투자했던 소수의 승리자들 외에는 대부분의 투자자들이 손실을 겪는 사상 초유의 일이 발생했다.

비트코인을 비롯한 대다수 암호자산의 가장 큰 단점은 극심한 가격 변동성이다. 그래서 생겨난 게 바로 스테이블 코인stable coin이다. 스테이블 코인이란 가격 변동성의 최소화를 위해 기존 화폐에 고정가치로 발행되도록 설계된 암호자산을 말한다. 일반적으로 1코인이 1달러의 가치를 갖도록 설계됐다.

호기심 많은 마크 주커버그도 블록체인 기술과 암호자산에 관심을 가졌다. 그리고 꾸준히 준비해서 전격 발표한 게 바로 스테이블 코인 형태의 리브라 코인이다. 그가 꿈꾸는 리브라의 장점은 뭘까? 우리가 해외 여행을 갈 때 가장 불편한 건 환전이다. 유럽, 미국, 태국, 중국의 화폐는 모두 다르다. 그런데 내가 어떤 나라를 가든 어디에서 무엇을 사든 페이스북의 리브라 코인으로 결제할 수 있다면 어떤 일이 일어날까? 환전할 필요도 없고 환율을 계산할 필요도 없다. 카드보다 수수료도 저렴하다. 그는 대담하게도 전세계에 단일한 결제수단을 제공할 계획을 세웠다. 페이스북은 이미 25억 명이라는 강력한 사용자를 확보한 상태로 높은 신뢰(사실 계속되는 정보유출 사태로 신뢰도가 많이 낮아졌다)를 받고 있는 글로벌 1등 기업이다. 당연히 페이스북의 리브라는 빠른 속도로 시장에 안착될 가능성이 높다.

하지만 국가에서는 리브라 코인을 절대 허용하기 어렵다. 자칫하면 단순한 글로벌 결제수단의 지위를 훨씬 뛰어넘는 글로벌 단일 화폐 지위를 차지할 가능성도 있기 때문이다. 이런 이유로 리브라 코인이 정말 도입된다면 페이스북으로서는 빠른 시간 안에 시장을 장악하고 막대한 이익을 얻게 되겠지만 주요 국가들의 허가를 받아내는 건 매우 어려울 것으로 전망된다.

아프리카를 살펴보자. 여전히 은행과 금융을 접하지 못하는 사람들이 많다. 그러나 이들에게는 스마트폰이 보급되어 있다. 인터넷 환경도 계속 개선되고 있다. 이 사람들이 가지고 있는 페이스북 계정이 은행계좌가 되는 셈이다. 금융에서 소외된 수많은 국가의 국민들에게 드디어 은행계좌가 생기게 되는 혁명이 바로 리브라다.

페이스북 페이 서비스로 핀테크 진출

이쯤 되면 의심이 든다. 마크 주커버그가 청문회에 불려나오는 걸 은근 즐기는 게 아닌가 하는 합리적인 의심 말이다. 미국, 유럽, 영국 등 주요 국가의 중앙은행 수장들은 그가 전격적으로 2019년 6월 리브라 서비스를 도입하겠다고 발표하자 격분했다. 특히나 페이스북의 고객 정보유출 사건이 터진 게 2018년 9월인데 불과 1년도 안 돼서 리브라라는 제도권에서는 절대 받아들이기 어려운 암호자산 서비스를 시작해 화폐 발행권을 무력화시키려 하니 기가 찰 노릇이다.

결국 그는 전세계 중앙은행장들의 집중포화를 받고 2018년에 이어 2019년 10월 23일에 다시 한 번 미국 의회 청문회에 끌려왔다. 물론 이번에도 지난번 출석 때 효과가 좋았던 정장을 말쑥하게 빼입고 나타났다. 그는 청문회에서 일단 1보 후퇴해 "페이스북은 미국 규제 당국이 인정할 때까지 세계 어느 국가에서도 리브라를 발행하지 않을 것이다."라고 말했다. 하지만 "최고 기술 기업 10개 중 6개가 중국에서 나오고 있다. 그들이 우리와 가치관이 같지 않은 것은 확실하다."라며 중국에 대해 견제구를 날렸다. 그리고 "미국정부가 페이스북의 리브라를 규제하면 중국이 글로벌 암호자산 경쟁에서 1위 자리를 차지할 것"이라고 경고했다.

하지만 마크 주커버그를 정말 머쓱하게 만든 사건이 또 발생했다. 이 청문회 이후인 2019년 12월에 베트남에서 페이스북의 미국인 2억 6,000만 명 정보가 열흘간 인터넷상에 노출되는 사고가 또 터졌다. 이런 허술한 보안 수준으로 리브라를 발행하는 건 불가능하다.

페이스북은 리브라 출시에 앞서 신뢰부터 회복하는 게 급선무다.

리브라가 발행된 상태에서 해킹이 발생한다면 손실 규모는 거의 무한대다. 이런 이유로 리브라 프로젝트는 상당 기간 표류할 전망이다. 하지만 불씨마저 꺼진 건 아니다. 그는 이번 위기를 넘기고 나면 다시 리브라 발행에 도전할 것이다. 원래 그런 캐릭터다. 미국 5대 IT 회사 CEO 중에서 가장 젊지 않은가?

필자의 개인적인 생각을 말해보면 역사적으로 늘 혁신은 규제보다 빨랐다. 하지만 리브라 혁신은 너무 강력하다. 미국은 극단적으로 표현하면 달러를 수출해서 먹고사는 나라다. 아무리 리브라가 달러와 연동된다 해도 국가가 화폐 파워를 리브라에게 쉽게 넘겨줄 리 없다. 사실 구글, 애플, 아마존 같은 회사들이 먼저 나서지 않는 건 세계 단일 결제시스템의 장점을 몰라서가 아니다. 각국의 눈치를 보는 상황이 아닐까? 하지만 마크 주커버그는 눈치를 안 보는 스타일인 듯하다. 결국은 규제보다 혁신이 더 강력하다. 그는 계속 나아갈 것이다. 하지만 지금은 일단 1보 후퇴하고 페이스북 페이 서비스를 추진하고 있다.

2019년 11월에 슬며시 도입한 페이스북 페이는 리브라 프로젝트와는 비교도 안 되게 스케일이 작다. 애플 페이나 아마존 페이 같은 결제 플랫폼이라고 생각하면 된다. 페이스북 플랫폼 안에서의 결제 기능과 페이스북 친구 간 송금 기능을 갖추고 있다. 하지만 마크 주커버그는 언젠가 반드시 리브라 프로젝트를 재추진할 것으로 전망된다.

6

페이스북 투자 포인트

페이스북의 시가총액은 2019년 말 기준 세계 5위인 700조 원이다. 페이스북에게 2019년은 2018년에 발생한 정보유출 사고에 대한 후유 증을 회복하는 단계였다. 그와 함께 리브라 프로젝트와 오큘러스 퀘스 트 등의 신규 사업 진출을 활발히 모색하는 시기이기도 했다.

페이스북의 주가는 2018년 여름에 정보유출 사태가 터지면서 급락 했다. 다행히 2019년에 완만하게 주가가 회복됐다. 하지만 여전히 다 른 플랫폼 주식들에 비해 최근 5년간의 주가 상승률은 낮은 편이다. 페이스북의 매출은 꾸준히 증가 추세다. 영업이익률 또한 막대하다. 하지만 영업이익률은 전년 대비 -3.7% 감소했다. 이 영업이익 감소는 개인정보 유출 사건으로 인한 벌금액을 대손충당금으로 일부 반영한 게 원인이다. 1회성 대손충담금을 제외하면 실제로는 여전히 영업이 익이 증가하고 있다.

페이스북 최근 5년간 주가 차트 (2015년 1월 1일~2019년 12월 31일)

(출처: 미래에셋대우 홈트레이딩 시스템)

페이스북 주가 및 연간 수익률 추이

구분	2015년	2016년	2017년	2018년	2019년	5년 누적 수익률	연평균 수익률
주가	105달러	115달러	176달러	131달러	205달러	–	–
상승률	35%	10%	53%	-26%	56%	163%	33%

(출처: 미래에셋대우 홈트레이딩 시스템, 권리변동가격 반영)

페이스북 매출액 및 영업이익

구분	2018년	증가율	2019년	증가율
매출액	67조 원	37.4%	85조 원	26.6%
영업이익	30조 원	23.3%	29조 원	-3.7%
영업이익률	44.6%		33.9%	
자기자본수익률 (ROE)	27.9%		20.0%	

(출처: 회사 발표자료, 12월 결산법인, 환율 1,200원으로 환산)

　필자가 추정한 페이스북 벌금의 총합계는 무려 20조 원 수준이다. 물론 계속 소송이 진행 중이고 분납도 가능해 치명적인 수준은 아니다.

2020년의 페이스북이 순탄할 것으로 생각되지는 않는다. 그 이유는 2020년 11월에 미국 대선이 있기 때문이다. 미국에서는 '대통령 후보의 얼굴을 합성해 실제로 하지 않은 발언이나 행동이 있었던 것처럼 꾸민 동영상'인 일명 '딥 페이크'에 대한 우려가 깊다. 페이스북 역시 이런 우려에 대응하기 위해 자사의 인공지능을 이용해 가짜계정과 가짜뉴스들과의 전쟁을 벌이고 있다. 미국 정치권은 선거가 다가올수록 페이스북에 대해 예민하게 굴 것이다. 그만큼 페이스북을 통한 여론 형성 비중이 크다는 방증이다. 페이스북은 필사적으로 가짜계정들을 적발해내 가짜뉴스 유포를 줄이는 데 총력을 다할 계획이다.

지금부터 5년 뒤인 2025년에 페이스북은 어떤 모습을 보일까?

2019년 말 기준 페이스북의 서비스를 이용하는 사람은 중복인원을 제외하고도 약 30억 명이다. 앞으로도 계속해서 사용자수가 증가해 40억 명으로 늘어난다면 어떤 일이 일어날까? 페이스북은 전세계인을 모두 연결하는 게 1차적인 목표다. 2차적인 목표는 뭘까? 전세계 스마트폰 사용자수는 35억 명에 이른다. 만약 이 35억 명이 스마트폰을 구매하듯이 가상현실 헤드 마운티드 디스플레이HMD를 1개씩 구매한다면 어떻게 될까? 5G가 대중화되는 2025년쯤이면 오큘러스의 헤드 마운티드 디스플레이HMD 기능과 가치는 훨씬 높아질 것이다. 가격은 48만 원(399달러) 수준으로 스마트폰보다 더 저렴하다. 전세계인이 그 가상현실 헤드셋을 통해 페이스북의 가상현실 세계에 접속해 웃고 즐기고 생활하는 그런 날이 온다면 어떨까? 그때가 되면 도대체 페이스북의 가치는 얼마일까?

페이스북, 인스타그램, 왓츠앱, 오큘러스를 기반으로 한 수익 모델은 모두 개발된 걸까? 필자는 아직 멀었다고 생각한다. 특히 20억 명의 사용자를 보유한 왓츠앱이 아직 광고를 하고 있지 않다. 페이스북의 수익화 모델은 아직 충분히 개발되지 않았다. 앞으로 이 사업들의 수익화가 이루어진다면 페이스북의 실적 상승폭은 상당히 클 것으로 예상된다.

게다가 2025년쯤에 페이스북의 리브라가 정말로 도입된다면 페이스북은 전세계인을 연결한 상태에서 가상현실과 금융 분야에서 막강한 영향력을 갖춘 기업이 될 것이다. 주식은 꿈을 먹고 자란다. 마크 주커버그와 같은 꿈을 꾸며 페이스북을 포트폴리오에 편입해보자. 페이스북의 사용자가 늘어날 때마다 행복해질 것이다. 우리가 천재가 아니라는 사실에 슬퍼할 필요는 없다. 하지만 우리가 천재를 알아보지 못한다면 이는 매우 불행한 일이다. 돈을 벌 수 있는 절호의 기회를 날려버리기 때문이다.

코로나19 바이러스로 인해 페이스북의 유일한 수익원인 광고 매출이 2020년에 급감했다. 게다가 광고 매출에 도움을 줄 것으로 기대됐던 도쿄 올림픽마저 1년 연기돼 설상가상이다. 현재 페이스북과 인스타그램 사용자들의 체류시간은 늘어났다. 하지만 대형 광고주들은 전세계가 마비된 현재의 상황에서 페이스북과 인스타그램에 광고할 이유를 찾지 못하고 있다.

이로 인해 페이스북 주가는 2020년 3월 말 기준 무려 30% 이상 폭락 중이다. 하지만 장기적인 관점에서 본다면 저렴한 가격에 베팅할 수 있는 기회이기도 하다.

3부

미래의 G1
중국 내수주
집중 분석

5장

중국 1등 인공지능
기업 평안보험

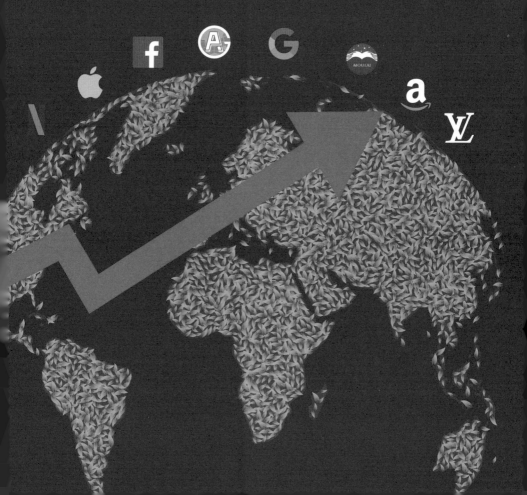

1

인공지능 시대
금융과 보험이 달라진다

인공지능이 사고확률을 예측한다

보험사의 기본 운영 원리는 사고확률을 예측해 다수의 고객들에게 보험료를 받고 사고가 난 고객에게는 보험금을 지급하는 구조다. 그래서 보험금 지급심사는 중요하다. 자칫 허술하게 관리하면 손해율의 급격한 증가로 보험사에게 큰 손실이 발생할 수 있기 때문이다. 반대로 고객 입장에서 불편한 점은 사고 발생 시 신고절차가 번거롭고 신속하게 보험금이 지급되지 않는 것이다.

이 양쪽의 입장을 다 만족시킬 묘수는 없을까? 있다. 바로 인공지능을 활용하면 된다. 중국 평안보험은 인공지능을 현실세계에 가장 잘 적용해 효율성을 높인 세계적인 보험사이다.

보험금 지급시간 4,000분의 1로 단축

과거에 중국에서 교통사고가 발생했을 때의 번거로움은 한국보다 훨씬 심각했다. 한국의 경우 사고 발생 시 늦어도 30분 안에는 보험사 직원들이 사고현장에 도착하는 반면 광활한 대륙으로 유명한 중국의 경우 몇 시간씩을 기다리기도 했다. 또 직원 도착 이후에도 까다로운 서류 작성으로 많은 시간이 소요됐다. 하지만 막상 보험금 지급은 일주일 이상 지연되는 경우가 많았다.

평안보험은 이런 비효율을 개선하기 위해 일명 '3분 초고속 현장 조사 시스템'이라는 혁신적인 인공지능 기술을 도입했다. 보험가입자가 교통사고 발생 시 파손된 차량 사진을 스마트폰 앱을 통해 평안보험으로 보내면 인공지능을 활용해 3분도 안 돼 수리비 견적을 뽑아준다. 고객이 수리비 견적을 받아들이면 '완성'이라는 단어가 스마트폰에 뜨고 평안보험은 즉각 보험금을 송금한다.

이 시스템 덕분에 평안보험은 직원들이 직접 현장으로 출동하는 불필요한 낭비를 줄이게 됐다. 정교한 인공지능 시스템은 빅데이터를 활용해 직원이 출동하지 않더라도 고객들의 허위 보험금 청구를 정교하고 빠르게 판별해 불필요한 보험금 지급을 막아낸다. 반대로 고객으로서는 기존보다 보험금 지급시간이 4,000분의 1로 단축되는 기적과 함께 훨씬 간편한 절차로 보험금을 청구할 수 있게 됐다.

한국이라면 어땠을까? 불과 5년 전만 해도 차의 앞범퍼가 파손됐다면 기왕 망가진 김에 과거에 발생했던 옆의 문짝 파손까지도 같이 수리하는 보험금 과다 청구 신공을 발휘하는 경우가 흔했다. 또는 앞범퍼에 작은 상처가 발생했다면 일부러 전봇대를 들이박아 깔끔하게 앞범퍼를 통으로 교체하는 신공도 발휘될 수 있다. 이는 인간의 도덕성에만 전적으로 의지하는 보험금 지급 시스템의 폐해에 대한 단적인 예다.

평안보험은 2017년부터 초고속 현장 조사 시스템을 전격 도입했다. 그 결과 2018년에 이 시스템이 무려 730만 건이나 활용됐다. 전체 청구건수 1,178만 건의 62%에 달한다. 덕분에 허위신고가 획기적으로 줄어들어 연간 약 50억 위안(8,800억 원)의 보험금을 절감하게 됐다. 6만 개의 자동차 모델에서 사용된 2,500만 개 부품에 대한 데이터와 14만 곳의 정비소 수리비 데이터를 활용하는 것으로 알려진다. 이 기술은 평안보험의 자회사인 금융이장통(원 커넥트)의 인공지능 보험 솔루션인데 30여 개의 다른 보험사에도 솔루션 기술을 제공해주고 있다.

평안보험은 생명보험과 손해보험 외에도 은행업, 증권업, 신탁업을 영위하는 중국 최대의 금융그룹이다. 하지만 평안보험을 전통적인 금융회사로만 생각하면 곤란하다. 평안보험은 11개의 핵심 자회사들을 통해 중국에서 기술 혁신을 주도하는 최첨단 인공지능 기업이다.

2

GDP 1만 달러를 돌파하면
보험 시장이 급성장한다

한국 보험산업의 과거와 현재

드디어 2020년에 중국의 1인당 GDP가 1만 달러를 돌파했다. 이제 중국도 제조업보다 서비스업으로 무게중심이 옮겨지는 과정을 겪게 된다. 본격적으로 소비가 폭발하는 시기가 왔다. 이 상황에서 가장 유망한 중국주식은 뭘까? 한국의 과거를 살펴본다면 중국의 미래를 어느 정도 예측할 수 있지 않을까? 한국의 1인당 GDP 1만 달러와 2만 달러 사이 구간에서 가장 급성장한 업종은 뭘까? 바로 보험업이다.

한국이 처음으로 1인당 GDP 1만 달러를 돌파한 해는 26년 전인 1994년이다. 이후 1997년에 IMF로 잠시 휘청거렸지만 12년 뒤인 2006년에 1인당 GDP 2만 달러가 될 때까지 보험업은 꾸준히 성장해왔다. 한국에서 가장 대표적인 보험사는 바로 1등 생명보험사인 삼성생명과 1등 손해보험사인 삼성화재다. 2010년에야 뒤늦게 증시에 상

삼성화재 12년간 주가 차트

(1994년 말~2006년 말, 1인당 GDP 1만~2만 달러 구간)

(출처: 미래에셋대우 홈 트레이딩 시스템)

장된 삼성생명을 제외하고 오래전부터 상장돼 있던 삼성화재의 주가 흐름을 통해 보험업 성장 추이를 분석해보자.

한국의 1인당 GDP가 1만 달러에서 3만 달러까지 상승한 구간인 지난 25년간의 삼성화재 주가 흐름을 긴 호흡으로 한 번 살펴보자. 삼성화재의 1994년 말 주가는 2만 원이었고 2006년 말 주가는 161,500원이다. 1인당 GDP 1만~2만 달러 구간의 12년간 주가 상승률은 무려 8배였다.

하지만 이후 1인당 GDP가 2만~3만 달러 구간인 2006년 말에서 2019년 말까지의 13년간 삼성화재 주가는 161,500원에서 243,500원까지 고작 50% 상승하는 데 그쳤다. 과거 12년간 800% 상승했던 주가의 상승폭은 왜 그다음 13년간에는 고작 50% 상승에 그쳤을까? 1인당 GDP가 2만 달러를 초과하는 시점부터 보험 시장의 성숙기가 시작된다고 결론지을 수 있다.

한국 생명보험 수입보험료 전망 (최근 3년)

구분	2017년	증가율	2018년	증가율	2019년(E)	증가율
생명보험 전체	114조 원	-4.9%	111조 원	-2.7%	108조 원	-2.5%

(출처: 보험연구원, 2020년 보험산업 전망과 과제, 생명보험사 '업무보고서' 각 월호)

한국 손해보험 수입보험료 전망 (최근 3년)

구분	2017년	증가율	2018년	증가율	2019년(E)	증가율
손해보험 전체	88조 원	4.5%	91조 원	3.1%	95조 원	3.8%

(출처: 보험연구원, 2020년 보험산업 전망과 과제, 생명보험사 '업무보고서' 각 월호)

그렇다면 1인당 GDP 3만 달러를 돌파한 최근의 한국 보험 시장 현황은 어떨까? 한국 생명보험 수입보험료는 최근 3년간 연간 3%씩 오히려 감소했고 한국 손해보험 수입보험료는 연간 4%의 소폭 증가에 그쳤다. 과거보다 성장률이 눈에 띄게 위축되고 있다. 심지어 2020년에는 0%대 성장을 우려하는 어려운 상황에 직면해 있다.

중국 중산층의 증가와 보험산업의 성장

중국은 중산층의 폭발적인 증가가 시작되면서 보험산업이 큰 폭 성장하고 있다. 왜 중산층이 늘어나면 보험산업이 성장할까? 인간의 본성상 소중한 재산이 모이면 모일수록 불의의 사고로부터 재산을 지켜내려는 의지가 강해지기 때문이다. 좀 더 구체적으로 살펴보자.

우리가 뒤에서 설명할 마오타이주의 상승 가능성을 믿고 마오타이주 1,000병을 사서 창고에 쌓아놓았다고 가정해보자. 그런데 만약 화재가 났다면 어떻게 될까? 수억 원이라는 소중한 돈이 허무하게도 그냥 공중으로 사라져버린다. 이런 불의의 사고에 대비하기 위해 필요한 게 바로 보험이다.

보험업은 복권업이나 카지노업과 같이 대수의 법칙이 적용되는 대표적인 산업이다. 대수의 법칙이란 '어떤 특정한 현상이 일어날 확률을 적은 횟수로 측정했을 때는 부정확하지만 그 횟수를 크게 늘리면 정확해진다'는 이론이다.

일례로 주사위를 던졌을 때 6이 나올 확률은 6분의 1인 16.7%다. 하지만 실제로 주사위를 10번 던졌을 때 숫자 6이 16.7%의 평균확률처럼 나올 가능성은 적다. 하지만 횟수를 크게 늘려 1만 번을 던진다면 평균확률과 비슷한 결과가 나온다. 보험업에서는 중요하게 활용되는 법칙이다.

보험사 입장에서는 어떨까? 만약 10명에게만 화재보험을 가입 받았다면 파산할 수도 있을 것이다. 하지만 1만 명에게 화재보험을 가입받았다면 나머지 9,999명의 화재 보험료로 충분히 손실을 보전하고도 오히려 많은 이익을 남길 수 있다. 이게 바로 대수의 법칙 기본 원리다.

중국의 2019년 말 기준 생명보험과 손해보험 합산 보험침투율(총보험료/명목GDP)은 몇 %나 될까? 약 5% 수준으로 추정된다. 한국의 11%와 비교하면 여전히 낮은 수치다. 보험밀도(1인당 보험료) 또한 연간 60만 원 수준으로 추정돼 한국의 400만 원과 비교하면 현저히 낮은 편이다. 그래서 중국 보험 시장의 성장 가능성은 높다.

그렇다면 한국에서 생명보험과 손해보험의 가입자수는 얼마나 될까? 한국의 생명보험 가입건수는 2019년 말 기준 약 8,240만 건이다.

5,178만 명의 한국 인구수로 따져보면 1인당 1.6건의 생명보험계약을 보유 중인 셈이다. 손해보험 중에서는 특히 자동차보험에 대한 수요가 높다. 한국에 등록된 자동차대수는 2019년 말 기준 2,368만 대로 인구의 절반 수준이다. 이 중에서 자동차보험에 가입하지 않은 간큰 사람은 얼마나 될까? 대부분 필수적으로 자동차보험에 가입했다.

그렇다면 우리가 기대하는 14억 인구 대국 중국의 자동차 등록대수는 과연 몇 대일까? 2019년 6월 말 기준 약 3억 4,000만 대다. 한국의 인구 대비 등록대수는 46%인데 중국은 24%의 비율을 보인다. 한국과 비교해보면 2배 정도 증가할 여력이 있다. 중국에는 여전히 자동차가 없는 사람이 많다. 이 사람들이 자동차를 사면서 다 자동차보험에 가입한다고 생각해보자. 손해보험 시장의 폭발적인 성장이 예상되지 않는가? 하지만 시장이 크다고 해서 중국 보험 시장에 함부로 뛰어들었다가는 낭패를 본다.

한국사람들이 과거 중국시장에 뛰어들 때 가장 흔하게 했던 말이 있다. 중국에서는 양말을 팔아도 14억 개라는 호기로운 주장 말이다. 하지만 그건 중국사람들이 내가 파는 양말만 독점적으로 사주었을 때의 얘기다. 우리는 치열한 경쟁을 고려해야 한다. 그렇다면 중국 생명보험 시장과 손해보험 시장의 경쟁강도는 어떨까? 상위 3개 회사가 의미 있게 경쟁하는 과점시장이라고 판단된다. 그렇다면 중국에서 높은 시장 점유율을 가진 1등 보험사는 과연 어디일까?

3

생명보험과 손해보험에서
1등을 노린다

시장 점유율 1위 보험사에 투자하라

단순히 한국의 과거 사례를 살펴보면 손쉽게 결론 내릴 수 있다. 중국 보험 시장의 성장 가능성을 믿는다면 중국 생명보험사 1위인 중국 인수보험과 중국 손해보험사 1위인 중국 인민보험PICC에 투자하면 되는 게 아닐까? 이런 간단한 논리로 5년 전에 이 두 회사에 투자했다면 결과는 무척이나 실망스러웠을 것이다. 왜일까? 독점시장 구도에서는 시장 점유율 1위 기업에 투자하는 전략이 가장 확실하다. 하지만 경쟁 시장 구도에서는 단순히 시장 점유율 1위 기업이라는 것 외에도 해당 기업의 본질적인 경쟁력이 우수한지를 같이 살펴봐야 하기 때문이다.

평안보험의 2019년 영업이익은 약 32조 원이다. 5년 누적 증가율은 197%로 인수보험 68%와 인민보험 38%의 소소한 증가율을 압도한다. 참고로 중국 시가총액 1위인 알리바바의 영업이익은 20조 원이

평안보험, 인수보험, 인민보험의 최근 6년간 영업이익 현황 (단위: 원)

구분	2014년	2015년	2016년	2017년	2018년	2019년(E)	증가율
평안보험	10.6조	15.8조	15.9조	22.9조	27.8조	31.5조	197%
인수보험	6.8조	7.8조	4.1조	7.1조	2.4조	11.3조	66%
인민보험	3.7조	5.6조	2.8조	3.7조	2.8조	5.1조	38%

(출처: 각 사 발표자료, 위안화 170원으로 원화 환산)

평안보험, 인수보험, 인민보험의 최근 5년간 주가 상승률 비교

회사명	2014년 말	2019년(E)	증가율
평안보험 (생명보험, 손해보험 각 2위)	34.0위안	85.5위안	151%
인수보험 (생명보험 1위)	32.3위안	34.9위안	8%
인민보험 (손해보험 1위)	3.5홍콩달러	3.2홍콩달러	-9%

(출처: 미래에셋대우 홈트레이딩 시스템, 무상증자, 주식배당으로 인한 가격 조정 반영)

고 2위인 텐센트가 19조 원이다. 미국의 대표적인 IT 기업인 아마존의 영업이익도 17조 원에 불과하다. 중국과 미국을 대표하는 IT 기업들의 이익 규모를 2배 이상 압도하는 평안보험의 영업이익을 보면 지난 5년간의 가파른 주가 상승이 이해된다.

중국 생명보험 시장 점유율 1위인 인수보험의 최근 5년간 주가 상승률은 고작 8%다. 중국 손해보험 시장 점유율 1위인 인민보험의 최근 5년간 주가 흐름은 -9%로 오히려 하락했다. 생명보험 시장과 손해보험 시장 양쪽에서 각각 점유율 2위를 기록 중인 평안보험의 최근 5년간 주가 상승률 151%와 비교해보면 현격한 차이다. 점유율 1위가 아니라 2위에 불과한 평안보험의 주가 상승률이 1위보다 월등한 이유가 뭘까? 세 가지로 정리해보자.

첫째는 공기업과 사기업의 대결이다. 인수보험과 인민보험은 공기

업이고 평안보험은 사기업이다. 효율성 측면에서 비교되지 않는다. 중국의 보험 시장은 독점시장이 아니라 과점시장이다. 치열한 경쟁이 불가피한데 사기업인 평안보험의 경쟁력이 월등하다. 둘째는 평안보험에게는 인공지능을 활용한 최첨단 자회사들이 숨겨져 있다는 사실이다. 나중에 설명하게 될 이 막강 자회사들은 평안보험의 미래를 기대하게 만드는 강력한 힘이다. 셋째는 압도적인 영업이익의 차이다.

평안보험의 높은 성장 가능성

평안보험의 2019년 연간 수입 보험료는 약 215조 원이다. 단 한 개의 보험사가 한국 전체 생명보험사의 연간 수입보험료 110조 원을 훌쩍 뛰어넘는다. 역시 대륙의 스케일이다. 평안보험의 총자산은 1,400조 원(2019년 말)이다. 이 또한 한국 전체 생명보험사 총자산 857조 원보다 1.6배 크다. 개인 고객수는 2억 명(2019년 9월 말)을 돌파해 한국 인구수 5,000만 명의 4배에 이른다.

그렇다면 세계 1위의 보험사는 어디일까? 여기에 대한 대답은 어떤 기준을 적용하느냐에 따라 결과가 다르다. 예를 들면 시가총액, 자산, 수입보험료, 순보험료, 매출액, 브랜드 파워 등 적용 기준이 다양하다. 하지만 쉽게 예측되는 건 중국의 보험사들은 미국이나 유럽 보험사들과 비교해 역사가 현저히 짧으니 글로벌 순위에서 상위권에 들기 어렵다는 선입견이다. 과연 그럴까?

미국 AM 베스트가 발표한 「2018년 보험사 글로벌 25개 리스트」에 따르면 평안보험은 순보험료 기준 당당 세계 3위를 기록했다. 2019년

2018년도 세계 보험사 순위 (순보험료 기준)

순위	보험사	순보험료	국적	전년 대비 상승률
1위	유나이티드 헬스	1,781억 달러	미국	12.4%
2위	악사	1,030억 달러	프랑스	3.2%
3위	중국 평안보험	1,018억 달러	중국	19.2%
4위	중국 인수보험	924억 달러	중국	-0.1%
5위	카이저 의료재단	921억 달러	미국	10.1%

(출처: 인슈런스 저널, AM베스트, 세계 25대 보험사 리스트 발표자료)

실적을 기준으로 한다면 어떨까? 당당 2위로 올라선다. 200년의 유구한 역사를 가진 프랑스 보험사 악사AXA를 불과 30년 된 중국의 평안보험이 추월한 거다. 참고로 1위를 기록한 유나이티드 헬스의 시가총액은 약 300조 원이다. 평안보험의 시가총액은 260조 원으로 유나이티드 헬스를 맹렬히 추격 중이다.

영국 브랜드 파이낸스가 발표한 「2019년 세계 보험사 브랜드 가치 순위」는 어떨까? 평안보험이 당당히 1위를 기록했다. 필자는 중국 기업들의 놀라운 성장 속도에 늘 경악을 금치 못한다. 중국은 폐쇄적이고 변동성이 큰 나라다. 그럼에도 중국의 핵심 기업들만큼은 리스크를 감수하더라도 투자하는 센스가 필요하다. 그만큼 보상이 크기 때문이다. 2020년 기준 평안보험은 압도적인 세계 1위의 보험사라고 말하기에는 다소 부족하다. 하지만 5년 뒤인 2025년에는 명실상부한 세계 1위의 거대 보험사가 될 가능성이 매우 높다. 그 가능성을 믿고 긴 호흡으로 평안보험에 투자해보는 게 어떨까?

4

인공지능 기업으로
트랜스포메이션한다

보험사 고유의 리스크 분석

필자가 보는 평안보험의 리스크는 장기적인 관점에서 크게 세 가지다. 첫 번째 리스크는 금리 역마진(이차손)이다. 금리 역마진이란 보험사가 고객에게 이미 받아놓은 보험료를 운용해서 얻는 수익률보다 고객에게 지급해야 할 이자율이 더 높은 것을 말한다. 한국 생명보험사들이 현재 고전하는 이유는 오래전 고금리 시절에 팔아놓은 고금리 확정 보험계약들이 현재의 저금리 상황에서 발목을 잡고 있기 때문이다.

중국 보험사들 역시 별반 다를 바 없다. 세계적인 저금리 추세로 장기 금리가 계속 하락한다면 과거에 고금리 확정금리로 판매한 보험들로 인해 금리 역마진 문제가 발생할 수밖에 없다. 평안보험의 2019년 순 투자수익률은 5.2%로 양호한 편이다. 하지만 세계적인 저금리 상황에서 꾸준히 높은 운용수익률을 달성하기는 어렵다. 이는 중국뿐 아니라 일본이나 한국에서도 문제 됐던 부분이다.

두 번째 리스크는 다소 엉뚱할 수 있다. 의료기술의 발달로 생기는 문제다. 생명보험에 해당하는 부분인데 바로 장수 리스크다. 오래 사는 게 문제다. 종신연금은 가입자가 사망할 때까지 계속해서 연금을 지급하도록 설계돼 있다. 한국은 '경험생명표'를 통해 가입자의 평균수명을 예측한다. 그런데 만약 예측한 수명보다 모든 가입자가 더 오래 산다면 어떻게 될까? 보험사는 재정적으로 상당히 곤란해질 수 있다. 의학 기술과 인공지능 기술의 발달로 인해 인류의 평균수명이 예상보다 많이 늘어날 경우 인류에게는 축복이지만 보험사 입장에서는 문제가 생길 수 있다.

세 번째 리스크 또한 엉뚱한 상상이다. 손해보험 중에 자동차보험에 해당하는 부분이다. 10년이나 20년 뒤에 자율주행차가 본격 도입됐을 때의 문제다. 그런 미래에도 과연 자동차보험이 지금처럼 유지될 수 있을까? 일단 사고위험 자체가 사람이 운전하는 것보다 현저히 줄어들게 된다. 그리고 보험의 주체가 차 주인이 될지 자동차 제조사가 될지는 아무도 모를 일이다. 어쨌든 미래에 자율주행차 기술이 발달할수록 자동차보험 분야의 매출이 많이 줄어들 수도 있다는 상상이다. 엉뚱하지만 고민해볼 문제다.

하지만 평안보험은 중국의 보수적인 금융기관 중에서 가장 적극적으로 새로운 사업에 도전하는 미래 지향적인 회사다. 매년 수십 조 원씩 발생하는 순이익을 무기로 전통적인 보험업 외에도 새로운 먹거리를 찾아내기 위해 꼼꼼하게 준비하고 있다.

보험 판매 활동에 인공지능 활용

한국에서 보험 설계사수는 몇 명일까? 금융감독원의 2018년 자료에 의하면 보험사 소속 설계사는 약 18만 명이고 독립보험대리점GA 소속 설계사 규모는 약 22만 명으로 총 40만 명이다. 그렇다면 인구 대국 중국의 보험 설계사수는 몇 명일까? 약 800만 명이다. 이 중 평안보험의 설계사수는 약 117만 명(2019년 말)이다. 한국 총 보험 설계사수의 3배다. 이게 바로 말로만 듣던 인해전술이다.

평안보험은 중국정부의 보험설계사 규제강화, 내부적인 설계사 효율화 정책, 온라인 보험 시장 발달의 영향으로 140만 명에 달하던 보험 설계사수를 2019년에 117만 명(2019년 말)으로 무려 23만 명이나 줄였다. 하지만 여전히 설계사들은 보험 시장 확장의 1등 공신들이다. 이유가 뭘까? 보험상품은 눈에 보이지 않는 무형의 상품이다. 그래서 고객들이 자발적으로 보험상품에 가입하기보다는 보험설계사들의 인맥과 대면영업을 통해 가입하는 경우가 많다.

따라서 보험사 입장에서 보험설계사는 중요한 고객 대면 채널이다. 당연히 좋은 인력들을 채용하기 위해 항상 노력한다. 하지만 보험설계사는 직업의 특성상 이직과 퇴사가 많다. 그래서 보험사들이 가장 흔하게 쓰는 지표가 바로 '신규 설계사의 13개월 정착률'이다. 평안보험은 최근 채용 시스템을 변경한 후 정착률이 무려 95%를 웃돌았다. 그 비결이 뭘까?

가장 큰 비결은 예상대로 인공지능이다. 채용 시스템에 인공지능을 100% 활용해 지원자의 업무 적합성을 사전에 철저히 분석한다. 평안보험의 가장 대표적인 기술은 바로 99.8%의 인식 능력을 자랑하는 안면인식 기술이다. 이를 통해 면접에서 지원자의 말투와 표정 변화까지 정밀하게 분석한다. 추가로 평안보험 내 최상급 보험설계사들의 빅데이터와 지원자를 비교해 자질을 평가한 후 채용을 결정한다. 채용 후에도 교육과 보험 판매 활동에 인공지능을 적극 활용하고 있다.

보험에서 헬스케어와 IT로 분야 확장

평안보험의 창업자 마밍저馬明哲 회장은 알리바바의 창업자 마윈馬雲 회장, 텐센트의 창업자 마화텅馬化騰 회장과 함께 중국 경제계에서 3마=馬로 불린다. 전통적인 금융업을 영위하는 평안보험이 중국 최고의 IT 기업들과 어깨를 나란히 하는 이유가 뭘까?

평안보험의 마 회장은 오래전부터 보험사 고유의 리스크에 대해 인지하고 있었다. 그래서 그룹의 무게 중심을 헬스케어와 IT 분야로 확대하기를 원했다. 그런 노력의 하나로 과거 10년간 약 8조 원(470억 위안)을 IT와 인공지능 분야에 쏟아부었다. 앞으로도 매년 매출액의 1% 이상을 추가로 IT와 인공지능 분야에 투자할 예정이다. 계산해보면 10년간 약 17조 원(1,000억 위안)이다.

평안보험에는 2019년 말 기준 약 11만 명의 기술 비즈니스 실무자, 3만 5,000명의 연구개발 인력, 과학기술 인재팀 2,600명이 근무한다. 기술 관련 지식재산권도 이미 2만 건이 넘는다. 평안보험은 회사 매출의 10%에도 못 미치는 헬스케어와 IT 분야 비중을 장기적으로 50% 수준까지 확대할 야심 찬 계획을 가지고 있다. 평안보험은 과연 보험회사일까? 아니면 인공지능 회사일까?

5

인공지능 자회사
3개를 주목해라!

　평안보험은 똘똘한 자회사들을 대거 보유하고 있다. 이 자회사들을 모두 살펴볼 수는 없다. 가장 똘똘하다고 평가받는 평안굿닥터, 루닷컴, 원커넥트를 살펴보도록 하자.

(1) 평안굿닥터

한국에서 의료 원격진료는 합법일까? 불법일까?

　평안굿닥터(2018년 5월 홍콩증시 상장: 코드 01833)를 살펴보기 전에 먼저 가벼운 상식을 점검해보자. 한국에서 의료 원격진료는 합법일까? 현행 의료법상 불법이다. 일본은 2015년에 그리고 중국은 2016년에 의료 원격진료가 전면 허용됐다. 반면 한국은 2010년과 2016년에 법 개정을 시도했지만 두 번 모두 무산됐다. 그래서 한국에서 의료 원격진료는 불법으로 규정돼 있다. 고령화가 진행될수록 의료 원격진료의 효용성은 계속 증대되겠지만 아직까지 법과 제도의 벽에 막혀 있다. 당연히 한국에서는 평안굿닥터의 의료 원격진료 비즈니스 자체가 생겨날 수 없다.

하지만 냉정히 판단해보면 의료 인프라 수준이 높은 한국보다는 수준이 낮은 중국에 의료 원격진료가 먼저 허용되는 게 훨씬 더 효율적이긴 하다. 한국은 이미 병원 인프라가 양호하게 구축된 국가다. 의료 원격진료가 허용되면 더 좋아지겠지만 효용성이 급증하는 수준은 아니다. 하지만 중국은 다르다. 중국의 의료 인프라는 여전히 낙후돼 있다. 중국 의료의 문제점은 2018년의 가짜 백신 사건이나 2020년의 코로나19 방역 수준을 보면 알 수 있다. 여전히 후진적인 구조다.

중국에서 의사라는 직업은 한국과 달리 생각보다 매력적이지 않다. 6년 공부 후에도 급여는 박봉이고 개인병원 차리기도 쉽지 않다. 사회적 지위도 높지 않아 환자에게 폭행당하는 경우도 많다. 의사에 대한 불신도 강하고 의사 수도 부족하다. 대형병원에는 사람들이 몰리지만 지역의 중소병원은 기피하는 경향이 강하다. 환자의 진료 대기시간은 기본 3시간인데 막상 진료는 8분 미만이라는 통계자료도 있다.

이런 상황에서 2016년부터 중국에 의료 원격진료가 허용된 건 효용성 측면에서 매우 효과적이다. 중국은 이미 신용카드를 거치지 않고 바로 알리페이나 위챗페이로 점프해 효용성을 극대화한 경험이 있다. 애초부터 인프라 자체가 취약하기 때문에 중간단계를 뛰어넘는 게 더 효율적일 수 있다. 한마디로 중국은 온라인 의료 원격진료가 태동할 모든 조건이 완벽하다.

중국정부는 낙후된 의료 인프라에 고민이 많다. 그래서 온라인 의료 원격진료에 우호적이다. 중국 국가의료보장국은 2019년 8월에 인터넷 플러스(+) 의료 서비스 가격과 의료보험 지불 정책 정비에 관한 지도의견을 발표했다. 핵심 내용은 인터넷 의료 서비스 사업도 중국 의료보험의 지원을 통해 인민들이 저렴하게 이용할 수 있도록 했다.

추가로 중화인민공화국 약품관리법을 개정하면서 처방약의 온라인 판매 금지조항을 과감히 삭제했다. 이 의미는 2019년 12월부터 시장 규모가 막대한 처방약들도 조건부(일부 약품 제외)로 온라인 판매를 승인한다는 뜻이다. 중국은 과감한 규제개혁으로 온라인 의료 원격진료 시장이 성장할 수 있는 모든 조건이 갖춰졌다. 그렇다면 이 제도 변화의 최대 수혜 기업은 어디일까? 바로 중국 1위 온라인 의료 서비스 플랫폼 기업인 평안굿닥터다.

코로나19 바이러스로 주목받게 된 온라인 원격진료

2019년 12월에 중국 우한지역에서 발병한 코로나19는 2020년 1월부터 중국 전지역과 전세계를 공포로 몰아넣었다. 중국정부는 전염병 발병 초기에 정보를 은폐했다. 최초로 코로나19의 위험성을 알렸던 사람은 안과의사 리원량이다. 경찰은 리원량을 한밤중에 경찰서로 불러내 '유언비어를 퍼트린 것을 반성한다'는 훈계서를 작성하게 했다.

하지만 얼마 지나지 않아 코로나19는 심각한 바이러스로 확인됐으며 우한지역과 중국 전역에 퍼지게 됐고 결국 전세계가 전염됐다. 최초 신고자인 안과의사 리원량마저 어려운 환경 속에서 환자들을 진료하다가 감염되어 2020년 2월 초에 사망했다. 중국인들은 그를 희대의 영웅이라며 추앙했다. 2020년 3월 말 기준 중국 사망자수는 3,300명이고 전세계 사망자수는 3만 7,000명이다.

이 시기에 코로나19 환자가 본격적으로 급증하면서 발병지인 우한은 물론이고 후베이성 전체가 넘쳐나는 환자들 때문에 의료 시스템이 붕괴됐다. 후베이성 거주 환자들의 치사율은 5%를 넘었다. 다른 지역 환자들의 치사율이 1% 미만인 데 비해 큰 격차를 보였다. 다시 한 번 낙후된 중국 의료시스템의 민낯을 보여준 사건이었다(하지만 중국의 치사율 데이터는 전세계의 치사율과 비교해보면 신뢰하기 어려운 점이 많다).

중국은 초기 방역에는 실패했지만 감염 진원지인 후베이성 우한에 5G 통신 기반의 원격의료를 전격 도입했다. 이를 통해 베이징 종합병원과 우한 시내 병원을 연결해 원격진료가 활성화됐다. 우한 지역의 의사 부족 문제로 고민하던 중국정부는 이렇게 원격진료의 덕을 톡톡히 보게 된다.

그런데 그보다 더욱 주목받은 회사가 있다. 바로 중국 1위 온라인 의료 서비스 플랫폼 기업인 평안굿닥터다. 동사의 IR 자료(2019년 말)에 의하면 평안굿닥터는 1,409명의 고용의사, 3,000개의 병원, 2,000개의 건강센터, 5,000명의 종합병원 의사, 1,800개의 치과, 150개의 미용기관, 9만 4,000개의 약국과 제휴해 중국 전역에서 서비스를 제공하고 있다.

평안굿닥터의 최대 강점은 뭘까? 인공지능 알고리즘이다. 회사 내에 고용된 1,409명의 의사들이 인공지능과 협업하여 의료 원격진료를 진행한다. 역시 인공지능을 현실세계에서 가장 잘 구현하는 평안보험의 자회사답다.

플랫폼 기업에서 가장 중요한 건 뭘까? 당연히 이용자수다. 원스톱 온라인 의료 서비스 플랫폼인 평안굿닥터의 온라인 등록자수는 3억 1,500만 명(2019년 말)을 돌파했다. 평안굿닥터의 고객이 벌써 한국 인구수의 6배가 넘는 셈이다. 월평균 액티브 유저수(2019년 말)는 6,700만 명이다.

중국 최대 이용자수를 보유 중인 텐센트의 위챗(12억 명)이나 알리바바(8억 명) 이용자수에는 못 미치지만 온라인 의료 서비스 단일 플랫폼으로는 전세계 최대 지위를 확보하는 게 어렵지 않아 보인다. 이는 중국이 막대한 인구수로 받쳐주기 때문에 가능한 일이다. 하지만 중요한 건 역시 유료 이용자수다. 2019년 기준 평안굿닥터의 유료 이용자수는 연평균 4%의 전환율로 월평균 297만 명이다. 2018년 기준 236만 명에 비해 26% 급증했다는 점은 고무적이다.

평안굿닥터의 서비스 중 대표적인 게 바로 온라인 문진 서비스다. 이 서비스는 환자가 스마트폰 앱으로 증상을 보내면 최초에는 인공지능이 고객의 증상과 과거 병력으로 1차적인 판단을 진행한 후 의사명단을 보여준다. 환자가 진료받을 의사를 결정하면 2차적으로 자체 의사나 협력병원의 의사를 원격으로 연결해 채팅으로 온라인 진료 후 약품을 처방받아 온라인 약국에서 구매한다. 문진료도 받고 약품까지 판매하니 일석이조다. 이 문진 서비스의 일 평균 상담 횟수는 73만 건이다. 2차 진료 후에도 더 정밀한 검사가 필요한 경우 아예 오프라인 병원을 예약해주는 서비스까지 진행된다.

인공지능의 핵심 경쟁력은 역시 데이터다. 평안굿닥터에 그동안 누적되어 쌓여 있는 온라인 문진 데이터는 무려 6억 7,000건이 넘는다.

이 데이터들을 통해 인공지능은 점점 더 진화하고 있다. 게다가 인공지능은 쉬는 법이 없다. 평안보험이 왜 중국 1등 인공지능 기업인지를 증명하기 위해 오늘도 24시간 계속해서 학습하고 계속해서 풀 가동되고 있다. 24시간 내내 언제 어디서든 진료받을 수 있는 인공지능 시스템의 장점은 상상 초월이다.

그 외에 평안굿닥터가 오프라인 진출을 위해 야심 차게 내놓은 서비스가 바로 1분 무인 진료소다. 중국 핵심도시에 설치해 24시간 의료 서비스를 제공하고 있다. 1분 무인 진료소를 이용하면 의사 문진부터 처방, 약품 구입, 배달까지 원스톱으로 진행된다. 놀랍게도 인공지능 의사가 음성인식과 음성진료를 통해 환자에게 약을 처방한다. 상비약 100여 종은 옆에 설치된 자판기를 통해 구매한다. 이 1분 진료소의 하루 방문자수는 수십만 명인 것으로 파악된다.

필자는 평안굿닥터가 목표대로 전세계 최대의 온라인 원격진료 플랫폼이 될 가능성이 크다고 본다. 이유는 간단하다. 전세계 어디에서도 14억 인구수와 원격의료에 대한 우호적인 정부지원과 개인정보보호에 관대한 정책을 따라할 수는 없기 때문이다. 평안굿닥터가 짧은 시간 안에 최소 5억 명 이상의 등록자수를 확보할 것으로 예상한다. 물론 유료 이용자수를 얼마나 많이 확보하느냐가 흑자 전환의 핵심 포인트라고 볼 수 있다.

그런데 중국의 의료 시장 전체 규모는 얼마나 될까? 2017년 기준 약 850조 원(5조 위안)이다. 연간 10%씩 성장하니 2020년에는 약 1,100조 원(6.5조 위안) 규모로 추정된다. 이 중 스마트 의료시장은 2020년에 약 15조 원(900억 위안)으로 확대될 것으로 전망되고 있다. 중국의

평안굿닥터 매출액 및 영업이익 추이

구분	2017년	증가율	2018년	증가율	2019년	증가율
매출액	3,365억 원	234%	5,703억 원	69%	8469억 원	49%
영업이익	-1,794억 원	적자지속	-1,896억 원	적자지속	-1,604억 원	적자지속

(출처: 회사 발표자료, 필자 원화 환산 및 추정)

의료시장 규모는 미국에 이어 세계 2위다. 중국 의료산업의 성장성을 분석하는 데 수학은 필요 없다. 간단한 산수면 된다. 지금 65세인 사람들은 10년 뒤에 어떻게 될까? 반드시 75세가 된다. 중국의 고령화는 현실이다. 고령화가 진행될수록 의료 시장은 커질 수밖에 없다.

이런 거대한 시장에서 중국 1위의 온라인 의료 서비스 플랫폼인 평안굿닥터의 미래를 굳이 전망해본다면 어떨까? 아주 밝아 보인다. 지금은 거침없는 투자로 인해 적자가 지속되고 있다. 그러나 기존 플랫폼 기업들의 특징대로 임계점을 지나고 나면 빠른 속도로 흑자 전환할 것으로 기대된다. 필자는 그 시기를 2021년이나 2022년으로 예상하고 있다.

평안굿닥터는 홍콩증시에 상장돼 있다. 2019년 말 기준 시가총액은 9조 원(600억 홍콩달러)이다. 매출액의 3년 누적 증가율은 700%다. 하지만 연 매출액이 고작 1조 원도 안 되고 3년 연속으로 -2,000억 원에 육박하는 적자를 내는 기업의 시가총액이 9조 원이나 하는 이유는 뭘까? 이미 3억 1,500만 명의 등록고객을 확보하며 빠르게 성장하는 플랫폼 기업의 특성을 고려한 시장의 낙관적인 평가로 해석된다. 만약 평안굿닥터가 흑자로 전환하는 그날이 온다면 과연 시가총액이 얼마로 평가될지 무척 궁금하다.

⑵ **루닷컴**

시작은 중국 1위의 P2P 금융 대출 업체

P2P 금융이란 단어를 들어본 적이 있는가? P2P 금융이란 '개인 대 개인 간의 금융'을 뜻하는 말이다. 쉽게 설명하면 온라인을 통해 대출을 원하는 사람과 투자를 원하는 사람을 서로 연결하는 핀테크 서비스이다. 그런데 이 P2P 금융이란 단어를 들으면 왠지 부정적인 느낌이 떠오르지 않는가? 그 이유는 미국 1위의 P2P 금융 업체인 랜딩클럽의 부실대출 사건 때문일 것이다. 또는 한국 P2P 일부 업체들의 사기 사건 때문일 것이다. 아니면 일부 업체들의 부실대출로 인한 투자자들의 막대한 손실 때문일 수도 있다.

중국에서 P2P 금융 1위 업체는 어디일까? 바로 평안보험의 자회사인 루닷컴(비상장, 2020년 중 홍콩증시 상장 예정)이다. 루닷컴은 중국 P2P 금융 업체 중 압도적인 1위다. 비결이 뭘까? 일단 P2P 금융의 구조부터 먼저 살펴보자. 은행이 대출해줄 때 가장 큰 리스크는 바로 부도율이다. 부도는 고스란히 은행의 손실로 연결되기 때문이다. 반면 P2P 금융의 경우 이론적으로 P2P 업체는 중개만 할 뿐이고 대출해준 회사가 부도나면 피해는 모두 투자자들에게 귀속된다. 대신 투자자들은 은행보다 높은 수익률을 얻고 대출자들은 은행보다 낮은 대출금리를 적용받는다. 하지만 당연히 부도율이 높은 P2P 업체는 평판도가 추락하기 때문에 부도율은 가장 큰 리스크이다.

루닷컴의 중개수수료율은 무려 4%다. 투자자와 대출자들이 늘어나면 늘어날수록 수익이 폭증하는 구조다. 하지만 투자자가 늘어나려면 전제조건이 있다. 바로 부도율이 낮아야 한다. 다행히 루닷컴의 대출 부도율은 고작 2% 내외다. 경쟁업체들과 비교해보면 경이적인 수준이라 할 수 있다. 루닷컴의 대출 부도율이 낮은 이유는 도대체 뭘까? 독자들의 예상대로 인공지능 덕분이다.

루닷컴은 온라인 앱을 통해서 대출을 실행한다. 대출 심사는 인공지능과 IT 기술력을 활용한 원격 비디오 채팅으로 진행된다. 기본적으로 인공지능 안면인식 기술을 활용해 대출 신청자의 얼굴 표정을 54개 종류로 나눠서 분석하고 미세한 표정 변화까지 체크한다. 이를 통해 대출 신청자의 거짓말 여부도 판단한다. 그 외에 빅데이터 분석을 통해 SNS와 쇼핑몰 구매이력 등도 점검해 종합적으로 분석 후 대출 실행 여부를 최종 결정한다. 이러니 대출 부도율이 낮을 수밖에 없다. 그래서 투자자와 대출자들이 모두 루닷컴으로 몰려들었다.

중국 1위의 온라인 자산관리 플랫폼 업체

그런데 P2P 금융 1위인 루닷컴에게 시련이 왔다. 바로 중국당국의 P2P 금융 전면 규제 정책이다. 일부 P2P 업체들의 높은 대출 부도율과 허술한 경영으로 인해 투자자들이 피해를 보는 사례가 속출하자 중국당국이 결단을 내렸다. 이런 규제 정책에 발맞춰 루닷컴도 2019년 7월부터 P2P 대출 전면 중단을 선언했다.

중국정부는 지금 우후죽순으로 난립한 P2P 금융 회사들을 정리하는 데 주력하고 있다. 하지만 대형 자본금과 높은 경영 능력을 보유한 일부 P2P 금융 기업들에 한해서는 소비자금융 기업으로 전환할 수 있도록 허용했다. 이에 따라 루닷컴의 경우 P2P 영업은 중단했지만 온라인 금융기관 형태로 지속적인 영업이 가능하다. 루닷컴은 중금리

(저금리와 고금리의 중간)를 추구하는 방식으로의 예금과 대출을 해주는 핀테크 기업으로 변신하고 있다. 하지만 P2P 대출 중단의 영향이 전혀 없는 건 아니다. 2019년 하반기부터는 수익에 큰 타격을 받고 있다.

루닷컴은 애초부터 P2P 금융만 해왔던 것은 아니다. 온라인 자산관리 플랫폼 또한 소중한 수익 모델이다. 주식, 펀드, 채권, 보험상품 등을 온라인에서 구매할 수 있는 핀테크 회사 중 점유율 1위가 바로 루닷컴이다. 중국에서 중산층 고객들을 타깃으로 한 온라인 중심의 자산관리 서비스 시장은 계속 커지고 있다. 특히 루닷컴의 인공지능을 활용한 '맞춤형 자산관리 서비스'가 인기를 끌면서 등록 고객수 4,200만 명(2019년 6월)에 자산규모 61조 원(3,600위안)을 돌파했다.

루닷컴은 아직 비상장 기업이다. 따라서 정확한 단독 재무구조는 공개되지 않고 있다. 하지만 시장에서는 이미 상당한 이익을 내는 것으로 추정하고 있다. 단적인 예로 2019년 3월에 카타르 국부펀드 등으로부터 추가 투자를 받을 때 기업가치를 약 48조 원(400억 달러)으로 평가받은 바 있다. 글로벌 유니콘 기업 순위에서도 늘 10위 안에 들어간다. 2018년부터 홍콩 증시 상장을 추진해 왔으나 P2P 금융에 대한 중국당국의 부정적인 인식 때문에 2020년 2월 기준 비상장 상태다. 상장 시 시가총액은 약 80조 원(700억 달러) 이상으로 추정되고 있다.

(3) 원커넥트(금융이장통)

원커넥트((2019년 12월 미국 뉴욕증시 상장: 코드 OCFT))는 인공지능을 기반으로 한 핀테크 핵심기술을 금융사들에게 제공하는 금융 솔루션 플랫폼 기업이다. 2019년 말 기준 중국의 모든 대형은행, 도시 상업은행의 99%, 보험사의 52% 등 다수의 금융기관에 금융 솔루션 플랫폼을 제공하고 있다. 해외 14개국의 47개 기관으로도 서비스 제공을 확대하고 있다.

가장 유명한 핵심 기술은 인공지능 보험 시스템이다. 보험사고 발생 시 사고차량 사진을 스마트폰 앱을 통해 보내면 인공지능이 정밀 분석을 통해 수리비를 계산하고 바로 송금해주는 기술이다. 이 기술 구현을 위해 6만 개의 자동차 모델에서 사용된 2,500만 개 부품에 대한 데이터와 14만 곳의 정비소 수리비 데이터를 활용하는 것으로 알려져 있다.

원커넥트는 2015년에 설립됐는데 지금도 역시 적자다. 적자 상태에서 기술력을 바탕으로 2019년 12월에 뉴욕증시에 상장했다. 2019년 말 기준 시가총액은 4조 5,000억 원 수준이다. 적자인데도 한국의 웬만한 대형 금융기관 수준으로 시가총액을 인정받는 이유는 성장성에 대한 기대감 때문으로 해석된다.

원커넥트(금융이장통) 매출액 및 영업이익 추이 (단위: 원)

구분	2018년	증가율	2019년	증가율	20120년(E)	증가율(E)
매출액	2,470억 원	-	4,000억 원	62%	6,000억 원	50%
영업이익	-1,940억 원	적자지속	-2,915억 원	적자지속	-2,000억 원	적자지속

(출처: 회사 발표자료, 원화 환산 및 2020년 실적 추정)

6

평안보험 투자 포인트

평안보험은 중국 최대의 보험사다. 하지만 보험업만 영위하는 회사는 아니다. 현재는 손익 비중에서 보험업이 차지하는 비중이 압도적으로 높다. 하지만 장기적으로 핀테크와 헬스케어 분야의 이익 비중을 50%까지 확대하기 위해 활발하게 투자하고 있다.

평안보험그룹의 사업별 손익 비중

구분	사업별 손익 비중 (2019년 6월 말)	사업별 손익 비중 (2018년 6월 말)
생명보험	72.0%	58.2%
손해보험	12.1%	10.1%
은행	9.1%	13.4%
핀테크 및 헬스케어	2.9%	7.2%
기타	3.9%	11.1%
합계	100.0%	100.0%

(출처: Wind, 미래에셋대우 리서치센터)

평안보험 최근 5년간 주가 차트 (2015년 1월 1일~2019년 12월 31일)

(출처: 미래에셋대우 홈트레이딩 시스템)

평안보험 주가 및 연간 수익률 추이

구분	2015년	2016년	2017년	2018년	2019년	5년 누적 수익률	연평균 수익률
주가	33위안	33위안	66위안	55위안	85위안	-	-
상승률	-3%	0%	100%	-17%	55%	150%	30%

(출처: 미래에셋대우 홈트레이딩 시스템, 권리변동가격 반영)

평안보험 매출액 및 영업이익

구분	2018년	증가율	2019년	증가율
매출액	166조 원	9.6%	199조 원	19.7%
영업이익	28조 원	21.1%	32조 원	13.3%
영업이익률	16.7%		15.8%	
자기자본수익률 (ROE)	19.3%		19.3%	

(출처: 회사 발표자료, 12월 결산법인, 위안 환율 170원으로 환산)

평안보험의 시가총액은 2019년 말 기준 260조 원(상하이+홍콩)이
다. 알리바바(682조 원)와 텐센트(534조 원)의 뒤를 이을 중국의 대표
내수주이다. 게다가 영업이익은 알리바바(20조 원)와 텐센트(19조 원)

를 1.5배 이상 뛰어넘는 32조 원이다.

과거 한국의 사례를 살펴보면 1인당 GDP 1만 달러에서 2만 달러에 도달하는 12년간 삼성화재 주가는 무려 8배 폭등했다. 중국인들이 중산층에 진입하면서 보험 시장이 폭발적으로 커지고 있다. 게다가 똑똑한 인공지능 자회사들을 대거 보유해 미래의 인공지능 시대를 선도하고 있다. 평안보험과 인공지능 기반의 의료 서비스인 평안굿닥터와의 궁합은 어떠한가? 금융종합그룹인 평안보험과 온라인자산관리 플랫폼인 루닷컴과의 궁합은 또 어떠한가? 평안의 자동차보험과 보험 사고 발생 시 사진만으로 보험금을 계산해 송금해주는 원커넥트의 인공지능 기술과의 궁합도 좋다.

현재 평안보험의 시가총액은 260조 원이지만 이 핵심 3개사인 평안굿닥터(9조 원), 원커넥트(4조 5,000억), 루닷컴(80조 원, 비상장)의 시가총액만 합쳐봐도 무려 90조 원이 넘는다. 평안보험 시가총액의 3분의 1 수준이다. 하지만 평안보험 역시 코로나19 바이러스의 영향력에서 벗어날 수는 없다. 보험 신계약을 늘리기 위해서는 117만 명에 달하는 보험설계사들의 대면 영업활동이 절대적으로 중요해 2020년 상반기는 신계약의 급격한 감소가 예상된다. 하지만 이런 이유로 주가가 하락한다면 장기적인 관점에서 좋은 매수 기회가 될 수 있다.

게다가 인공지능 시대를 선도하는 평안보험의 핵심 자회사들이 광폭 성장하며 투자자들을 행복하게 해줄 것이다. 인공지능 시대의 현명한 투자 방법은 뭘까? 인공지능과 싸우지 말고 인공지능 회사에 투자해 인공지능을 지배하는 게 최선이다.

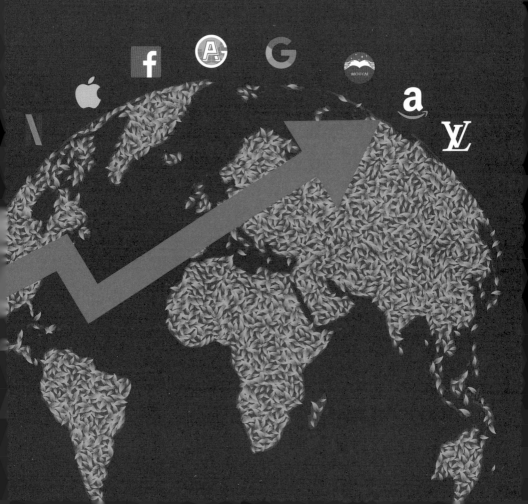

6장

중국 1등 내수주
귀주모태

1

중국의 루이비통
귀주모태

세계 주류 브랜드 1위

"전세계 주류 브랜드 1위는 어디일까?"

독자들은 아마도 양주계의 1등 조니워커나 꼬냑계의 전설인 헤네시를 떠올릴지 모르겠다. 하지만 영국의 브랜드 파이낸스가 2019년에 발표한 자료를 보면 정답은 중국 백주인 마오타이다. 더 놀라운 건 2위도 중국 백주인 오량액이 차지했다는 점이다. 글로벌 스탠더드인 양주가 1위를 못하다니? 도저히 믿기 어려운 결과다.

도대체 중국 백주가 뭐지? 아마 궁금해할 것이다. 한국에서는 고량주나 빼갈이란 단어가 더 익숙하다. 백주(바이주)는 수수를 원료로 빚은 알코올 60도 내외의 중국 증류주를 말한다. 무색투명하며 한국 소주와 달리 향기가 있다. 이 중국 백주의 돌풍 이유는 뭘까? 늘 반복되는 이야기지만 중국에서 1등 하는 회사는 세계에서도 1등 하는 경우가 많다. 14억 인구수가 받쳐주기 때문이다. 브랜드 평가에서 가장 중요한 부분인 매출액에서 중국 백주들은 다른 글로벌 주류 회사들을 압도한다.

여기서 중국백주(고량주)에 대한 한국인들의 이미지는 어떨까? 내 경우 20년 전에 낮술로 먹던 3,000원짜리 이과두주가 생각난다. 중국집에서 짜장면과 탕수육을 시키며 반주로 먹던 알코올 56도의 그 이과두주 말이다. 입 안에 한 잔 툭 털어 넣으면 혈관을 타고 흐르는 알코올의 움직임이 몸 전체를 나른하게 만들어준다. 바로 낮잠을 자고 싶은 충동이 들 정도다.

이과두주는 호불호가 갈리는 술이다. 깔끔하고 독한 맛에 향기까지 있어 가성비 좋은 술이라며 선호하는 사람들과 화학물질 느낌이 난다며 도저히 못 먹겠다는 사람들로 나뉜다. 그런데 중국 술 이미지가 우리에게 저렴한 이유는 뭘까? 과거에는 중국의 고급술이 한국 소비시장에 침투하지 못한 영향이 크다. 더 정확하게는 중국의 고급술은 굳이 한국에까지 수출할 정도로 물량이 많지 않았다.

그렇다면 중국 귀주모태(貴州茅台, 구이저우마오타이) 기업에서 제조하는 마오타이주의 가격은 얼마일까? 힌트는 '생각보다 비싸다'는 점이다. 웬만한 중산층도 감히 맛볼 수 없는 가격이다. 가장 대중적인 5년 숙성한 53도의 500밀리미터 비천모태주 가격은 2020년 1월 기준 한국 면세점에서 320달러에 판매된다. 약 38만 원이란 얘기다. 술 한 병에 38만 원! 놀라지 마시라. 80년산은 4,500만 원이니까(4,500원이 아니다. 숫자를 잘 봐라. 이과두주 가격을 생각하면 곤란하다)! 심지어 이 가격들은 지금 이 순간에도 계속 오르고 있다.

비천모태주

한국 공항 면세점 가격 320달러(38만 원)

술에 대해 잘 모르시는 분들은 500밀리리터 비천모태주의 가격 320달러(38만 원)가 정말 비싼 건지 여전히 헷갈릴 듯하다. 필자의 경우 어떤 모임에서 선배가 사온 조니워커의 최상급인 조니워커 블루라벨을 훨씬 낮은 등급인 조니워커 블랙라벨로 잘못 소개했다가 엄청나게 지탄받은 적이 있었다. 최상급 조니워커 블루라벨 750밀리리터의 면세점 가격은 131달러(15만 원) 수준이다. 비천모태주 가격의 절반에도 못 미친다. 이 정도 가격차라면 느낌이 올 듯하다. 일반적인 주류 판매가격은 백화점이 면세점의 2배라고 생각하면 된다.

중국 GDP 1만 달러 시대 내수주

중국의 1인당 GDP가 1만 달러를 돌파했다는 것은 무슨 의미일까? 중국의 소비 대폭발이 시작됐다는 뜻이다. 중국 내수시장의 본격적인 성장 가능성을 확신하는 고객들이 물어보는 흔한 질문이 있다. "중국을 대표하는 1등 내수주 좀 알려주세요!" 필자는 이 질문에 대해 "마오타이주'를 만들어내는 중국 1등 술 회사 '귀주모태'입니다."라고 대답한다.

고객들은 이런 필자의 대답에 황당해한다. "술 회사가 내수 1등이라뇨? 하여간 한 지점장은 술 아주 좋아해~." "술 좀 작작 드세요." "술 이름 말고 주식을 알려달라니까요!" "말도 안 돼요! 중국인들은 술만 마시나요?" 등등의 비난이 몰려온다. 하지만 귀주모태의 중국 시가총액을 실제로 확인해보면 믿게 될 것이다.

귀주모태의 2019년 말 시가총액은 무려 250조 원이다. 중국 본토 증시에서 공상은행과 평안보험(상하이+홍콩)에 이어 시가총액 3위 수준이다. 홍콩에 상장된 텐센트와 알리바바까지 고려해도 중국 전체 기업 중 시가총액 당당히 5위 수준이다. 유럽 1등 명품 기업 루이비통(270조 원)과 맞먹는 시가총액이다. 참고로 한국 1등 삼성전자의 시가총액도 360조 원 내외다.

그렇다면 중국 사람들은 모두 술만 먹는다는 말일까? 그것도 아니다. 유럽에 루이비통이라는 명품 패션회사가 있다면 중국에는 귀주모태라는 명품 술 회사가 있을 뿐이다. 귀주모태에서 만들어내는 술이 바로 앞에서 설명한 그 유명한 마오타이주다. 귀주모태는 마오타이주로 대표되는 중국의 최상급 백주를 만드는 역사 깊은 회사다.

2

전세계인들이 반한
마오타이주

파나마 만국박람회장에 퍼진 마오타이주의 향기

명품의 조건은 뭘까? 역시 오랜 역사는 기본이다. 유럽의 명품 기업들인 루이비통, 샤넬, 에르메스 또한 최소 100년 이상의 오랜 역사를 자랑한다. 마오타이주는 스코틀랜드의 위스키와 프랑스의 코냑과 함께 세계 3대 증류주로 인정받고 있다. 대륙의 유일한 명품으로 인정받고 있는 마오타이주는 백주(고량주)의 원조답게 800여 년의 역사를 자랑한다(현대적인 시설을 갖춘 건 100년 역사다). 마오타이주는 오랜 역사에 걸맞게 다양한 에피소드들이 있다.

독자들은 혹시 중국의 8대 명주라는 말을 들어본 적이 있나? 중국 8대 명주는 중국 명주 품평대회에서 가장 뛰어난 술로 뽑힌 총 8개의 명주를 말한다. 1952년에 첫 대회가 시작됐는데 마오타이는 늘 선두 그룹이었다. 중국 명주 품평대회는 지금까지 딱 다섯 차례만 열렸다.

이 기간에 8대 명주의 명단은 계속 변경됐지만 마오타이주는 한 번도 빠진 적 없이 중국 내에서 독보적인 위상을 구축하고 있다.

1915년의 파나마 만국박람회는 마오타이주를 전세계에 알린 의미 있는 박람회였다(참고로 이 박람회는 이름과 달리 파나마에서 열린 게 아니라 파나마 운하개통을 축하하며 미국 샌프란시스코에서 열린 박람회다). 중국은 미국의 초청을 받고 마오타이주를 출품하긴 했다. 하지만 1915년의 낙후된 중국을 상상해보라. 마오타이주는 포장부터 이미 촌티 가득할 거란 느낌이 들지 않는가? 만국박람회에는 세계 각국의 최상급 술들이 모두 근사하고 고급스럽게 포장돼 출품됐다. 이런 주류 격전지에서 세계 시장 인지도가 아예 없던 마오타이주가 주목받지 못한 건 당연한 결과였다.

대반전은 박람회 심사 마지막 날 일어났다. 박람회 기간 내내 심사위원들과 관람객들의 무관심 속에 고민하던 중국 대표 한 명이 결단을 내렸다. 도자기에 담긴 마오타이주를 관람객들이 가장 많이 몰려 있는 곳으로 들고 갔다. 그곳에서 실수인 양 도자기를 떨어뜨렸다(화가 나서 던졌다는 설도 있다). 도자기가 박살 나는 큰 소리와 함께 박람회장 가득히 퍼진 것은 바로 마오타이주 고유의 깊은 향기였다. 그동안 아무도 관심 없었던 마오타이주의 깊은 향기를 우연히 접하게 된 관람객들이 갑자기 마오타이주 진열대로 몰려왔다. 이 사건이 박람회장에서 화제가 되며 마오타이주는 인기리에 판매됐다.

결국 심사위원들까지 관심을 가지게 됐고 만국박람회 최종 심사에서 마오타이주는 당당하게 금상을 받게 된다. 이 만국박람회 금상 수상 이력은 중국에서 두고두고 마오타이주를 세계 최고급 술로 선전하는 광고로 활용됐다. 물론 이 수상 이후에도 지난 100년간 마오타이주는 세계의 권위 있는 주류박람회에서 수많은 상을 대거 받았다. 이렇게 마오타이주는 파나마 만국박람회에서의 첫 번째 금상 수상이 운이 아니라 실력임을 지난 100년간 스스로 입증해왔다.

역사적 만찬장에 반드시 필요한 건배주

1935년은 대장정의 시기였다. 대장정이란 중국 공산당인 홍군이 근거지였던 중국 동남부의 장시성에서 장제스(장개석) 국민당군의 포위망을 뚫고 1년간 9,600킬로미터를 이동해 중국 서북부 산시성 연안으로 탈출한 사건을 말한다. 이 대장정은 중국 공산당에게 매우 중요한 의미를 가지는 사건이다. 이 시기에 홍군은 이동 경로상 '구이저우 마오타이진(귀주성 모태진)'을 지나가게 된다. 이때 홍군은 소문으로만 듣던 마오타이주를 직접 맛보게 됐고 상처를 소독하는 약품으로도 썼다. 이곳에서의 휴식기에 홍군의 간부였던 저우언라이(주원래)와 마오쩌둥(모택동)도 마오타이주와 인연을 맺게 된다.

이후 1949년 10월 1일 중화인민공화국 수립 때 초대 총리가 된 저우언라이는 건국기념 만찬장에서 공식 행사주로 마오타이주를 준비시킨다. 이때부터 중국 공산당의 공식 행사에는 마오타이주가 자주 등장하게 된다. 참고로 저우언라이는 26년간 총리를 역임했으며 지금도 중국인들에게 영원한 총리로 존경받는 인물이다.

1949년 12월 마오쩌둥은 러시아 방문 때 스탈린에게 70세 생일선물로 마오타이주를 선물하기도 했다. 그 답례로 스탈린은 마오쩌둥에게 고급 자동차를 선물했다. 이런 이유로 "마오타이주가 고급 자동차로 변해서 돌아왔다."라는 말이 중국 공산당 외교가에서는 전설처럼 전해지고 있다.

1972년은 미국이 '죽의 장막'처럼 가려져 있던 중국과 첫 외교관계를 수립했다는 점에서 역사적 의미가 깊은 해이다. 이 시기에 미국 대통령 중 처음으로 리처드 닉슨이 중국을 방문했다. 이와 동시에 마오타이주는 또다시 중국 외교 역사에 화려하게 등장했다. 리처드 닉슨과 마오쩌둥이 만난 역사적인 만찬장에 마오타이주가 준비돼 건배주로 자리를 빛냈던 것이다.

2018년에는 북한의 계속된 핵실험으로 미국과의 긴장관계가 팽팽할 때 마오타이주가 다시 한 번 주목을 받았다. 북한 김정은 위원장 부부와 중국 시진핑 주석 부부와의 방중 만찬에서 무려 2억 원으로 추정되는 마오타이주가 등장했기 때문이다. 1960~1970년산인 540밀리리터의 마오타이주는 시중에서 거의 찾아보기 어려운 진귀한 술이다. 이렇게 다양한 에피소드를 이어가며 계속 중국의 부유층과 대중들 모두에게 선망의 대상이 되고 있다.

3

귀주모태의 초고가 정책

마오타이주의 한정된 생산량

중국 구이저우성 마오타이진을 대표하는 양조장은 어딜까? 바로 마오타이주창이다. 이 양조장은 츠수이허(적수하) 강을 끼고 고온 다습한 산 밑에 있다. 이곳의 독특한 기후, 토양, 수질 등 자연적인 요소는 발효 과정에서 큰 영향을 미친다. 그러다 보니 마오타이는 경쟁사들이 흉내낼 수 없는 고유의 맛과 향을 가진다.

문제는 마오타이진 마을의 면적이 약 7만 5,000제곱미터에 불과하다는 점이다. 이런 제한된 공간에서 생산하는 술의 양은 한계가 있다. 그래서 중국정부는 1970년대부터 마오타이진을 대체 생산할 수 있는 장소를 찾기 시작했다. 다양한 시도 끝에 쭌이시 쪽에 새로운 양조장을 만들어 시험생산까지 진행했지만 최종적으로 실패했다. 같은 원료를 사용했는데도 기존 마오타이주와 동일한 맛이 나지 않기 때문이다. 그래서 프로젝트는 폐기됐다. 이 실패가 의미하는 건 두 가지다. 첫째는 마오타이주의 복제는 절대 불가능하다는 것이다. 둘째는 마오타이주의 공급 역시 영원히 제한적일 수밖에 없다는 것이다.

이 귀하디귀한 마오타이주는 어떻게 만들어지는 걸까? 만드는 과정부터 예사롭지 않다. 한마디로 "귀주모태(마오타이)는 귀하게 태어난다." 마오타이의 핵심원료는 수수(고량)인데 공정 방식이 독특하고 까다롭다. 마오타이주의 생산 주기는 1년을 기준으로 돌아간다. 그렇다고 1년 만에 뚝딱 술이 만들어진다는 뜻은 아니다.

쉽게 요약하면 '1년을 하나의 생산 주기로 2번의 원재료를 투입하고 9번 찌고 8번 발효시키고 7번 증류해 추출한 뒤 4년 이상 긴 시간 동안 묵힌 술'이 바로 마오타이다. 4년의 숙성기간이 끝나면 기존에 저장해둔 20년, 10년, 8년, 5년, 30년, 40년 된 원액과 혼합해 최종적으로 상품으로 출시된다. 듣기만 해도 엄청난 정성이 느껴지지 않는가? 이런 이유로 마오타이주는 생산부터 출고까지 최소 5년이 걸린다.

결국 2020년에 시중에서 판매된 마오타이주의 물량은 4년 전인 2016년에 만들어놓은 원액주(기주)의 총량으로 이미 결정돼 있다는 뜻이다. 생산 물량은 보통 톤 단위로 표시하는데 4년 전의 원액주 총량이 모두 상품화되는 건 아니고 평균 80%의 상품화율로 진행된다. 예를 들면 2016년의 원액주 생산량은 약 4만 톤이었다. 그래서 4년 뒤인 2020년에는 원액주의 약 80%가 상품화돼 약 3만 4,000톤의 마오타이주가 시중에 판매될 예정이다. 이 정도면 도대체 몇 병이나 만들 수 있는 걸까? 2019년 3월에 귀주모태그룹의 전 이사장인 리바오팡李保芳이 '보아오 아시아포럼'에서 2019년의 마오타이주 생산량을

연도별 원액주 생산량 및 목표 판매량

원액주 생산연도	원액주 생산량	판매연도	비천모태주 목표 판매량
2015년도	3.2만 톤	2019년도	3만 톤
2016년도	4만 톤	2020년도	3.4만 톤
2017년도	4.3만 톤	2021년도	3.5만 톤
2018년도	5만 톤	2022년도	4만 톤
2019년도	5만 톤	2023년도	4만 톤
2020년도	5.6만 톤	2024년도	4.5만 톤

(출처: 미래에셋대우 글로벌주식 컨설팅팀 및 필자 추정)

약 6,000만 병이라고 밝혔다.

문제는 높은 수요에도 2020년 시중에 유통되는 마오타이주 예상 판매물량은 3만 4,000톤 수준에 불과하다는 점이다. 다행히 2015년의 원액주 생산량 바닥을 기점으로 이후 생산량이 계속 증가해 2020년에는 5만 6,000톤의 원액주 생산이 전망된다. 2015년 대비 75% 증가된 생산량이다.

물론 이 넉넉한 원액주 생산물량은 2024년에야 시중에 풀리게 되는 데 상품화율 80%를 적용해보면 마오타이주는 약 4만 5,000톤 공급되는 것으로 추정할 수 있다. 그래 봐야 여전히 채 1억 병도 되지 않는다. 어쨌든 이에 따라 2024년에 귀주모태그룹의 매출은 큰 폭으로 늘어날 전망이다. 그런데 도대체 이 유통 물량이 왜 중요하단 말인가?

아무리 비싸도 없어서 못 판다

2020년 기준 중국의 1인당 GDP가 1만 달러를 돌파했다. 중국 중산층의 가파른 증가와 함께 중국 소비시장의 대폭발이 예상된다. 그동안 선망의 대상이었던 마오타이주 소비 수요는 폭증하고 있다. 하지만 문제가 있다. 마오타이주의 대표 상품인 비천모태주의 연간 출하량은 고작 4,000만~6,000만 병으로 추정된다. 중국 중산층은 이미 1억 명을 돌파해 2억 명을 향해 달려가고 있다. 이들이 한 병씩만 맛보기를 원해도 경쟁률은 5대 1이다. 한마디로 마오타이주는 일단 없어서 못 파는 상황이다.

이렇게 수요는 계속 폭발하고 있지만 생산량은 제한적이다. 그러다 보니 마오타이주의 희소성은 갈수록 높아지고 있다. 혹자는 브랜드 관리를 목적으로 마오타이가 샤넬처럼 일부러 공급을 제한하는 정책을 쓰고 있다고 생각한다. 하지만 그건 완벽한 오해다. 앞에서 설명한 대로 정말 물량이 없는 거다. 물론 중간에 도매상과 수집상들이 물량을 대량 매집한 영향도 무시할 수 없다.

중국사람들에게 마오타이라는 술은 어떤 의미일까? "중국인들은 평생 마오타이주 한 번 마시는 걸 영광으로 여긴다." 전 귀주모태 회장인 위안런귀袁仁國가 약간의 허세를 더해서 한 말이다. 중국인들 사이에 마오타이주는 단순한 술이 아니라 중국 문화를 대표하는 상징이다. 중국인들은 춘제, 추석, 결혼식 같은 중요 행사 때 대접하는 최고의 술로 마오타이주를 꼽는다. 체면을 중시하는 중국 사회에서 고가의 마오타이주는 최상의 선물이다.

중국기업들이 비즈니스 석상에서 가장 예의를 갖춰 내놓는 접대 술 역시 단연 마오타이주다. 고가의 백주는 상대방에 대한 존중과 대접하는 사람의 허세가 담겨 있다. 마오타이주의 가치는 중국인 모두가

비천모태주(페이텐 마오타이) 최근 5년간 권장 소매가격 추정

연도	1병당 소매가격(위안화)	1병당 소매가격(원화)
2016년	1,100위안	187,000원
2017년 1월	1,400위안	238,000원
2017년 12월	1,800위안	306,000원
2019년 (추정)	2,000위안	340,000원
2020년 (추정)	2,500위안	425,000원

(출처: 뉴스핌, 2018.2.2, 2019년~2020년 필자 추정, 환율: 170원 적용 필자 편집)

강력히 신뢰하고 있다. 물론 진품이라는 전제하에 말이다.

마오타이를 대표하는 상품이 바로 비천모태주다. 위의 표에서 정리한 비천모태주의 정가는 사실 크게 의미가 없다. 심각한 공급 부족으로 실제 유통시장에서는 웃돈을 줘야 구할 수 있기 때문이다. 특히 명절 직전에는 그야말로 마오타이 구하기 전쟁이 벌어진다.

2019년 9월 추석과 국경절을 앞두고 비천모태주의 가격은 다시 한 번 폭등했다. 고급 선물용으로 가장 인기 있는 상품이기 때문이다. 대형 할인마트인 코스트코는 상하이 1호점 오픈 기념으로 비천모태주 1만 병을 1,499위안(25만 원)에 판매했다. 그러자 불과 이틀 만에 바로 품절됐고 인근 교통은 마비됐다. 이유는 간단하다. 그 당시 비천모태주가 실제 시중에서는 물량 품귀 현상으로 1,000위안 이상 비싼 2,500위안(43만원) 수준에서 거래됐기 때문이다.

이런 폭등 현상은 2020년 1월 춘제를 앞두고도 계속 이어져 평균 2,600위안(44만 원)에 거래된 것으로 알려졌다. 명절 때마다 1인당 구매물량 제한과 구입 시 신분증 제시 등으로 가격을 통제하려 하나 압도적인 공급 부족 현상은 해마다 반복되고 있다.

중국정부와 귀주모태그룹은 마오타이를 국제적 명품 술로 만들기 위해 부족하지만 일부 물량을 빼내 수출로 돌리고 있다. 그래서 중국 내의 폭발적인 수요에도 불구하고 일본 면세점에서는 중국 현지보다 저렴한 1,000위안(17만 원)에서 1,500위안(25만 원) 내외로 판매된다. 그래서 중국인들이 일본으로 대거 몰려가 마오타이를 사오고 있다.

아파트 대신 마오타이주 재테크!

앞에서 명품의 조건으로 오랜 역사를 들었다. 그렇다면 또 다른 명품의 조건으로는 뭐가 있을까? 바로 희소성이다. 대표적인 예로 샤넬이나 에르메스가 있다. 하지만 이들의 특징은 브랜드 관리를 목적으로 한 의도적인 희소성이다. 반면 마오타이주는 어떨까? 정말 물량이 모자라는 자연적인 희소성이다. 명품업계에서는 리셀러(재판매상)들의 마진이 커야 진정 희소성 있는 명품으로 인정받는다. 그런데 잘 따져보면 샤넬 리셀러보다 마오타이주 리셀러의 수익이 더 양호하지 않을까?

마오타이주는 최고의 재테크 요건을 모두 갖췄다. 바로 턱없이 부족한 공급량, 실제 공급량보다도 훨씬 더 부족한 유통량, 오래될수록 비싸지는 특성까지 삼박자가 완벽하다. 이런 이유로 마오타이주 리셀러들의 연간 수익률은 최소 15% 이상으로 추정되고 있다. 최근 수익률은 더 뜨겁다. 중국에서는 최근 마오타이 실물 재테크로 2~3년 만에 2배 이상의 수익을 봤다는 수집상들의 성공 사례들이 쏟아져 나오고 있다. 수십 병은 기본이고 수십 박스 단위로 사재기하는 경우도 흔하다. 중국 언론들은 이를 특집기사로 다루기도 했다.

오래될수록 가격이 더 오르니 마오타이 공식 판매 대리점들마저 암암리에 마오타이를 매점매석하는 상황이다. 이 현상이 사회문제로 번져 2018년에는 중국 관영 방송국인 CCTV 경제 채널에서 중국의 마오타이 품귀 현상을 직접 심층 취재하기도 했다.

중국 법원은 2019년에 공식적으로 마오타이주가 그동안 사용해왔던 국주 상표등록 신청을 최종적으로 거부했다. 경쟁 기업들의 지속적인 항의 때문이다. 이에 따라 2019년 7월부터 마오타이주는 국주라는 명칭을 상표에 사용하지 않기로 했다. 이 결정으로 인해 어떤 나비효과가 일어났을까? 바로 국주 마오타이라는 상표가 붙은 마오타이주의 품귀 현상이다. 이런 귀한 상표가 붙은 상품은 몇 년 뒤에 희소해질 것이 너무도 뻔하기 때문에 가격 폭등이 예상된다.

마오타이주의 도수는 무려 53도다. 오래 보관해도 상할 이유가 없을 뿐더러 오히려 와인처럼 병 내 숙성이 이루어진다. 오래 보관할수록 더 맛있어진다는 얘기다. 마오타이주를 사재기하지 않을 이유를 찾기가 더 어렵다. 그래서 지금 대형 판매상과 수집가들은 모두 국주 상표가 붙은 마오타이주 매점매석에 여념이 없다.

마오타이주의 특이한 점은 대표상품인 5년산 비천모태주 외에도 15년산, 30년산, 50년산, 80년산 등 총 5종류가 있다는 사실이다. 당연히 가장 비싼 술은 역시 80년산이다. 매년 1,000병씩만 생산되는 것으로 알려졌다. 출고가격은 무려 4,500만 원이라고 한다. 이 가격도 시간이 지날수록 계속 올라가고 있다.

20병만 한정 판매됐던 1958년산 마오타이의 경매낙찰 가격은 약

2억 원이었다. 10병만 한정판매됐던 술병마개가 순금으로 포장된 1992년산 마오타이의 경매 낙찰 가격은 약 14억 원이었다. 이런 귀한 마오타이주는 그냥 부르는 게 값이다. 이 외에도 12간지 띠를 주제로 생산되는 한정판 마오타이도 공급량이 적어 가격 상승세가 가파르다. 매해의 띠를 기념해 생산되는 소량 한정판 마오타이는 수집상들에게 인기가 많다. 희소할수록 가격 상승세가 더 강한 것은 명품의 기본 법칙이다.

그래서 중국에서는 귀주모태 주식에 투자하기보다 차라리 마오타이주를 직접 매집해서 재테크하는 방법이 더 유리하다는 주장도 나온다. 정말일까? 결론부터 말하자면 마오타이주의 실물 재테크는 양호한 수익이 기대된다. 아니, 양호한 정도가 아니라 매우 유망하다. 하지만 독자들이 만약 실물투자에 뛰어들 생각이라면 곰곰이 잘 생각해보기 바란다.

우리는 현지인이 아니다. 외국인 입장에서 마오타이 실물 재테크는 가짜 위험, 보관 위험, 도난 위험 등 어려움이 많다. 우리는 가짜와 진짜를 구별할 능력이 부족하다. 중국 현지인들도 진짜 마오타이를 구하기 어려운 실정이다. 현명한 투자자라면 불확실성이 큰 실물투자보다는 귀주모태 주식에 투자하는 게 더 합리적이지 않을까?

수요와 공급의 원리가 무시되는 출고가 규제

중국정부의 고민은 깊다. 귀주모태는 중국 국유 기업으로 지분의 약 62%를 귀주성 지방 정부가 가지고 있다. 중국정부로서는 국가 차원에

고가 마오타이 연분주 상품가격 추정

상품 종류	1병당 소매가격(단위: 위안)	1병당 소매가격(단위: 원)
80년산 마오타이	15만~30만	2,500만 ~5,000만
50년산 마오타이	2만	340만
30년산 마오타이	1.2만	200만
15년산 마오타이	0.6만	100만

(출처: 중국 자료 참조한 필자 추정)

서 중국 최고의 명품 백주인 마오타이를 잘 키우는 것이 중요하다. 하지만 그렇다고 중국 인민들에게는 먹을 수 없는 최고가 상품으로 자리매김하는 것은 원하지 않는다. 중국 인민들의 민심을 무시할 수 없기 때문이다. 마오타이 가격이 폭등하면 중국정부와 귀주모태그룹은 행여나 인민들의 비난을 받게 될까 봐 눈치를 보는 실정이다.

그래서 오래전부터 마오타이의 생산량을 늘릴 방법이 없는지 연구했고 생산지역을 옮기는 실험을 했지만 실패했다. 결론적으로 마오타이의 생산량을 크게 늘릴 방법은 없다. 남은 방법은 인위적인 가격 통제다. 경제학 이론 중 '수요 공급의 법칙'을 대입해보자. 귀주모태그룹으로서는 균형가격에 도달할 때까지 마오타이주의 출고가를 크게 올리면 올릴수록 마진이 극대화된다. 하지만 중국은 공산주의 국가다. 출고가 상승은 소매가 상승으로 이어질 수밖에 없다. 그래서 출고가가 크게 올라가지 않도록 조용히 통제하고 있다.

그러나 그럼에도 현실세계에서 비천모태주는 권장가격의 2배 이상에 공공연하게 유통되고 있다. 아무리 공산주의 국가라도 이걸 통제하는 건 불가능하다. 귀주모태그룹은 권장가보다 비싸게 판매하는 판매대리상에 대해서는 자격을 취소하는 등 강력히 대응하고 있으나 현실적으로 역부족이다.

그렇다면 비천모태주의 출고가는 얼마일까? 약 1,000위안(170,000원)이다. 마오타이는 직접판매와 도매상을 통한 간접판매 등 두 가지 방법으로 유통된다. 비천모태주의 간접판매 경로는 1차 대형 도매상 → 2차 지역별 도매상 → 3차 소매 판매상 순서로 공급된다. 여기서 1차와 2차 도매상들이 최종적으로 소매 판매상에게 공급하는 도매가격은 2,000위안 수준으로 추정된다. 도매상들 입장에서는 엄청난 마진이 아닐 수 없다. 최종 소매가는 2020년 1월 기준 2,500위안(43만원)으로 알려져 있다. 하지만 시중에서 실제 거래되는 가격에는 좀 더 웃돈이 붙었던 것으로 추정된다.

결국 딜러(중개상)들은 귀주모태그룹으로부터 물량을 받기만 하면 큰돈을 벌 수 있는 구조다. 이런 이유로 귀주모태그룹 임원들과 중개상 간에는 유착관계가 끊이지 않았다. 그래서 귀주모태그룹은 임원들과 딜러 간의 유착 방지를 위해 간접판매 비중을 줄여나가고 있다. 2019년에 약 3,000개가 넘는 중개상 중 1,000여 개를 정리해 중개상은 2,000개 수준으로 줄어들었다.

반면에 직영점 및 온라인쇼핑몰을 통한 직접판매 확대를 진행하고 있다. 직접 판매 확대가 현실화되면 귀주모태그룹의 마진폭은 큰 폭으로 늘어날 수 있다. 하지만 아직까지는 직접판매 비중 확대가 확 눈에 띄지는 않는다. 여전히 10% 미만으로 파악되고 있다.

4

부정부패와
지배구조 리스크

비리의 상징이 된 마오타이주

중국의 공무원들이 마오타이주를 많이 마시고 많이 보유했던 가장 큰 이유는 뭘까? 독자들도 예상했겠지만 공무원들은 상대방에게 접대 받을 때 형님 동생 하며 마오타이주를 같이 나눠 마셨다. 추가로 뇌물로도 마오타이주를 많이 받았다. 마오타이주는 상대적으로 부피가 작고 가격이 비싸 뇌물로 쓰이기에 최상의 조건을 갖췄다. 그래서 "사는 사람은 마시지 못하고 마시는 사람은 사지 않는다買者不喝, 喝者不買."라는 말이 유행하기도 했다.

그런데 마오타이주는 왜 시진핑 정부가 들어서면서 집중포화를 맞았을까? 시진핑 정부의 부정부패 척결 과정에서 마오타이주는 접대와 비리의 상징이었기 때문이다. 특히 2012년에 부정부패 혐의로 면직된 중국 인민해방군 구쥔산谷俊山 중장의 부정부패 규모는 역대 최대

급인 200억 위안(3조 3,000억)이었다. 게다가 구쿤산 중장 집에서 마오타이주가 1만 병이나 발견돼 압수됐다. 시진핑 주석은 "전쟁 준비에 그런 것들이 왜 필요한가?"라며 분노한 것으로 알려졌다. 이를 계기로 시진핑은 군대 자체의 기강 강화를 위해 호화 연회 금지, 음주 금지 등 군 간부들의 특권 철폐를 지시했다.

2012년에 중국 시진핑 정부가 대대적으로 부정부패 척결에 나서기 전까지 마오타이의 공무용 소비량은 무려 40%가 넘었다. 하지만 시진핑 정부가 대대적으로 진행한 공무원들의 '호화 연회 금지령'으로 인해 고급 백주의 공무용 소비량은 대부분 사라졌다. 공산당 만찬 때도 마오타이주를 쓰는 경우가 확연히 줄어들었다. 이로 인해 마오타이주 가격이 큰 폭으로 하락해 2016년까지 몇 년간의 암흑기가 있었다.

이 어려운 시기에도 귀주모태그룹은 경쟁 백주 회사들과 달리 마오타이주에 대한 최저 도매가와 최저 소매가를 설정해 최악의 가격 붕괴를 막아냈다. 이후 개인과 기업 부문의 수요가 서서히 살아나면서 공무용 소비량 감소분을 모두 메우고도 남을 정도로 성장하기 시작했다. 그러면서 마오타이주의 가격은 완만하게 회복됐다. 2018년부터는 회복 단계를 넘어 다시 폭등 단계에 들어서며 화려하게 부활했다.

공무원과 임원들의 유착과 부정

2011년부터 귀주모태그룹 회장을 맡아 7년간 세계적인 기업으로 성장시킨 공을 세웠던 위안런궈 회장이 2018년에 전격 해임됐다. 해임사유는 1년 뒤에 밝혀졌는데 엄청난 규모의 부정부패였다. 위안런

귀는 귀주성(구이저우성) 등 지방 정부 관료뿐 아니라 중앙 정부 관료에게까지 수십에서 수백 톤의 마오타이 판매권을 몰래 넘겼다. 결국 위안런궈는 부패 혐의로 당적과 공직을 박탈당했다.

위안런궈 회장과 공범인 왕샤오광 귀주성(구이저우성) 부성장은 2017년에 마오타이주 부정과 관련돼 자신이 조사받게 된 걸 눈치챘다. 그래서 뇌물로 받아 집에 쌓아둔 4,000병의 마오타이주를 커다란 독에 들이부었다. 그래도 불안해서 독 안의 마오타이주를 화장실 하수관에 버렸다. 하지만 결국 감찰 당국에 적발돼 2018년에 뇌물과 횡령 혐의로 당직과 공직을 박탈당했다. 이 뉴스를 보고 필자는 의문이 생겼다. 이 사람은 빈 병 4,000병을 도대체 어쩔 셈이었을까?

어쨌든 이런 일련의 사건들로 2018년 5월 리바오팡이 귀주모태그룹 대표를 새로 맡았지만 다시 1년 만에 물러나고 2019년 7월에는 리징런李靜仁이 새로운 대표를 맡게 됐다. 확실한 건 마오타이주가 워낙 귀하고 돈이 되다 보니 관련 공무원들과 귀주모태그룹 임원들은 늘 부정부패의 유혹에 노출돼 있다는 사실이다.

귀주모태그룹의 지배구조 리스크

그런데 귀주모태그룹의 주인은 누구일까? 바로 귀주성 지방정부다. 그들이 귀주모태그룹(홀딩스)을 지배하고 있고 상하이증시에 상장된 귀주모태(마오타이 유한공사) 주식 지분 62%를 보유하고 있다. 이런 지배구조의 취약점은 뭘까? 사기업과 달리 주주이익 극대화에 최선을 다하지 않을 가능성이다. 대표적인 예가 바로 2019년 5월에 직접판매

를 확대하기 위해 신설된 귀주모태그룹 판매유한공사다. 이 판매유한
공사의 경우 귀주모태그룹(홀딩스)의 지분 100% 자회사로 편입돼 있
다. 그래서 상하이증시에 상장된 귀주모태(마오타이 유한공사)와의 지
분관계는 0%다.

이 구조를 잘 뜯어보면 거래소에 상장된 귀주모태(마오타이 유한공
사)의 일반주주들은 신설된 판매유한공사가 귀주모태주 직접 판매로
많은 이익을 내더라도 그 수혜를 받지 못한다. 이들의 이익은 모두 귀
주성 지방정부가 지배하는 귀주모태그룹(홀딩스)에 귀속된다. 결과적
으로 귀주성 지방정부가 이득을 보는 구조다.

2019년 5월 판매유한회사 설립 발표가 난 후 귀주모태 주가는 일
주일간 10% 이상 하락했다. 주식시장에서는 귀주성 지방정부가 세수
를 늘리기 위해 꼼수를 쓴 게 아닌지 의구심을 가진 것이다. 이후 귀
주모태그룹은 판매유한공사에 배정되는 마오타이주 물량은 제한적이
며 소량일 뿐이라고 해명했다. 어쨌든 주주이익과 어긋나는 부분이다.
하지만 중국 현지 투자자들은 상장된 귀주모태(마오타이 유한공사) 주
식에 투자했지만 모회사인 귀주모태그룹(홀딩스) 실적까지 상징적으
로 주가에 다 반영되고 있다는 인식이 강해서 크게 개의치 않는 분위
기다.

5

마오타이주 계열주도
주목하라

비싸서 부담이라면 마오타이 계열주를 사라!

마오타이 계열주가 도대체 뭘까? 중저가 상품 라인업이라고 생각하면 된다. 대표적인 계열주로는 중가라인으로 300(5만 원)위안에서 500위안(8만 원) 내외의 모태 왕자주(마오타이 왕즈주)와 저가 라인으로 100위안(1만 7,000원) 내외의 모태 영빈주(마오타이 잉빈주)가 유명하다. 귀주모태그룹의 대표상품인 비천모태주(마오타이 페이텐)는 1년간 제조 후 4년간 숙성시킨 뒤에 출고하지만 계열주인 모태 왕자주와 모태 영빈주는 숙성기간이 짧은 것으로 알려져 있다.

그런데 귀주모태그룹은 왜 중저가 상품인 귀주모태 계열주의 생산량을 늘리는 걸까? 세 가지 이유가 있다. 첫째는 샤넬의 향수처럼 소비자들이 접근하기 쉬운 입문형 상품을 만들어 젊은 층으로 판매를 확대하고 인지도를 높이기 위한 목적이다.

둘째는 백주 시장 점유율 2위인 오량액의 성장을 견제하기 위해서다. 오량액의 주력상품 역시 중저가 상품이다. 최근 중저가 상품군을 늘린 오량액의 매출이 큰 폭으로 증가했다. 귀주모태그룹으로서는 이 중저가 백주 시장을 오량액에 뺏기기보다는 중저가 상품 라인업을 확대해 점유율을 높이는 게 더 유리하다는 판단이다.

셋째로 독특한 기후, 토양, 수질 등 자연적인 요소가 중요해 공장 증설이 매우 까다로운 마오타이주와 달리 마오타이 계열주는 상대적으로 공장 증설이 훨씬 쉽기 때문이다. 앞에서 설명했듯이 마오타이주의 연간 원액주(기주) 생산능력은 2019년 5만 톤이었고 2020년에도 고작 12% 증가한 5.6만 톤이다. 반면 마오타이 계열주의 경우 연간 원액주(기주) 생산능력은 2019년 2.5만 톤, 2021년에는 무려 120% 증가한 5.6만 톤이다.

마오타이 계열주의 생산 공장은 귀주성의 5개 시와 현에 나눠서 설립된다. 마오타이 계열주의 경우 마오타이주에 비해 단가와 마진이 상대적으로 작다. 하지만 상품의 다양성 측면에서 향후 귀주모태그룹의 성장에 도움이 될 것으로 기대된다. 특히 중저가 백주 시장 자체가 성장하고 있어 그 수혜를 받을 가능성이 크다. 생산능력이 2배 이상 커지는 2021년부터 귀주모태그룹의 매출 증가에 크게 기여할 전망이다.

독자들 중에도 혹시 마오타이주는 마셔보고 싶은데 비천모태주의 살인적인 가격이 부담스럽다면 모태 왕자주로 눈을 돌려보면 어떨까? 한국 공항 면세점에서 2020년 1월 기준 500밀리리터 비천 모태주는 38만 원(320달러), 모태 왕자주는 7만 원(60달러)에 판매됐다.

6

귀주모태 투자 포인트

　귀주모태그룹에 대한 분석은 너무도 심플하다. 공급량과 출고가만 따져봐도 매출액과 이익금 추정이 가능할 정도다. 최근 마오타이의 거래가격은 급등했지만 생산 단가의 상승폭은 크지 않았다. 만성적인 공급 부족과 수요 증가로 마오타이의 판매가가 시장에서 알아서 급등했다고 해석해야 한다. 어찌 됐든 귀주모태그룹의 영업이익은 과거 5년 동안 꾸준히 증가해왔고 그에 따라 주가도 꾸준히 상승했다.

　귀주모태주의 최근 5년 누적 수익률은 무려 600%다. 연평균 수익률은 120%로 이 책에서 소개한 종목 중 과거 수익률이 최고로 좋은 편이다. 귀주모태주의 영업이익률은 무려 66%가 넘는다. 이 의미는 엄청난 폭리를 취하고 있다는 뜻이다. 고가정책의 원조격인 유럽의 명품 기업 루이비통의 영업이익률도 21%에 불과하다. 귀주모태그룹이 시장에서 얼마나 비싸게 마오타이주를 판매하는지 짐작할 수 있

귀주모태 최근 5년간 주가 차트 (2015년 1월 1일~2019년 12월 31일)

(출처: 미래에셋대우 홈트레이딩 시스템)

귀주모태 주가 및 연간 수익률 추이

구분	2015년	2016년	2017년	2018년	2019년	5년 누적 수익률	연평균 수익률
주가	216	323	678	582	1,183	–	–
상승률	28%	50%	110%	-14%	103%	600%	120%

(출처: 미래에셋대우 홈트레이딩 시스템, 권리변동가격 반영)

귀주모태 매출액 및 영업이익

구분	2018년	증가율	2019년	증가율
매출액	13조 원	26.4%	15조 원	13.0%
영업이익	9조 원	13.4%	10조 원	13.4%
영업이익률	66.5%		66.7%	
자기자본수익률 (ROE)	34.5%		31.8%	

(출처: 회사 발표자료, 12월 결산법인, 위안 환율 170원으로 환산)

다. 하지만 주주로서 볼 때는 아주 매력적인 기업이다.

귀주모태주를 분석할 때 놓치기 쉬운 아주 중요한 포인트를 제시한다. 현재 마오타이주는 제한된 생산능력으로 절대적으로 공급이 부족하다. 따라서 중국 내에서도 품귀 현상이 심해 아직 해외시장 진출이 미미한 편이다. 하지만 세계화와 초연결과 양극화의 특성을 가진 지금 시대에서 마오타이주가 미래에도 계속 중국 안에서만 소비될 리는 없다.

이제 마오타이주의 미래가 어떻게 될지 예측해보자. 중국 중산층의 구매력이 큰 건 사실이지만 세계의 중산층, 부유층과 비교할 순 없다. 루이비통그룹 계열의 돔페리뇽은 유럽은 물론 중국, 일본, 한국에서도 인기가 높다. 마오타이주 또한 장기적으로 유럽, 미국, 아시아 시장에서 높은 인기를 누릴 가능성이 크다. 물론 마오타이주의 술맛에 대해서는 호불호가 갈리는 편이다. 하지만 부자들은 '맛'으로만 먹지 않고 '멋'으로도 마신다. 돈을 쓰고 싶어 하는 부자들은 중국뿐 아니라 세계 곳곳에 있다. 이들은 가치 있는 브랜드를 손에 넣기 위해 언제든 돈을 쓸 준비가 돼 있다. 이 경우 마오타이주의 가격은 어떻게 될까? 우리가 관심 있게 지켜보는 귀주모태주의 가격은 어떻게 될까?

중국은 수천 년을 세계의 중심으로 살아온 중화민족이라는 자긍심을 갖고 있다. 그런 중국의 자부심이 중국몽이나 일대일로 정책으로 표현된다. 하지만 중국에는 세계에 내놓을 역사 깊은 명품 패션기업들이 없다. 중국시장에서 잘 팔리는 명품은 자국 기업이 아니라 루이비통, 샤넬, 에르메스 같은 유럽 명품 기업들이다. 중국정부는 어떤 생각을 하고 있을까?

중국정부와 귀주모태그룹은 마오타이주를 세계에서 으뜸가는 술로 포지셔닝하고 귀주모태그룹을 명품 술 회사로 만들고 싶어한다. 이를 통해 중국의 유구한 문화와 역사를 세계 시장에 과시하고 싶어한다. 중국의 원하는 건 중국의 마오타이가 아니라 세계의 마오타이다. 이 원대한 꿈은 중국의 명품 패션기업들을 새로 키워내는 무모한 도전보다 훨씬 더 현실적이다.

양극화와 빈부격차가 커지면서 소수의 부자들에게 베팅할지 다수의 빈자들에게 베팅할지 헷갈릴 때가 있다. 잘 모르겠거든 그냥 부자들에게 돈을 걸어라. 부자들을 상대로 돈을 버는 기업들을 찾아라. 초고가 명품을 만드는 그 기업들에게 베팅해라. 마진은 크고 관리비용은 적게 들어 훨씬 빠르게 돈을 벌게 될 것이다. 부자들은 중국 최고의 브랜드, 더 나아가 세계 최고의 브랜드를 소비하는 기분으로 마오타이주를 마신다. 마오타이는 단순한 술이 아니라 문화 그 자체다. 게다가 루이비통 백과 달리 마시는 순간 없어져 버린다(물론 병은 남지만). 부유층의 경우 반복 구매가 가능하다는 뜻이다.

경제학 교과서에서 나오는 이론 중에 가장 기본이 바로 수요와 공급 곡선이다. 기본으로 돌아가보자. 마오타이주의 수요를 중국 내에서만 추정하는 어리석음을 범하지 말자. 이제 세계는 평평해졌다. 세계 곳곳에 돈을 쓰고 싶어하는 부자들이 넘쳐난다는 사실을 늘 잊어서는 안 된다.

코로나19 바이러스의 영향은 어떨까? 아무리 귀주모태주라도 영향을 전혀 안 받을 수는 없다. 그래서 2020년 춘절이 끝난 이후 영휘슈퍼, 까르푸 등과의 협력을 통해 비천모태주 프로모션을 통해 일부 물량을 저렴하게 판매했다. 하지만 상대적으로 타격이 적은 편이다.

7장

유럽 1등
럭셔리 기업 루이비통

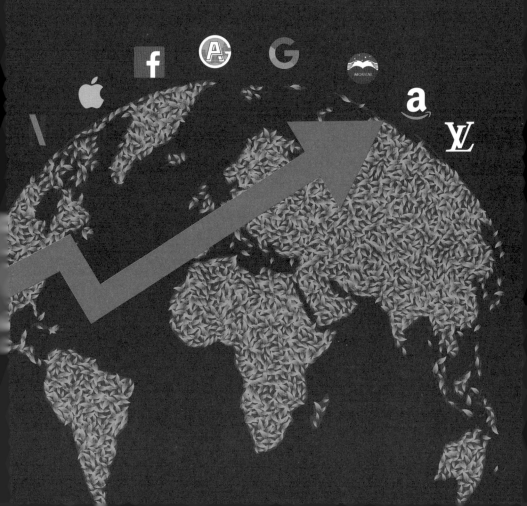

1

중국 내수 수혜주
루이비통

중국 중산층 4억 명

2019년 1월에 중국 국가통계원이 발표한 자료를 보면 중국에는 1억 4,000만 가구의 중산층이 있다. 이를 인구수로 계산하면 약 4억 명에 육박하는 것으로 추정된다.

더 중요한 건 중국의 중산층이 계속 증가하고 있다는 점이다. 2020년에 1인당 국민소득이 1만 달러를 돌파하면서 급속도로 신흥부자와 중산층이 늘어난 세계 최대의 소비시장이다. 그런데 중국 중산층의 성장으로 수혜받는 중국기업을 막상 찾아내기란 쉽지 않다. 귀주모태주나 평안보험이 있긴 하지만 그보다 더 직접 수혜받는 회사는 따로 있다. 바로 루이비통 같은 명품 기업들이다. 특히 루이비통만큼 중국 중산층의 성장 수혜를 한꺼번에 받는 회사가 또 있을까?

보스턴컨설팅그룹BCG과 텐센트가 2018년에 공동 발표한 「중국

사치품 시장 소비자의 디지털 행위 보고서」에 따르면 2024년까지 중국의 사치품 소비는 연평균 6%씩 증가해 200조 원(1,600억 유로)을 넘어설 것으로 전망하고 있다. 전세계 매출액의 무려 40%에 달한다. SNS와 온라인쇼핑을 통한 구매도 늘어나고 있다. 12억 명의 가입자 수를 보유한 중국의 국민 메신저 위챗이 가장 많이 활용되고 있다. 루이비통, 버버리, 구찌 등의 명품 브랜드는 위챗 상점에 입점해 온라인으로도 제품을 판매한다.

해외 업체 중에 중국시장 공략에 성공한 분야는 루이비통 같은 명품 기업와 스타벅스 정도다. 구글, 유튜브, 페이스북, 아마존 같은 글로벌 1등 IT 회사들은 모두 중국 진입에 실패했다. 중국정부의 방해와 중국 토종 회사인 텐센트와 알리바바의 견제 때문이다. 반면 명품 비즈니스는 중국 토종 경쟁자가 없다.

명품은 몇백 년의 역사를 기반으로 하는 고품격 신뢰 상품이다. 하지만 중국에는 아직 '신뢰'가 없다. 중국의 위조품(짝퉁) 시장규모는 상상을 초월한다. 최근 5년간 한국세관에 적발된 위조품은 1조 9,000억 원이며 1위 브랜드는 루이비통인데 90%가 중국에서 만들어졌다.

중국은 지적재산권 문제에 대해 아직 관대한 편이라 중국 사람들은 고가 상품의 경우 자국 기업들에 대한 신뢰도가 현저히 낮다. 그리고 그 어떤 중국기업도 유럽의 명품 기업인 루이비통, 샤넬, 에르메스를 뛰어넘기는 어렵다. 결론적으로 중국 최대 소비시장의 성장 수혜 주식은 중국기업이 아니라 루이비통이다. 이는 수치로도 증명되고 있다. 루이비통의 아시아태평양 지역(일본 제외) 매출은 2018년은 19%, 2019년은 30% 증가하며 계속 성장세를 달리고 있다.

2
유럽 시가총액 2위
루이비통

세계 최대 명품 기업 연합체 LVMH

독자들 중에도 샤넬 백이나 루이비통 백을 구매하려고 프랑스 파리를 가본 경우가 꽤 있을 듯하다. 파리의 유구한 역사를 지닌 웅장한 박물관과 오래된 건축물들은 관광지로서 최고의 매력을 지녔다. 하지만 단지 관광만으로 먹고살 수 있을까? 프랑스는 항공우주, 농·식품, 바이오, 패션업 등이 주력 산업이다.

프랑스의 최대 수출 산업은 항공우주산업으로 대표적인 회사가 바로 에어버스다. 프랑스 와인과 샴페인은 최고의 품질로 유명해 두 번째로 큰 수출 규모를 자랑한다. 마지막으로 가장 중요한 패션업은 LVMH(루이비통 모엣 헤네시), 케링, 에르메스 같은 명품 기업들로 프랑스 경제를 이끈다.

유럽 전체에서 시가총액 1위는 영국의 로열더치쉘이라는 석유 회사다. 그럼 2위는 어딜까? 우리에게 익숙한 벤츠나 BMW가 아니다. 바로 루이비통 모엣 헤네시LVMH, Louis Vuitton Moet Hennessy가 당당히 2위다. 약간 의외일 듯하다. 루비이통이 이 정도로 큰 회사였나?

필자는 2011년 파리 샹젤리제 거리에 있던 루이비통 본점에 들렀던 기억이 강렬하다. 매장 입구에서 이어폰을 귀에 걸고 꼿꼿이 서 있던 정장 차림의 키 큰 흑인들은 들어가기도 전에 이미 나를 압도했다. '감히 아무나 우리 매장에 들어올 수는 없다.'라는 메시지를 표정만으로 보여줬다. 또 하나의 특징은 길게 늘어선 줄이다. 고객들에게 최고의 서비스를 제공할 수 있게 입장 인원을 제한하고 있다.

매장 안으로 들어가면 넓고 럭셔리한 공간이 나온다. 그곳에는 숨이 막힐 것같이 세련된 가방과 지갑들이 진열장 가득 전시돼 있다. 물론 필자는 명품에 크게 관심이 없다. 그래서 같이 들어간 와이프만큼 흥분했던 건 아니다. 와이프는 정말 넋을 잃고 매장 안을 떠다녔다. 여행을 간 건지 쇼핑을 간 건지 모를 만큼 오랜 시간을 루이비통 매장 안에 갇혀 있던 기억이 난다.

루이비통과 관련된 또 다른 기억이 있다. 2013년에 싱가포르로 여행 갔을 때 와이프가 가죽 스타일의 루이비통 가방을 원해서 큰 맘 먹고 사준 적이 있다. 한국 면세점에서 예산을 훌쩍 초과하는 300만 원대의 가방을 사주며 몰래 슬퍼했다. 그 가방을 고이 모시고 싱가포르로 출국했다. 일주일 뒤 행복하게 인천공항으로 귀국했는데 세관에서 반색하며 우리를 반겼다. 해외여행을 자주 갔지만 이런 환대는 처음이었다. 그들은 부드럽게 우리의 트렁크를 열어 문제의 루이비통 가방을 확인했다. 명품 구매의 초보라 잘 몰랐지만 한국 면세점에서 카

LVMH(루이비통 모엣 헤네시) **그룹 현황** (약 70여 개)

패션·잡화	향수·화장품	주류	시계·보석	전문유통업
루이비통	겔랑	돔페리뇽	티파니	DFS
셀린느	아쿠아 디 파르마	모엣샹동	불가리	세포라
디올	퍼퓸크리스티앙 디올	헤네시	태그 호이어	스타보드크루즈
지방시	지방시 퍼퓸	뵈브클리코	쇼메	르봉마르쉐
겐조	퍼퓸 로에베	샤또 디켐	제니스	기타 등등
토마스 핑크	베네피트 코스메틱	샤또 슈발블랑	프레드	
마크 제이콥스	메이크업포에버	클로 람브레이	위블로	
로에베	겐조 퍼퓸	크루그	기타 등등	
기타 등등	기타 등등	기타 등등		

드로 400달러(지금은 600달러로 상향)를 초과하는 명품을 구매하면 세관에 자동 통보된다. 꼼짝없이 50만 원의 과태료를 추가로 냈다. 그날 공항에서 집으로 돌아오는 길은 무겁고 긴 침묵의 시간이었다.

루이비통은 사실 루이비통 혼자가 아니다. LVMH(루이비통 모엣 헤네시)는 70여 개의 다양한 명품 기업을 보유한 세계 최대의 명품 기업 연합체다. 이제부터 명품제국 루이비통을 살펴보도록 하자.

루이비통 이름 뒤에 붙은 술 회사 이름

그런데 의아하지 않은가? 도대체 매출이 얼마나 되길래 루이비통 상표에 당당하게 '모엣 헤네시Moët Hennessy'라는 술 회사가 포함되어 있을까? LVMH(루이비통 모엣 헤네시)라는 상표는 1987년에 명품 기업인 루이비통과 코냑으로 유명한 모엣 헤네시와의 합병으로 탄생

됐다. 모엣 헤네시가 궁금하다면 일단 술 공부를 좀 해보자. 프랑스는 와인 수출 규모가 상당하다. 와인 종류는 레드나 화이트 외에 스파클링도 유명하다.

샴페인도 스파클링 와인의 일종이다. 하지만 감히 그 누구도 스파클링 와인에 샴페인이라는 이름을 함부로 붙일 순 없다. 샴페인은 프랑스 상파뉴 지역에서 제조된 와인에만 붙일 수 있는 존귀한 명칭이다. 따라서 이탈리아, 스페인, 미국 등 다른 나라에서 만든 스파클링 와인에는 샴페인이란 이름을 쓰지 못한다. 그러니 물량이 얼마나 제한적이고 가격이 비쌀까? 거기다 고급스러운 이미지 마케팅까지 더해 샴페인은 명품 느낌이다.

루이비통 모엣 헤네시라는 상표의 중간에 있는 모엣은 샴페인 계열사인 모엣앤샹동의 앞글자다. 계열사 중 가장 유명한 샴페인 브랜드는 바로 돔 페리뇽이다. 백화점이나 마트에서 판매되는 돔 페리뇽 블랑의 가격은 30만 원 수준이다. 더 상위레벨인 돔 페리뇽 로제의 경우 50만 원을 웃돈다. 돔 페리뇽은 고급 음식점에서도 최고가 샴페인이다. 만약 레스토랑에서 가장 저렴(?)한 돔 페리뇽 블랑을 주문한다면 35만 원에서 90만 원 수준의 청구서를 경험하게 될 것이다.

돔 페리뇽의 역사는 약 300여 년이고 대중화된 지는 150년 정도 된다. 세계의 왕실, 상류층, 연예인들이 즐겨 마시는 샴페인으로 알려지며 유명해졌다. 명품 행사장에도 자주 등장해 루이비통과 샤넬 같은 고품격 명품 이미지다. 돔 페리뇽은 와인 만화 『신의 물방울』에도 등장한다. 요즘에는 중국인들도 본격적으로 돔 페리뇽을 마신다. 특히 중국 부자들 사이에서는 피라미드 이벤트(샴페인 잔 100개를 피라미드로 쌓아올린 뒤 위에서 돔 페리뇽을 붓는 퍼포먼스)가 유행하기 시작했다. 가격이 죽 올라갈 거라는 의미다.

하지만 돔 페리뇽보다 비싼 샴페인도 많다. 예를 들면 루비이통의 또 다른 계열사인 크루그Krug는 '샴페인계의 롤스로이스'로 불린다. 상위 레벨인 크루그 로제 샴페인의 소매가격은 무려 65만 원 내외다. 크루그의 연간 생산량은 돔 페리뇽의 10분의 1인 60만 병으로 알려져 있다.

샴페인 회사 중 두 번째로 유명한 회사는 바로 뵈브 클리코다. 어차피 이 회사도 루비이통 계열사다. 뵈브 클리코의 샴페인은 마릴린 먼로Marilyn Monroe의 말로 더 유명해졌다. "나는 샤넬 넘버 파이브NO.5를 입고 잠이 들고 파이퍼 하이직 한 잔으로 아침을 시작해요." 이 샴페인을 욕조에 받아 목욕을 즐겼다는 소문도 있다. 파이퍼 하이직 샴페인은 명품 행사장에서 하이힐 잔에 따라 마시는 퍼포먼스로도 유명하다. 한국에서는 유명 호텔에서 다양한 방식으로 뵈브 클리코 샴페인 행사를 진행하기도 한다. 뵈브 클리코의 샴페인 가격은 모엣앤샹동의 라인업보다는 저렴하다.

루이비통의 주류 계열사로 모엣앤샹동과 뵈브 클리코와 크루그 같은 샴페인 회사만 있는 건 아니다. 루이비통 모엣 헤네시라는 상표의 마지막에 등장하는 헤네시는 코냑 회사다. 헤네시의 코냑 분야 전세계 점유율은 40%다. 코냑이란 프랑스 코냐크 지방에서 생산되는 포도주를 원료로 한 브랜디를 말한다. 특히 '헤네시 XO'가 가장 상위 레벨인데 가격은 30만 원에서 40만 원 수준이다. 헤네시도 생산물량에 제한을 두는 명품 법칙을 쓴다. 그러니 가격이 비쌀 수밖에 없다.

돔 페리뇽 블랑 2009년 빈티지

이 외에도 샤또 슈발블랑이나 샤또 디켐 등이 루이비통 계열의 술 회사다. LVMH 그룹 전체에서 주류 분야 매출 비중은 10% 수준이다. 그럼 이제 명품으로 넘어가보자.

루이비통의 럭셔리한 성장 과정

루이비통은 1854년 프랑스 파리에서 시작됐다. 그 당시 루이비통 은 최초로 도입한 사각형 모양의 하드케이스 트렁크로 유명세를 떨 쳤다. 우수한 품질이 알려지면서 루이비통의 명성은 시간이 지날수록 계속 높아졌다. 문제는 모조품이었다. 그래서 1888년에 모조품 방지 를 위해 체크무늬(다미에 패턴)를 도입한다. 일명 다미에 캔버스다. 이 패턴이 우리에게 익숙한 루이비통의 상징이다.

1896년에도 모조품 방지 목적으로 루이비통 브랜드의 로고를 프린팅한 '모노그램(2개 이상의 글자를 한 글자로 합친 것) 캔버스'가 탄생했다. 루이비통의 이니셜인 L과 V, 꽃과 별 무늬가 교차되는 패턴이다. 이 모노그램 캔버스를 특허출원해 루이비통의 고유 디자인이 법적으로 보호받게 된다.

1914년에는 파리 샹젤리제 거리로 매장을 옮기면서 사업을 확장했다. 이곳이 현재의 루비이통 본점이다. 고유 디자인이 법적 보호를 받게 되면서 황실, 귀족, 상류층들에게 인기를 끌며 계속 성장 가도를 달렸다. 1970년대에는 우수한 품질을 바탕으로 세계 시장으로 진출했다. 사업 확장을 위해 1987년에 루이비통과 모엣 헤네시가 LVMH(루이비통 모엣 헤네시)라는 이름으로 합병하게 된다. 이 시점에서 LVMH는 프랑스 증시 시가총액 6위를 차지한다.

루이비통이 다시 한 번 큰 도약을 시작한 계기는 1997년에 영입한 마크 제이콥스란 디자이너 덕분이다. 마크 제이콥스는 뉴욕 파슨스 디자인 스쿨을 졸업한 패션 천재다. 그는 낡은 이미지였던 루이비통의 디자인을 확 뒤집었다. 주요 스타일 3개를 살펴보자.

첫 번째로 모노그램 베르니는 모노그램 소가죽 위에 에나멜을 특수 코팅해 반짝반짝 광채가 난다. 이 디자인은 젊고 현대적인 감각으로 선풍적인 인기를 끌었다. 두 번째로 그래피티 모노그램은 모노그램에 페인트로 루이비통 상표를 휘갈겨 썼다. 스티븐 스프라우스 디자이너와의 협업으로 탄생했다. 세 번째로 멀티 컬러 모노그램은 일본 팝아트 작가인 다카시 무라카미와의 협력으로 진행됐다. 기존의 어두운 색감에서 벗어나 컬러풀한 스타일의 팝아트 형태로 총 93가지의 색을 사용했다. 이런 파격적이고 젊은 시도가 이어지면서 루이비통은 낡은 이미지를 벗게 된다. 마크 제이콥스 영입 후에 루비이통의 매출은 큰 폭으로 성장했다.

2013년에 마크 제이콥스는 본인의 사업에 집중하기 위해 16년간 일했던 루이비통을 떠났다. 후임은 발렌시아가에서 15년간 일했던 프랑스 출신의 니콜라 제스키에르다. 니콜라 제스키에르 역시 패션 천재다. 2014년의 루이비통 콜렉션에서 처음 나타났는데 오프닝 룩과 함께 등장한 쁘띠뜨 말Petite Malle 백은 단숨에 주목을 받았다. 루이비통 역사의 시작이 하드 케이스 트렁크이다. 니콜라 제스키에르는 이 커다란 트렁크 디자인을 '쁘띠(작은)' 사이즈의 클러치 백으로 선보였다.

이 콜렉션이 끝난 후 마크 제이콥스의 공백을 우려하던 시선은 사라졌다. 쁘띠뜨 말 백은 이후 여러 버전의 다양한 소재로 제작됐다. 예상대로 선풍적인 인기를 끌며 루이비통의 매출을 큰 폭으로 끌어올렸다. 2018년에는 니콜라 제스키에르도 루이비통을 떠난다는 소문이 파다했지만 다행히 5년 재계약을 진행했다. 이에 따라 2023년까지는 루이비통을 지킬 것으로 보인다(계약서에 '일정 기간 후 개인 브랜드를 론칭해준다'는 문구가 있다는 소문이다).

루이비통은 중국을 중심으로 세계 각국 주요 도시에 계속해서 매장을 확장해나가고 있다. 중국인들이 한국 면세점에서 루이비통을 구매하는 경우도 많다. 그래서 요즘에는 한국시장에도 많이 신경 쓰는 분위기다.

3
불황에도 계속되는
고가 정책

불황인데 계속되는 가격 인상

명품 기업들은 불황에도 가격을 내리지 않는다. 우리에게 익숙한 에르메스, 샤넬, 루이비통 핸드백이 세일에 들어갔다는 얘기는 거의 들어본 적이 없다. 불황인데 오히려 가격을 인상했다는 소식을 많이 들었다. 그렇다. 루이비통 같은 명품 기업들은 웬만하면 할인 따위는 하지 않는다. 오히려 가격을 올려버린다.

다음은 2019년의 기사 제목 중 일부다. '샤넬, 핸드백 가격 1년 만에 최대 13% 올린다' '루이비통, 최대 10% 가격 기습 인상' 이런 흔한 기사제목이 2019년에만 유독 많았던 건 아니다. 2017년과 2018년에도 비슷한 느낌의 기사들이 계속 올라왔다. '넉 달 새 5차례 가격 인상… 해도 너무 한 루이비통' '혼수철 맞은 샤넬 루이비통… 줄지어 가격 인상' 그렇다. 명품 기업들은 쉬지 않고 매년 2번 이상 꾸준히 가격을 올리기 때문에 기사제목도 매년 비슷하다.

하지만 이렇게 당당하게 가격을 올리기 위해서는 그만큼 명품이라는 이미지 관리를 완벽히 잘해야 한다. 그렇지 않다면 소비자에게 외면당할 게 뻔하지 않은가? 이들은 브랜드 관리를 위해 아낌없이 광고에 돈을 쓴다. 스칼렛 요한슨, 안젤리나 졸리, 지젤 번천, 마돈나 등 당대 최고의 배우나 스포츠 스타 등 인기인들을 모델로 고용해 다양한 광고를 진행한다. 또 자체적으로 자동차경주, 요트대회, 음악회, 호텔 등에서 럭셔리한 이벤트를 지속적으로 개최한다.

이런 이미지 관리는 명품에 대한 환상을 갖게 하려는 목적이다. 하지만 부자들 대상으로만 영업할 게 아니라면 고객층을 중산층까지 확대하는 전략이 필요하다. 그래서 핸드백의 가격을 내리지는 않지만 중산층이 접근하기 쉬운 액세서리로 유혹한다. 그게 바로 향수와 립스틱이다. 향수와 립스틱은 소비자가 명품에 접근할 수 있는 진입로 역할을 한다. 샤넬의 넘버 파이브 향수는 스테디셀러다. 오랜 역사를 자랑한다. 가격대는 35밀리미터 기준 10만 원부터 100밀리미터 기준 25만 원 이상이다. 하지만 이것도 부담스럽다면 립스틱이 있다. 드라마 「마담 앙트완」에서 한예슬이 사용해 돌풍을 일으켰던 립스틱이 바로 '샤넬 루즈 알레르 152번'이다. 가격은 5만 원 내외로 저렴(?)하다. 하얀색 샤넬 쇼핑백에 고급스럽게 담아주면 선물용으로 아주 근사해진다.

이런 샤넬의 립스틱에 드디어 명품의 제왕인 에르메스가 도전장을 냈다. 2020년 1월에 에르메스는 183년 역사상 처음으로 에르메스 립스틱을 공개했다. 가격은 8만 원(67달러) 수준으로 샤넬 립스틱보다 두 배 가까운 고가상품이다.

샤넬의 미끼상품(?)이 립스틱과 향수라면 루이비통의 미끼상품은 뭘까? 바로 스카프 '방도'다. 가격대는 최소 25만 원 이상이다. 그래도 지갑이나 가방보다는 훨씬 싸지 않은가? 소비자들에게 처음에 낮은 가격으로 명품에 발을 들여놓게 한 후 차츰 단가가 높은 물건으로 구매가 확장되도록 유도하는 전략이다.

하지만 젊은 밀레니얼 세대는 직진할 뿐이다. 처음부터 바로 지갑이나 핸드백을 산다. 명품 입문용으로 향수나 스카프를 먼저 구매하는 경우는 많지 않다. 향수는 선물용으로 활용되는 경우가 많다. 또는 핸드백 구입 이후 추가적인 액세서리가 필요할 때 관심을 가진다. 우리가 원하는 건 오직 '잇 백It Bag'이다!

불황을 이기는 사업다각화 전략

소비자들의 최종 종착지인 핸드백의 매력은 뭘까? '3초 백'이라는 신조어가 있다. '길을 걷다 보면 3초마다 발견할 수 있다고 해서 루이비통 가방에 붙여진 별칭'이다. 물론 실제로 거리에서 3초마다 루이비통 핸드백을 발견할 순 없다. 하지만 여자들이 가장 선호하는 명품이 핸드백인 건 틀림없다.

옷이나 신발에는 돈을 쓰지 않더라도 핸드백만큼은 여자들의 자존심이다. 그래서 핸드백은 준명품보다는 루이비통 같은 최고가 명품을 선호하는 경향을 보인다. 더 고가인 샤넬과 에르메스가 있지만 최상급 명품 중에서는 그나마 루이비통 가격대가 합리적이다. 그래서 3초

백 현상이 있지 않았을까 하는 추측이다.

옷보다 핸드백이 좋은 이유는 뭘까? 사이즈도 따지지 않고 착용해 볼 필요도 없다. 나이나 몸무게도 상관없다. 구매하기도 편하고 판매하기도 편하다. 그리고 명품 핸드백을 안 사는 사람은 있어도 한 개만 사는 사람은 없다. 계속해서 신상품이 나온다. 나일론, 인조가죽, 소가죽, 악어가죽 등 다양한 소재가 있다. 일반적으로 루이비통보다 에르메스와 샤넬이 더 고가 브랜드로 인식된다.

에르메스의 핸드백 중 가장 유명한 콜렉션은 두 개다. 하나는 모나코 왕비가 된 영화배우 그레이스 켈리가 임신한 배를 가릴 때 사용됐던 에르메스 악어가죽 백이다. 일명 켈리 백이다. 또 하나는 영국의 영화배우 제인 버킨이 직접 디자인한 일명 버킨 백이다. 이 콜렉션들은 공급 물량이 부족해 대기명단에 이름을 올리고 1년 이상 기다리는 경우도 흔하다. 하지만 당장 갖고 싶은 욕망이 훨씬 강렬하다. 마이클 토넬로는 저서 『에르메스 길들이기』에서 '희소한 에르메스 상품을 직접 구매해 되파는 작업을 통해 돈을 번 에피소드'에 대해 이야기한다. 샤넬의 경우 1955년에 출시된 2.55백이 불후의 명작이다. 지금도 여러 버전으로 신상품이 출시되고 있다. 한국에는 샤테크(샤넬+재테크)라는 신조어도 있다. 샤넬이 제품 가격을 매년 올리기 때문에 가방을 사두면 중고 제품으로 팔아도 이익이라서 생긴 말이다.

강력한 브랜드 파워를 자랑하는 에르메스와 샤넬이지만 왜 매출액은 루이비통이 월등히 많은 걸까? 루이비통이 명품을 좀 더 대중화시킨 주인공이기 때문이다. 샤넬과 에르메스는 물량 제한을 통한 최고가 정책을 고수하고 루이비통은 최고가 정책과 많이 파는 정책을 같

3대 명품 브랜드 2019년 매출 현황 (샤넬은 비상장 기업이라서 제외함)

구분	브랜드명	2019년 매출	2018년 매출	성장률
1위	LVMH(루이비통)	70조 원	61조 원	14.6%
2위	케링(구찌)	21조 원	18조 원	16.2%
3위	에르메스	9조 원	8조 원	15.4%

(출처: 각사 발표자료, 필자 원화 환산)

이 진행한다. 각 회사의 연간 매출액을 비교해본다면 더 빨리 이해가 되겠지만 비상장 기업인 샤넬의 자료는 구하기 어려우니 샤넬을 제외한 3대 명품 기업의 전체 매출액을 비교해보자.

초고가(하이엔드) 브랜드 이미지는 에르메스가 최고지만 매출액의 경우 70여 개의 계열사를 거느린 거대그룹 LVMH(루이비통 모엣 헤네시)가 압도적으로 많다. 하지만 아무리 루이비통이라도 경기가 불황이라면 영향을 받게 된다. 과거의 명품시장은 한정된 부자들만을 위한 특별한 시장이었다. 하지만 지금은 중산층 소비자로 타깃이 대거 확대됐다. 따라서 2001년의 9.11테러, 2003년의 홍콩 사스 전염병, 2008년의 글로벌 금융위기, 2019년의 홍콩 민주화 시위 등이 발생하면 매출에 영향을 받는 것은 불가피하다. 특히 2020년 초부터 시작된 코로나19 바이러스는 역대급 바이러스로 명품 기업들의 상반기 매출에 상당한 타격을 주고 있다.

하지만 1등 기업은 불황을 버텨낼 힘이 있다. 그리고 LVMH에는 루이비통만 있는 게 아니다. 사업 다각화가 잘돼 있다. 루이비통의 베르나르 아르노 회장은 불황이라고 슬퍼할 리 없다. 좋은 명품 기업을 저렴한 가격에 인수할 수 있는 절호의 기회니까 말이다.

4
인수합병의 귀재
베르나르 아르노

패션에서 시작해 영역 확장

LVMH 그룹을 패션 위주의 기업이라고 생각하면 오산이다. 루이비통 등의 패션 분야가 그룹 매출의 40%를 책임지는 주력 분야인 건맞다. 하지만 초반에 설명했던 주류 분야도 LVMH 그룹 매출의 10%를 책임진다. 작지 않은 비중이다. 그 외 보석과 시계 분야의 매출 비중은 약 8%다. 이 보석과 시계 분야의 주력 계열사가 바로 불가리BVLGARI다.

불가리는 1884년 설립된 이탈리아 보석 기업이다. 필자가 2011년로마로 여행 가기 전에 챙겨봤던 영화가 바로 오드리 헵번 주연의 「로마의 휴일」(1955년 개봉)이다. 이 영화 속 장소들이 다 로마의 주요 관광지이기 때문이다. 이 영화 촬영 기간에 오드리 헵번이 명품거리로유명한 콘도티가의 불가리 본점에서 여러 종류의 주얼리를 실제로 구입한 사실이 화제가 됐다.

불가리의 세르펜티 콜렉션 반지나 시계를 가진 독자들은 많지 않을 것으로 생각된다. 수백만 원에서 수천만 원대의 고가이기 때문이다. 그래도 필자처럼 불가리 향수 정도는 다 써봤을 거라 믿는다. 이 향수의 영향으로 불가리 브랜드의 인지도는 높은 편이다(가격이 비교적 저렴한 향수를 통해 초기 진입장벽을 낮추고 브랜드 인지도를 높이는 것도 명품 기업의 전략 중 하나다).

베르나르 아르노 회장은 2011년에 불가리를 6조 원(52억 달러)에 인수해서 착실하게 성장시켰다. 아르노 회장의 장기 플랜에는 보석과 시계 분야 비중을 더 높여서 LVMH 그룹을 좀 더 균형 있게 운영할 계획이 있었던 것 같다. 2019년 11월에는 갑작스럽게 빅딜을 발표했다. 180년 전통의 미국기업 티파니앤코를 인수한 것이다. 인수가격은 무려 19조 원(162억 달러)이다. 이 정도 금액이면 명품업계 최대의 인수 금액이다. 이로 인해 LVMH에서 보석과 시계 분야의 매출 비중은 기존 8%에서 15%로 껑충 뛰게 됐다.

"그런데 티파니가 한국에서도 많이 유명한가?" 이 발표를 보고 내가 여직원들에게 한 질문이다. 그들의 어처구니없다는 표정이 아직도 생각난다. "신부들이 결혼반지로 제일 선호하는 3대 명품 브랜드가 바로 티파니, 불가리, 까르띠에예요."라는 대답이 돌아왔다.

티파니는 1837년 설립된 미국을 대표하는 보석전문 업체다. 블루 박스가 티파니를 상징한다. 캐럿(크기)보다는 광채를 극대화하는 티파니의 전통을 보여주는 티파니 옐로 다이아몬드가 유명하다. 6개의 프롱이 다이아몬드를 떠받드는 티파니 세팅은 반지의 혁신으로 평가받고 있다. 애칭으로 민트 박스라고도 불린다. 티파니는 모든 여자의 로망이다. 진입장벽을 낮추는 측면에서 티T, 키Keys, 리턴투티파니Return to Tiffany 등 대중적인 주얼리 콜렉션도 있다.

독자들은 「티파니에서 아침을」이라는 영화를 본 적이 있나? 1961년에 개봉된 영화다. 이 영화의 첫 장면에서 오드리 헵번은 새벽에 노란색 택시를 타고 뉴욕 5번가의 티파니앤코 매장 앞에 내린다. 엄청나게 큰 보석 목걸이와 선글라스를 낀 오드리 헵번이 티파니 쇼윈도를 행복하게 쳐다보며 빵과 커피를 먹는 장면이 인상적이다. 영화에서 오드리 헵번이 착용한 목걸이가 바로 티파니 목걸이다. PPL 광고의 원조라 할 수 있다.

티파니 목걸이는 가격 스펙트럼이 넓다. 몇십만 원에서부터 몇억 원까지 다양하게 있다. 요즘 밀레니얼 세대에서는 스마일 펜던트 목걸이(18K 골드, 미니사이즈)가 부담 없는 가격대(?)로 크리스마스 선물로 인기다. 하지만 2019년 2월과 12월의 연속된 가격 인상으로 90만 원대에서 107만 원으로 껑충 뛴 금액에 원성이 자자하다. 그래도 가격 인상은 계속될 예정이다. 그게 바로 명품의 법칙이니까.

2020년 화제의 드라마인 〈이태원 클라쓰〉에도 티파니앤코의 PPL이 등장한다. 조이서(김다미)가 박새로이(박서준)에게 졸라서 선물받은 목걸이가 바로 스마일 펜던트 목걸이인데 보석이 추가돼 가격은 좀 더 비싸다.

혹시 티파니를 잘 모르는 독자들에게 100만 원 내외의 스마일 펜던트 목걸이만 소개하면 저렴한 브랜드라고 오해할지 모른다. 그래서 이번에는 하이엔드급 상품을 소개해본다. 프러포즈의 상징인 웨딩링

티파니 스마일 펜던트 목걸이

18K 골드, 미니사이즈

다이아몬드이다. 6개의 프롱이 다이아몬드를 떠받드는 웨딩링의 영롱
한 광채는 보는 이를 설레게 한다. 가격은 2캐럿 기준 6,000만 원부터
시작한다. 여자들의 로망인 이 반지로 프러포즈하면 성공률이 100%
라는 소문도 있다.

인수합병을 통한 성장 전략

왜 베르나르 아르노 회장은 인수합병의 귀재라는 평가를 받을까?
과거로 거슬러 올라가보자. 아르노는 1949년생으로 올해 72세이다.
프랑스 명문대인 에콜 폴리테크니크와 국립행정학교를 졸업한 후 미
국에서 부동산 사업을 해 많은 돈을 모았다. 그 후 아르노가 35세 때
인 1984년 경영난에 빠진 크리스챤 디올을 인수하며 처음으로 명품
업계에 발을 디뎠다. 크리스챤 디올은 혹독한 구조조정을 통해 2년 만
에 흑자 전환한다.

1987년에 루이비통과 모엣 헤네시가 합병해 새 출발한 LVMH는 모엣 헤네시 출신의 알랭 슈발리에 회장과 루이비통 출신의 앙리 라카미에 부회장 간에 갈등이 심했다. 이 틈에 베르나르 아르노는 LVMH 지분을 은밀하게 매입했다. 이로 인해 치열한 법정 다툼이 벌어졌고 1990년에 법원이 베르나르 아르노 회장의 손을 들어주면서 LVMH 그룹의 경영권을 완전히 장악했다. 이런 스토리가 알려지면서 베르나르 아르노 회장에게는 '케시미어를 입은 늑대'라는 별명이 붙게 된다.

이후 LVMH 그룹의 베르나르 아르노 회장은 기회 있을 때마다 명품 브랜드를 헐값에 인수한 후 구조조정을 통해 회사를 키워나가는 전략을 썼다. 든든한 자금력을 무기로 겐조, 쇼메, 펜디, 태그호이어, 불가리 등을 잇달아 계열사로 편입했다. 세계 최대 면세점 체인인 DFS와 화장품 유통 체인인 세포라도 1990년대 후반에 인수했다. 이렇게 편입된 명품 브랜드들은 주위의 우려와 달리 LVMH 그룹에 인수된 후 매출이 증가했다. 유통과 마케팅만 지원하고 그 외에는 브랜드의 CEO들에게 독립 경영을 보장했기 때문이다. 이를 통해 브랜드가 개성 있게 성장하는 기반이 됐다. 계열사들의 매출 증대로 결국 LVMH 그룹은 세계 최대 명품그룹으로 올라섰다.

그런데 베르나르 아르노 회장은 왜 명품 기업들을 계속해서 인수한 걸까? 첫 번째는 비효율적인 가족경영이나 주먹구구식으로 운용되는 명품 기업들의 경우 인수 후 개선 가능성이 높기 때문이다. 두 번째는 아무리 최고의 브랜드라도 1개의 브랜드만으로는 매출 성장에 한계가 있기 때문이다. 샤넬을 너무너무 사랑하는 소비자라도 샤넬만 구매하지는 않는다. 루이비통과 에르메스도 구매한다. 이런 이유로 명품 브랜드를 다양하게 가져가는 것이 매출 성장에 절대적으로 유리하다. 세 번째로 LVMH에 명품 그룹들이 계속 모여들수록 더 강력한 브랜드 파워가 생기고 시너지 효과가 나타나기 때문이다. 네 번째로 유통과 마케팅을 단일화해 그룹 전체의 비용을 크게 절감할 수 있기 때문이다.

이렇게 루이비통은 수십 건의 인수합병을 통해 성장해왔다. 페이스북도 인수합병으로 성장해왔지만 스타일이 다르다. 페이스북은 위협이 되는 경쟁사를 찾아내 높은 프리미엄을 주고서라도 인수해 경쟁자를 제거하는 방식을 쓴다. 하지만 루이비통의 경우 눈여겨본 기업이 어려워져 가격이 저렴해질 때까지 끈기 있게 기다린다. 그러다가 때가 왔을 때 헐값에 인수하는 전략을 쓴다. 하루가 다르게 변화가 심한 IT 업계와 100년 역사가 기본인 명품업계의 DNA 차이다.

베르나르 아르노 회장의 2019년 재산은 약 46조 원(390억 달러) 늘어났다. 아시아 지역에서의 호실적 등으로 루이비통 주가가 급등한 덕분이다. 시장은 베르나르 아르노 회장이 조만간 세계 1위 부자 자리를 차지할 것으로 예상했지만 당분간 그런 일은 없을 것으로 전망한다. 2020년 초에 발생한 코로나19 바이러스로 인해 상반기 매출이 급감했기 때문이다.

신기한 건 세계 최대 IT 회사인 애플, 마이크로소프트, 구글, 아마존, 페이스북 창업자들보다 전통산업인 명품 기업 루이비통 회장의 재산이 더 많다는 점이다. 이는 베르나르 아르노 회장이 지주회사를 통해 47%의 높은 지분을 보유하는 게 제일 큰 이유다. LVMH의 시가총액은 유럽 전체에서 2위다. 유럽증시에서 그만큼 투자자들에게 성장성과 수익성을 인정받고 있다는 증거다.

5

고객 범위 확대 정책

플렉스해버렸지 뭐야!

"명품은 나이, 인종, 지리적·경제적 장벽을 초월합니다. 우리는 부유층 훨씬 너머까지 고객 범위를 확대했습니다."

세계적인 명품 그룹 LVMH의 중역이 1997년 『포브스』와의 인터뷰에서 한 말이다. 그렇다. 루이비통이 중국에서만 인기 있는 건 아니다. 국적을 초월해 한국에서도 인기가 많다. 명품은 나이를 초월해 인기가 많다. 명품을 사랑하는 연령대가 50대와 60대뿐은 아니다. 40대인 X세대와 20, 30대인 밀레니얼 세대 역시 명품을 사랑한다. 심지어는 구매력이 약한 대학생들마저도 명품을 사랑한다. 하이엔드(최상급)와 매스티지(명품과 대중의 조합) 명품 중 본인의 경제적 여력에 따라 합리적으로 구매한다.

직장인 남자에게 필요한 명품은 뭐가 있을까? 굳이 예를 들어본다면 불가리 향수에 페라가모 벨트와 넥타이, 몽블랑 만년필과 명함지 갑, 오메가 시계, 루이비통 서류가방, 구찌 지갑 정도면 어떨까? 선호 하는 브랜드는 다르겠지만 이 정도면 풀 세트가 아닐까? 여력이 많은 직장인이라면 양복과 구두까지? 물론 필자가 이렇게 하고 다니는 건 아니다. 같은 가방이라도 브랜드 수준에 따라 가격은 천차만별이다.

직장인 여자에게 필요한 명품은 뭐가 있을까? 샤넬 넘버 파이브 향 수와 립스틱, 에르메스 스카프와 벨트, 루이비통 핸드백, 티파니 목걸 이, 불가리 반지, 디올 정장, 페라가모 구두라면 어떨까? (이렇게 살 수 있는 직장인은 거의 없을 것으로 생각한다.) 추가로 여자들은 명품 핸드백 을 여러 개 가지고 있는 경우도 흔하다.

최상류층 부자들은 에르메스, 샤넬, 루이비통, 롤렉스 등의 하이엔 드 브랜드 안에서도 최상위 상품을 산다. 필요가 아니라 욕망의 문제 다. 과시하는 건 인간의 본능이다. 모든 사람이 명품을 선호하는 건 아 니다. 하지만 옛날처럼 귀족이나 부자들만 명품을 사는 것도 아니다. 고소득 회사원이나 중산층 이상이면서 명품에 관심이 있는 사람이라 면 명품 구매로 행복감을 느낀다. 인스타그램 같은 SNS가 활발해지며 더 노골적으로 과시하는 경향이 있다.

2014년부터 2020년까지 서울 집값은 자고 일어나면 손쉽게 1억씩 오르며 '넘사벽'이 되고 말았다. 밀레니얼 세대 상당수는 자의 반 타의 반으로 서울 집 매수를 포기하고 작은 행복을 추구하는 욜로족이 된 경우가 많다. 이때 스스로를 위로해주는 건 명품쇼핑과 SNS다. 인스 타그램 같은 SNS는 명품시장 확장의 1등 공신이다.

밀레니얼 세대는 명품을 사기 위해 줄을 서면서 행복해한다. 이를 인스타그램에 올린다. 플렉스(돈을 쓰면서 자랑한다는 뜻)라는 SNS 신조어도 탄생했다. 일종의 '놀이'다. 명품을 언박싱(박스 포장을 여는 행위)하는 과정을 유튜브에 올리기도 한다. SNS에 자기 과시형 고가 명품 등을 자랑하는 젊은 층이 많아지면서 20대의 명품 소비도 급증했다. 롯데멤버스가 설문조사 및 엘포인트 데이터(2017년 2분기~2019년 2분기) 분석 결과 국내 명품 시장은 지난 2년간 약 3.5배로 커졌다고 분석했다.

한국 백화점들은 점점 더 많은 공간을 명품 브랜드로 가득 채워나가고 있다. 명품 온라인 구매대행도 활발하다. 시장조사업체 유로모니터의 2018년 자료를 보면 한국 명품시장 규모는 세계 8위인 약 13조 3,000억 원이다. 명품가방 규모는 약 3조 6,000억 원으로 명품 종주국인 프랑스를 제치고 세계 4위를 기록했다.

LVMH 계열 브랜드들

- 크리스찬 디올: 대표 상품은 레이디 백이다. 사각형의 백에 둥근 손잡이가 달렸다. 영국 왕세자비인 다이애나가 애용했던 백으로 유명하다. 향수 부문도 인지도가 높다.
- 셀린느: 대표상품은 러기지 백이다. 외형은 커 보이는데 실제 무게는 가벼운 편이다. 앞의 루이비통 디자이너 교체 사례에서도 설명했지만 명품 브랜드의 디자이너 교체는 대형 사건이다. 2018년에 셀린느를 10년간 이끌었던 디자이너 피비 파일로가 은퇴했다. 새로 등장한 디자이너는 생로랑에서 일했던 에디 슬리

먼이다. 그의 등장으로 셀린느 디자인이 기존보다 파격적으로 변했다. 이 변화에 대한 평가는 호불호가 갈린다.

- 태그 호이어: 스포츠 명품시계 브랜드다. 롤렉스와 오메가보다는 가격대가 합리적이다. 시계는 남자들의 로망이다. 오래전 히딩크 감독이 어퍼컷 동작을 할 때마다 보였던 시계가 바로 태그 호이어라 화제가 됐다. 최근에는 드라마 〈도깨비〉에서 공유가 차고 나와 화제가 됐다. 물론 PPL이다. 대표 콜렉션은 까레라, 모나코, 링크 등이 있다.

- DFS: 세계 최대 규모의 면세점이다. 인천, 홍콩, 괌, 하와이, 싱가포르, 뉴욕 등의 공항 면세점 구역에서 손쉽게 찾을 수 있다. 요즘에는 스위스의 듀프리와 한국의 신라면세점 등에 밀려 세계 최대 지위가 위협받고 있긴 하다. 매출액은 원화 기준 5조 원 수준이다.

- 세포라: 세계 최대 규모의 화장품 편집숍이다. 전세계 2,600개의 매장을 가지고 있으며 아시아와 중동 및 온라인에서도 강한 성장 흐름을 이어가고 있다. 2019년부터 테헤란로 파르나스몰에 1호점, 명동 롯데백화점에 2호점을 출점하며 한국 시장에도 본격 진출한다.

그밖에도 수많은 명품 계열 브랜드가 있지만 70여 개를 다 언급할 수는 없다. 나머지는 생략한다.

6
루이비통 투자 포인트

과거 20년간 글로벌 GDP 성장률은 연 4.8%다. 하지만 글로벌 럭셔리 성장률은 이를 상회하는 연 5.7%다. 그렇다면 명품 기업인 LVMH의 매출 성장률은 어떨까? 2018년에 9.8%, 2019년에는 14.6%다. 럭셔리 시장 평균 성장률의 2배를 훌쩍 뛰어넘는다. LVMH의 2019년 총 매출액은 약 70조 원이다. 다른 명품 기업들보다 매출액 자체가 월등히 높다.

게다가 사업다각화로 인해 포트폴리오 또한 고르게 잘 분산되어 있다. 매출 비중을 따져보면 루비이통 등의 패션업이 41%, 세포라 등의 전문유통업이 28%, 겔랑 등의 향수와 화장품이 13%, 돔페리뇽 등의 주류가 10%를 차지한다. 불가리 등의 시계와 보석은 8%였으나 티파니 인수를 고려하면 15% 수준으로 껑충 올라간다. 2019년의 루이비통 지역별 매출 구성을 따져보면 중국을 포함한 아시아가 33%, 유럽

LVMH 업종별 매출 비중 및 지역별 매출 비중 (2019년)

업종 구분	비율	지역 구분	비율
패션업	41%	아시아	33%
전문유통업	28%	유럽	26%
향수와 화장품	13%	미국	23%
주류	10%	일본	7%
시계&보석	8%	기타	11%
합계	100%	합계	100%

(출처: 회사 발표 자료)

이 26%, 미국이 23%, 일본은 7% 수준이다. LVMH의 사업구조는 안정적이고 균형감 있다.

　LVMH의 주가는 최근 5년간 꾸준하게 상승해왔다. 하지만 2019년의 65% 급등은 좀 과한 측면이 있는 듯하다. 다음의 표에서 보듯 매출액과 영업이익 증가율은 15% 수준인 데 비해 주가가 좀 앞서 가는 느낌이다. 하지만 장기적인 관점에서는 꾸준히 상승할 것으로 기대된다. LVMH의 영업이익은 15조 원으로 웬만한 글로벌 기업들의 수익을 압도한다. 일반 제조업체들의 영업이익률은 5% 미만이지만 LVMH의 영업이익률은 무려 21% 수준이다. 이런 안정적인 재무구조는 공격적인 명품 기업 인수합병 전략을 진행할 힘의 원천이다.

　아무리 인공지능이 발달하고 IT 기술이 발달해도 사람들은 계속해서 명품을 구매할 것이다. 디자인에 싫증이 나면 새로운 디자인을 또 구매하게 될 것이다. 루이비통은 새 디자인을 내놓는 대가로 물가상승률을 훌쩍 뛰어넘게 계속해서 가격을 올릴 것이다. 우리는 결혼할 때 티파티 예물반지를 받고 싶어한다. 여력만 된다면 디올의 레이디백과

LVMH 최근 5년간 주가 차트 (2015년 1월 1일~2019년 12월 31일)

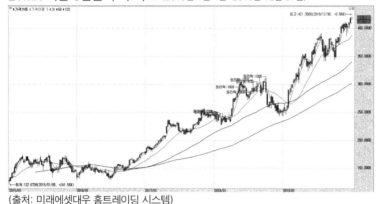

(출처: 미래에셋대우 홈트레이딩 시스템)

LVMH 주가 및 연간 수익률 추이

구분	2015년	2016년	2017년	2018년	2019년	5년 누적 수익률	연평균 수익률
주가	146	178	244	252	417	–	–
상승률	12%	22%	37%	3%	65%	221%	44%

(출처: 미래에셋대우 홈트레이딩 시스템, 권리변동가격 반영)

LVMH 매출액 및 영업이익

구분	2018년 9월 말	증가율	2019년 9월 말	증가율
매출액	61조 원	9.8%	70조 원	14.6%
영업이익	13조 원	21.7%	15조 원	14.1%
영업이익률	21.1%		21.0%	
자기자본수익률 (ROE)	20.7%		20.8%	

(출처: 회사 발표자료, 12월 결산법인, 유로 환율 1,300원으로 환산)

셀린느의 러기지백도 사고 싶다. 태그 호이어나 불가리 시계를 차고 싶다. 돔 페리뇽 샴페인으로 축하파티를 열고 싶다. 공항 면세점에서는 DFS에 들러 쇼핑한다. 이 모든 회사가 다 LVMH 그룹 계열이다.

지금 주변을 둘러보라. 그리고 인스타그램 친구들을 살펴보라. 지금 우리가 가장 많은 돈을 쓰는 곳은 어디인가? 586세대든 X세대든 밀레니얼 세대든 상관없다. 우리는 모두 명품에 돈을 쓴다. 황홀한 광고로 내 소비를 유도하는 이 영리한 회사들에 투자하자. 특히 LVMH(루이비통)은 2019년 말 기준 시가총액 270조 원으로 유럽 증시에서 당당히 2위를 기록중인 명품업계의 제왕이라는 사실을 잊지 말자.

2020년은 LVMH에게는 악몽 같은 해다. 2020년 초부터 전세계를 강타한 코로나19 바이러스 때문이다. 중국은 물론 전세계에 악영향을 미치고 있다. 이런 강력한 전염병이 퍼졌을 때 가장 타격을 받는 업종은 여행업과 호텔업이다. 그리고 면세점과 소비재 역시 타격이 크다. 이에 따라 LVMH 그룹의 주가는 2020년 3월 말까지 20% 이상 하락했다. 여전히 유럽에서 코로나19는 심각하게 확산 중이다. 하지만 이 위기가 끝나고 나면 사람들은 다시 명품의 보복적 소비를 시작할 것이다.

이제 확신이 섰다면 루이비통 핸드백만 사지 말고 LVMH 주식을 같이 사보자. 그러면 지름신이 강림해 또 하나의 백을 지르더라도 죄책감이 덜 것이다. 왜냐하면 나는 루이비통의 소비자이자 럭셔리 제국 루이비통 모엣 헤네시의 주인이기도 하니까.

4부

2030 미래의 부 포트폴리오

8장

글로벌 1등
기업들로 짠
포트폴리오

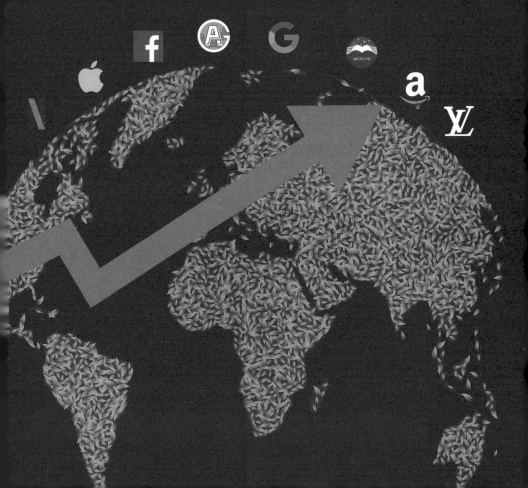

1

기업가치를 분석하라

이제 드디어 글로벌 1등 기업들을 중심으로 포트폴리오를 만들어 볼 때가 됐다. 이 책의 앞부분에서 요약 분석했던 주요 8개 종목들의 2019년 평균 수익률은 43%다. 필자가 증권사 영업점 현장에서 접촉한 고객들은 일단 '글로벌 1등 기업에 투자하자'는 콘셉트에 좋은 반응을 보였다.

이제 이번 책에서 소개한 총 13개의 글로벌 1등 기업 가치를 체크해보자. 8개 기업은 간략 분석을 했고 5개 기업은 상세 분석을 했다. 많다면 많은 종목이지만 미래의 인공지능 시대를 이끌어나갈 강력한 플랫폼 기업들, 중국의 인공지능과 IT 산업을 이끌어나갈 기업들, 중국의 제약·바이오 산업과 내수시장의 성장 과실을 그대로 향유할 수 있는 알짜 기업들로 구성돼 있다. 필자로서는 어느 기업 하나 포기하기 아까운 훌륭한 기업들이다. 이 기업들 위주로 포트폴리오를 구성

한다면 5년이나 10년 뒤에 좋을 결과가 있을 것으로 기대한다.

글로벌 주요 8개 종목의 기업가치 현황 (2019년 말 기준)

NO.	기업명	시가총액	영업이익	매출액	자본총계	ROE	PER	PBR	결산
1	마이크로소프트	1,442조 원	52조 원	151조 원	123조 원	42%	26.5	10.0	6월
2	아마존	1,104조 원	17조 원	337조 원	74조 원	22%	80.4	14.8	12월
3	알파벳(구글)	1,029조 원	41조 원	194조 원	242조 원	18%	27.2	4.6	12월
4	알리바바	682조 원	20조 원	85조 원	123조 원	20%	29.9	5.8	3월
5	텐센트	534조 원	19조 원	63조 원	64조 원	25%	38.5	8.5	12월
6	삼성전자	371조 원	27조 원	231조 원	255조 원	9%	17.4	1.1	12월
7	넷플릭스	170조 원	3조 원	24조 원	9조 원	29%	78.0	18.7	12월
8	항서제약	65조 원	1조 원	4조 원	4조 원	22%	78.2	16.3	12월

주석1) 2019말 주가기준, 달러 1,200원, 홍콩달러 150원, 위안화 170원, 유로화 1,300원 원화 환산
주석2) 6월, 9월 결산법인은 확정치, 12월 결산법인은 추정치, 알리바바는 2020년 3월 추정치
주석3) 삼성전자는 우선주 합산, 알파벳은 A주와 C주 합산

상세 분석 5개 종목의 기업가치 현황 (2019년 말 기준)

NO.	기업명	시가총액	영업이익	매출액	자본총계	ROE	PER	PBR	결산
1	애플	1,541조 원	77조 원	312조 원	109조 원	56%	18.8	11.0	9월
2	페이스북	702조 원	29조 원	85조 원	121조 원	20%	31.9	5.8	12월
3	LVMH(루이비통)	272조 원	15조 원	70조 원	48조 원	21%	29.1	5.7	12월
4	귀주모태주	253조 원	10조 원	15조 원	24조 원	32%	21.0	9.8	12월
5	평안보험	259조 원	32조 원	199조 원	145조 원	19%	13.0	1.8	12월

주석1) 2019년 말 주가 기준, 달러 1,200원, 홍콩달러 150원, 위안화 170원, 유로화 1,300원 원화 환산
주석2) 9월 결산법인은 확정치, 12월 결산법인은 추정치임.
주석3) 평안보험은 상해A주와 홍콩H주 합산

2

부의 포트폴리오를
구성하라

(1) 자녀계좌 5,000만 원 투자 예시

지금까지 소개한 13개 종목에 대한 기계적인 분산투자를 추천한다.
먼저 자녀의 투자금액 예시는 5,000만 원으로 제시한다. 한국의 세법
에 따르면 미성년자 자녀에게는 10년간 2,000만 원, 만 20세 이상의
성년 자녀에게는 10년간 5,000만 원까지는 증여세가 없다.

따라서 성년인 자녀에게 5,000만 원을 증여할 경우 앞에서 소개한
13종목으로 포트폴리오를 구성해 약 400만 원씩 기계적으로 분산투
자할 것을 제안한다. 물론 이는 이론일 뿐 실제로는 400만 원으로 살
수 없는 주식들도 있다. 예를 들면 중국 상하이 시장에 상장된 귀주모
태주의 경우 100주 단위로 거래되는데 1주에 1,000위안이 넘는다. 귀
주모태주 100주를 사기 위해서는 2,000만 원에 가까운 자금이 필요
하다.

자녀계좌 5,000만 원과 본인계좌 1억 5,000만 원
투자 가정 시 포트폴리오 예시

NO.	투자 기업	국적	(1) 자녀 5,000만 원 예시	(2) 본인 1억 5,000만 원 예시
1	애플	미국	400만 원	1,000만 원
2	마이크로소프트	미국	400만 원	1,000만 원
3	아마존	미국	400만 원	1,000만 원
4	알파벳(구글)	미국	400만 원	1,000만 원
5	페이스북	미국	400만 원	1,000만 원
6	넷플릭스	미국	400만 원	1,000만 원
7	알리바바	중국	400만 원	1,000만 원
8	텐센트	중국	400만 원	1,000만 원
9	항서제약	중국	400만 원	1,000만 원
10	귀주모태주	중국	400만 원	1,000만 원
11	평안보험	중국	400만 원	1,000만 원
12	LVMH(루이비통)	프랑스	400만 원	1,000만 원
13	삼성전자	한국	200만 원	1,000만 원
14	현금	-	-	2,000만 원
	합 계		5,000만 원	1억 5,0000만 원

주석: 상하이와 홍콩 상장 주식들은 100주 단위로 거래됨에 유의

그래서 위에 소개한 13개의 종목 중 독자들의 마음에 드는 종목을 5개~10개 정도 골라내 분산투자하는 것도 하나의 방법이다. 필자는 2020년이 시작되면서 열두 살이 된 아들과 함께 포트폴리오를 구성해본 적이 있다. 투자 금액은 1,000만 원이었는데 금액이 많지 않아서 고민 끝에 5개 종목으로 압축한 바 있다.

(2) 본인계좌 1억 5,000만 원 투자 예시

만약 자녀 외에 독자들이 직접 투자를 한다고 가정할 때 투자금액 예시는 1억 5,000만 원을 제시한다. 독자들이 생각하기에 13개의 종목 중 특별히 더 좋아 보이는 종목이 있다면 해당종목에 대한 비중을 늘리고, 아닌 것 같은 종목이 있다면 비중을 줄이는 건 각자 선택할 문제다. 1억 5,000만 원의 투자금액 중 2,000만 원의 현금보유를 제시한 건 주가 하락은 언제라도 발생할 수 있으므로 약간의 현금 보유를 통해 하락에 대응하자는 취지다.

실제 독자들이 포트폴리오를 구성할 때는 예시로 든 1억 5,000만 원보다 투자금액이 작은 독자들은 앞의 포트폴리오에서 비중대로 금액을 줄여주면 되고 반대로 여유자금이 많은 독자들의 경우 앞의 포트폴리오의 비중대로 투자금액을 늘려주면 된다. 앞의 표는 예시일 뿐 최종적인 종목과 투자금액에 대한 결정은 온전히 독자들의 판단이다.

포트폴리오에 있는 13개 기업들은 모두 최근 10년간 상승률이 가팔랐다. 그런데 갑자기 전세계로 확산된 코로나19 바이러스의 영향으로 2020년 3월 말 기준 고점 대비 평균 20% 이상 주가가 하락했다. 장기적인 관점에서의 현명한 판단이 필요한 시점이다.

3

IMF, 9.11테러,
글로벌 금융위기를 기억하라

주식투자는 장기적으로 은행예금보다 높은 수익률이 기대되는 멋진 투자 수단이다. 하지만 엄청난 변동성을 보여 선량한 투자자들을 절망에 빠트리는 상황도 반복적으로 발생한다. 투자자들을 공포와 절망으로 밀어 넣었던 과거의 역대급 폭락 사례들을 같이 살펴보자.

한국 코스피 지수의 역대급 폭락 사태 (하락률 50% 이상 기준)

구분	연도	최고점	최저점	하락률	하락 기간	회복 기간
IMF 사태	1998년	1,145포인트	287포인트	-75%	45개월	16개월
IT 버블 붕괴와 9.11테러	2001년	1,066포인트	464포인트	-56%	20개월	7개월
글로벌 금융위기	2008년	2,085포인트	892포인트	-57%	12개월	27개월

(출처: 미래에셋대우 홈트레이딩 시스템 참고)

(1) IMF 외환위기 (1998년)

한국 증시 역사상 가장 최악의 주가 폭락 시기는 바로 1998년의 IMF 사태다. 고점 대비 하락률은 -75%였다. 이 당시에는 코스피가 무려 45개월간 장기 하락하며 투자자들을 기진맥진하게 했다(1998년 당시 대기업들마저도 줄줄이 부도났고 시중의 종합금융사들은 대부분 사라졌다. 절대 망하지 않는다는 은행도 무려 5개나 퇴출됐다. 1999년에는 대우그룹마저 공중 분해됐다).

1999년도에 대학을 졸업한 비운의 세대들은 취업경쟁률이 수백 대 일을 기록하는 역대급 취업 한파를 온몸으로 경험했다. 대부분의 기업들과 금융기관들이 구조조정을 단행해 수많은 직장인이 해고됐던 한국 경제 역사상 가장 최악의 시기였다. 하지만 거짓말 같은 일이 벌어졌다. 그 어떤 희망도 없어 보이던 절망의 1998년 말이 지나면서 증권시장은 급격히 반등을 시작했다. 최저점인 287포인트를 바닥으로 16개월이 지난 2000년 1월에는 4배에 가까운 1,066포인트까지 상승해 직전 최고점을 거의 회복하는 기적을 보여줬다. 위기는 기회였다. 여기에서의 교훈은 아무리 절망적인 상황에서도 국가는 '지도상에서 사라지지 않는다'는 점이다. 조심스러운 낙관론자들은 절망밖에 없던 IMF 시절에 한국이 다시 살아날 수 있다는 희망에 베팅함으로써 주식과 부동산으로 큰돈을 벌었다.

(2) IT 버블 붕괴와 9.11 테러 (2001년)

2000년도의 IT 버블 당시 진짜 대장주는 코스닥에 상장됐던 새롬기술인데 인터넷으로 통화할 수 있는 다이얼패드 기술을 선보였다.

그 당시로써는 정말 획기적인 기술이었고 주가 또한 상상을 초월하게 상승했다. 하지만 산이 높으면 골이 깊은 법이다. 2000년을 정점으로 IT 버블이 붕괴되면서 특히 코스닥 시장이 큰 어려움을 겪었다. 엎친 데 덮친 격으로 2001년 9월 11일에 미국에서 발생한 비행기 테러 사건으로 증시는 거의 멈춰버렸다. 이 당시 코스피의 고점 대비 하락률은 -56%다. 20개월간 하락이 진행됐다.

하지만 코스피는 464포인트를 바닥으로 다시 급반등을 시작해 단 7개월 만에 2배가 넘는 944포인트까지 반등했다. 전고점인 1,066포인트에는 못 미쳤지만 하락률을 급격하게 회복해 공포와 두려움에 질려 투매에 동참했던 개인들을 더욱 슬프게 만들었다.

(3) 글로벌 금융위기 (2008년)

미국의 서브프라임 모기지 사태로 촉발된 2008년 글로벌 금융위기 사태 또한 고점 대비 하락률이 -57%인 역대급 하락 사건이다. 이 당시의 금융위기는 한국 자체의 문제가 아니라 미국이 원인이었다. 미국의 초대형 모기지론 대부업체가 파산하면서 국제 금융 시장의 신용 경색으로 말미암아 글로벌 경제위기가 발생한 것이다. 하지만 재미있는 건 사건 발생국인 미국증시보다 한국증시의 하락폭이 더 컸다.

하락은 12개월이라는 짧은 기간 동안 진행됐다. 이번에도 역시 코스피 지수는 최저점인 892포인트를 바닥으로 반등을 시작했다. 27개월 만에 전고점인 2,080포인트를 회복했고 30개월 만에 최저점보다 2.5배 상승한 2,200포인트를 돌파하며 새롭게 최고점을 경신했다.

미국 나스닥 지수의 역대급 폭락 사태 (하락률 50% 이상 기준)

구분	연도	최고점	최저점	하락률	하락 기간	회복 기간
IT 버블 붕괴와 9.11테러	2001년	5,132포인트	1,108포인트	-78%	31개월	15년?
글로벌 금융위기	2008년	2,862포인트	1,295포인트	-55%	12개월	30개월

(출처: 미래에셋대우 홈트레이딩 시스템 참고)

(4) IT 버블 붕괴 (2001년)

미국은 당연히 IMF 사태를 겪지 않았다. 그래서 미국 나스닥 지수 최악의 폭락 사례는 단연 2000년 3월부터 무려 31개월간에 걸쳐 진행된 IT 버블 대붕괴 사건이다. 하락률은 무려 -78%다. 이 당시의 폭락을 이해하려면 일단 나스닥 지수의 미친 상승부터 살펴봐야 한다. 나스닥 지수는 1998년 10월의 1,344포인트를 바닥으로 2000년 3월의 5,132포인트까지 불과 17개월 만에 4배 가까이 폭등했다.

문제는 이 당시의 주가 상승은 정말 비이성적이었다는 점이다. 인터넷으로 상징되는 '신경제'라는 새로운 이론이 등장하면서 회사 이름에 닷컴이란 단어만 들어갔다면 사업성은 따지지 않고 미친 듯이 폭등했던 아주 특이한 대버블의 시기였다. 그 이후 갑작스럽게 발생한 IT 버블 붕괴 사건은 회복기간을 따질 수가 없다. 다시 전고점인 5,132포인트를 회복하는 데는 15년 이상이 걸렸기 때문이다.

혹시 IT 버블 당시의 비이성적인 상승이 얼마나 심각했는지를 알고 싶은가? 우리는 한국 코스닥 지수의 주가 흐름을 추적해 그 적나라한 현실을 데이터로 확인할 수 있다. 코스닥 지수는 1998년 10월의 605포인트를 바닥으로 16개월 만인 2000년 3월에 6배인 2,926포인트까지 폭등했다. 그리고 무려 20년이 지난 2019년 말 기준 지수는 670 포인트다. 여전히 -77%의 경이적인 손실률을 기록 중이다. 왜 1등 주식, 우량주식, 좀 더 나아가 글로벌 1등 주식에 투자해야 하는지를 알려주는 소중한 데이터이자 역사적인 교훈이다.

(5) 글로벌 금융위기 (2008년)

2008년의 미국 서브프라임 모기지 사태는 미국에서 발생했지만 미국 나스닥 지수의 하락률은 -55%로 한국 코스피 지수 하락률 -57% 보다 양호했다. 하락기간은 12개월이었고 회복하는데는 30개월이 걸렸다. 미국과 한국은 2008년도의 글로벌 금융위기로 인한 마지막 대폭락 사태 이후 지수가 -50% 이상 하락한 적은 없다.

지금까지 장황하게 한국 코스피 지수의 3번의 대폭락과 미국 나스닥 지수의 2번의 대폭락을 설명했다. 필자의 의도는 뭘까? 엄청나게 불안감을 조성해서 절대 주식에 투자하지 말라는 의도일까? 아니면 대폭락 시기를 잘 맞춰서 부자가 되자는 주장일까? 둘 다 아니다.

우리는 미래를 예측할 수 없다. 고민하지 말고 지금 당장 포트폴리오를 글로벌 1등 기업들 위주로 구성해 장기 투자하는 게 가장 좋은 투자 방법이다. 1등 기업들은 회복탄력성이 좋다. 그래서 인내심을 가지고 기다리면 다시 반등할 가능성이 높다. 그리고 장기적으로는 꾸준히 상승하며 은행금리를 훨씬 뛰어넘는 수익률을 보여줄 가능성이 크다. 추가로 포트폴리오 구성 시 20% 내외의 현금 비중을 유지하면 대폭락 시 좀 더 수월하게 대응할 수 있다.

2008년 글로벌 금융위기 이후에도 시장은 20% 내외의 폭락을 3번 이상 보여줬다. 하지만 그 시기에 대세 하락이라고 판단하고 주식을 투매한 투자자들은 어떻게 됐을까? 손실을 회복하지 못하고 더 비싸게 다시 주식을 샀거나 아예 손실을 본 채로 주식시장을 떠나게 됐다. 대폭락의 바닥에서 주식 매수에 성공하는 사람들은 많지 않다. 혹시 내가 산 주식이 대폭락하더라도 너무 두려워하지 말고 장기투자하는 자세로 버틴다면 글로벌 1등 주식들은 회복되게 마련이다. 물론 이 주장은 글로벌 1등 초우량주에 국한된 이야기다.

최근의 주가하락 사례를 잘 살펴보면 과거보다 하락기간이 훨씬 짧아졌다. 경제위기 발생 시 중앙은행들이 과거보다 빠르게 제로금리나 양적완화 정책을 통해 유동성 폭탄을 퍼붓기 때문이다. 과거 10년간 전세계 중앙은행들은 모두 이런 식의 유동성 폭탄 공급을 통해 대위기를 막아왔다. 이 정책의 가장 큰 단점은 뭘까? 화폐가치가 급격하게 떨어진다는 점이다. 예금 보유자보다 주식이나 부동산 같은 실물투자자에게 훨씬 더 유리한 시대가 왔다는 것을 명심하자. 화폐가치는 하루가 다르게 떨어지고 있다.

고객들 중에는 지난 2000년의 IT 버블과 지금의 글로벌 1등 플랫폼 기업들의 버블이 비슷하지 않느냐는 질문을 하는 경우가 많다. 필자는 크게 세 가지 부분에서 차이가 있다고 생각한다. 첫째는 지금은 세계화로 인해 사용자수의 단위가 달라졌다. 2000년에는 사용자수가 1억 명인 회사도 거의 없었지만 지금은 사용자수가 10억 명 이상인 서비스가 10개 이상이다.

둘째는 2000년의 버블 당시에는 적자 기업들이나 사업성이 불투명한 기업들의 주가가 미친 듯이 올랐던 대버블 시기다. 하지만 지금은 글로벌 1등 기업들의 이익 단위가 엄청나다. 애플의 영업이익은 77조 원, 마이크로소프트의 영업이익은 52조 원, 알파벳의 영업이익은 41조 원이다. 이익 성장을 기반으로 하는 주가 상승을 버블이라고 판단하기는 어렵다. 물론 중간에 일시적인 주가하락은 있겠지만 장기적인 우상향을 기대한다.

셋째는 인공지능과 글로벌 플랫폼을 기반으로 성장하는 1등 기업들과 명품 기업들의 승자독식 현상이다. 엄밀히 말하면 모든 기업의 주가가 다 오르는 게 아니다. 10억 명 이상의 사용자들을 기반으로 하는 세계 최고의 상위 1% 기업들 주가는 폭등하고 있지만 반대로 99% 기업들의 주가는 소폭 상승에 그치거나 오히려 하락하고 있다. 앞으로 인공지능 시대가 본격적으로 열리게 되면 인공지능을 지배하는 기업들의 승자독식 현상은 더욱 가속화될 것으로 전망된다.

2020년 3월 기준 글로벌 증시는 코로나19 바이러스로 폭락을 거듭하고 있다. 사람들은 모두 공포감을 느낀다. 이번에도 어김없이 헐값에 주식을 투매하는 투자자들이 많을 것이다. 하지만 인류는 반드시 이 어려움을 이겨내고 다시 전진할 것이다. 두렵고 괴롭지만 결국 글로벌 1등 주식이 폭락할 경우 주가는 시간을 두고 다시 회복돼왔다는 과거 역사에서 교훈을 얻어보자.

신규 투자자들의 경우 지금이 주식투자하기에 좋은 시점인지를 문의하는 전화가 끊이지 않는다. 그래서 주식투자를 시작하기에 가장 좋은 시점이 언제인지를 전격 공개한다. 물론 글로벌 1등 기업들 위주의 분산투자와 장기투자 전략은 필수다. 지금 공개하는 비법은 투자자들의 심리 상태를 통해 좋은 투자 타이밍을 찾아내는 방법이다.

주식투자를 시작하기에 가장 좋은 시점은 바로 전세계가 망할지 모르고 국가가 망할지 모른다는 공포감이 극에 달해 주식에 투자하는 게 너무너무 무서운 그런 공포스러운 시점이다. 바로 이때가 주식투자해서 돈을 벌기에 가장 좋은 시점이지만 대부분의 투자자들은 무서워서 절대 투자를 못하는 시기이기도 하다. 또는 너무 싸게 사려고 노력하다가 타이밍을 놓치기도 한다. 그렇다면 주식투자를 하기에 그럭저럭 괜찮은 시점은 언제일까? 경기도 어려워 보이고 악재도 가득해 도대체 주식이 오를 일이 별로 없을 것 같아서 '굳이 주식에 투자할 이유가 있을까?'라는 부정적인 감정이 많이 들 때다. 이런 시기에 주식에 투자한다면 최소한 최고가에 주식을 매수해 오랜 시간을 기다리는 고생은 피할 수 있는 꽤 괜찮은 시점이다.

그렇다면 주식투자를 하기에 가장 안 좋은 시점은 언제일까? 바로 경기도 좋고 모든 상황이 너무너무 좋고 주변 사람들 모두가 주식투자로 돈을 벌어 더할 나위 없이 행복한 시점이다. 이 시기에는 주식에 투자하려 할 때 마음이 너무 편안하고 평온하다. 주식은 기본적으로 위험자산인데도 희한하게 이런 시기에는 돈을 엄청 벌 수 있을 것 같은 근거 없는 자신감이 충만하다. 만약 독자들이 주식에 투자하려는 시기에 이런 편안한 마음이 든다면 다시 한 번 고민해보는 게 좋을 듯하다. 이 시기는 이미 일시적으로 주가가 과열돼 있는 시기일지도 모르기 때문이다.

4

인공지능
기업에 투자해라

글로벌 1등 기업들이 인공지능까지 가지게 된다면 어떤 일이 일어날까? 가장 이득을 보는 사람은 누구일까? 바로 이 기업의 경영진들과 투자자들이다. 이 기업들과 싸우지 마라. 그냥 이 기업들의 주인이 돼라.

전세계적인 또 하나의 특징은 양극화가 심해진다는 점이다. 아이러니하게도 빈부격차가 심해질수록 명품이 잘 팔린다. 아무리 IT 기술이 발달해도 사람들은 명품을 원한다. 아주 간절히 원한다. 부자들은 더 비싼 걸 원하고 중산층은 명품을 통해 자존감을 확인하고 가난한 사람들은 명품을 동경한다. 지금도 세계 곳곳에서 최고급 명품들이 팔려나가고 있다. 명품 백에는 관심이 없더라도 세계 1등 명품 기업인 루이비통 주식에는 관심을 갖자.

또 하나 주목해야 할 것은 바로 중국의 부상이다. 14억 인구 대국 중국의 1인당 GDP가 드디어 1만 달러를 돌파했다. 중국의 중산층이 급증하고 있다. 이 기회 또한 놓치지 마라. 중국 내수시장이 폭발하고 있다. 중국 내수시장의 1등 주식인 알리바바, 텐센트, 항서제약, 귀주모태주, 평안보험을 사라. 거대시장인 중국의 성장을 놓치는 우를 범해서는 안 된다.

우리 주변에는 소비를 지르게 만드는 글로벌 1등 기업들이 많이 있다. 이들은 돈을 쓰지 않고는 못 배기게 만든다. 같이 한번 잘 생각해 보자. 우리 아들은 아이패드로 게임을 한다. 우리 지점의 막내는 애플에서 신상품이 나오면 확 지르고 보는 스타일이다. 우리가 애플 주식을 사야 하는 이유다. 밀레니얼 세대는 인스타그램을 사랑한다. 우리 아들은 페이스북의 오큘러스 VR 게임을 사랑한다. 페이스북을 사야하는 이유가 아닐까?

우리는 검색은 네이버로 하지만 동영상은 유튜브로 본다. 그리고 스마트폰으로 안드로이드를 쓴다. 곧 구글 웨이모가 만든 자율주행차를 탈 날이 올 것이다. 구글은 핏빗 인수를 통해 헬스케어 분야에도 본격적으로 진출했다. 우리가 알파벳(구글)을 사야 하는 이유다.

우리는 머지않아 음성인식 인공지능 비서와 함께 삶의 많은 부분을 공유하게 될 것이다. 아마존의 알렉사와 구글의 구글 어시스턴트와 애플의 시리 중 어느 인공지능 비서가 나에게 적합할지는 아직 모른다. 하지만 이 기업들은 우리에게 최적화된 인공지능 비서를 만들어내기 위해 모든 노력을 다할 것이다.

이 거대기업들이 머지않아 인공지능까지 장착하게 되면 초지능(슈퍼 인텔리전스)을 가지게 된다. 미래에 우리는 아주 익숙하게 이 거대

기업들의 인공지능 비서에게 심각하게 의존하게 될 것이다. 20년 뒤에 인공지능에게 지배받지 않고 인공지능을 지배할 수 있는 길은 뭘까? 이 기업들의 주식을 사라. 인공지능 기업에 투자하고 지금 내 소비를 유도하는 글로벌 1등 기업에 투자해라.

내 아이들에게 이 주식들을 물려줘라. 이 기업들이 당신의 노후를 풍요롭게 해줄 것이다. 당신과 당신의 아이들을 부자로 만들어줄 가장 좋은 방법이다. 우리는 이미 생존을 위해 투자가 필수인 시대에 살고 있다. 근로소득은 영원할 수 없다. 투자를 통한 자본소득으로 인공지능을 이겨내고 인공지능을 지배하자. 독자 여러분들의 행운을 빈다.

※ 주의사항

(1) 이 책의 모든 내용은 필자의 개인적인 의견입니다. 이 책의 필자가 재직하고 있는 미래에셋대우의 공식의견이 아닌 점에 주의해주시기 바랍니다.

(2) 해외주식과 국내주식과 금융상품인 펀드, ETF, TDF, 리츠 등은 모두 원금보장상품이 아닙니다. 투자판단 및 투자결과에 대한 모든 책임은 투자자에게 있습니다.

부록

투자할 돈이 없다면
퇴직연금을 활용해라!

퇴직연금이 방치되고 있다

필자가 친구들이나 지인들에게 해외주식에 투자하라고 권했을 때 가장 흔하게 나오는 대답은 바로 투자할 돈이 없다는 말이다. "야, 내가 지금 그거 투자할 돈이 어디 있냐?" "니 말은 알겠는데 지금은 여유자금이 없어." "부동산 대출금 갚느라 죽을 맛이야." "여윳돈이 조금 있긴 한데 장기투자는 곤란해, 쓸 데가 있어서……." 등등 이유가 다양하다. 어쨌든 핵심은 투자할 돈이 없다.

하지만 그 대답을 들을 때마다 필자는 강력하게 말한다. "너에게는 반드시 투자할 돈이 있다"고 말이다. 무슨 돈을 말하는 걸까? 바로 퇴직연금이다. 한국에서 의무가입 대상 근로자는 약 1,100만 명이다. 물론 아직 퇴직연금제도를 도입 안 한 회사도 있지만 곧 도입하게 된다. 만약 독자들이 직장인이라면 본인계좌에 퇴직연금이 차곡차곡 쌓여

퇴직연금, 연금저축(세제적격), 국민연금 적립금 규모 (단위: 원)

구분	2016	증가율	2017	증가율	2018	증가율	2019	증가율
퇴직연금	147조	16%	169조	15%	190조	13%	221조	16%
연금저축	118조	8%	129조	9%	135조	5%	143조	6%
국민연금	558조	9%	622조	11%	639조	3%	737조	15%

(출처: 금융감독원, 보건복지부, 국민연금공단)

가고 있을 것이다.

추가로 연말 소득공제를 위해 연금저축(세제적격)에도 매년 꼬박꼬박 400만 원씩 불입하는 직장인들도 많다. 그래서 퇴직연금과 연금저축에는 투자할 수 있는 돈이 계속 쌓여갈 수밖에 없다. 문제는 그 소중한 돈이 고작 1%대의 낮은 금리로 편안하게 놀고 있다는 사실이다.

직장인들의 퇴직연금 누적 규모는 얼마나 될까? 금융감독원 통합연금포털 자료에 따르면 퇴직연금 적립 누계액은 2019년 기준 221조 원이다. 연금저축(세제적격) 누계액은 143조 원이다. 퇴직연금(221조 원)과 연금저축(143조 원)을 합치면 무려 364조 원이다. 참고로 국민연금의 적립금은 737조 원(2019년 기준)이다.

놀랍게도 사적 연금인 퇴직연금과 연금저축의 합계액은 공적 연금인 국민연금 적립금의 절반에 육박한다. 더 주목할 것은 국민연금의 적립금 증가율보다 퇴직연금의 증가율이 더 높다는 사실이다. 매년 두자릿수의 높은 증가율을 보이고 있다.

개인에게 각자 쌓여 있는 퇴직연금 규모는 얼마나 될까? 이 질문에 대한 답변은 다니고 있는 직장의 급여수준, 근속기간, 나이, 중도인출 여부 등에 따라 천차만별이다. 한국에서 좋은 직장으로 평가받고 있는 500대 대기업 직원들을 예로 들어보자.

중도인출을 받지 않았다면 40세의 경우 평균 5,000만 원에서 1억 원, 50세의 경우 평균 1억~2억 원 내외의 거액이 적립돼 있을 것이다. 중요한 사실은 이 목돈의 운용기간은 최소 10년~30년 이상 남아 있다는 사실이다. 이 긴 기간의 운용수익률에 따라 각자 퇴직하는 시점에 개인별로 어마어마한 격차가 발생하게 된다.

하지만 직장인들의 소중한 퇴직연금은 방치되고 있다. 이 책을 읽고 있는 독자들 역시 방치하고 있을 가능성이 높다. 금융감독원 통합연금포털 자료에 따르면 퇴직연금의 연간 수익률은 2018년에 고작 1.01%에 불과했다. 특히 2018년의 형편없는 수익률은 증시 부진으로 인해 실적배당형상품(펀드 등)의 수익률이 마이너스여서 더욱 나빴던 것도 사실이다. 그래서 퇴직연금을 운용하는 주체가 회사(DB형)든 개인(DC형)이든 상관없이 가장 인기 있는 상품은 역시 원리금 보장형상품이다. 혹시라도 손해가 날까봐 실적 배당형상품(펀드 등)에는 감히 투자할 엄두조차 내지 못한다. 그 결과 2019년의 퇴직연금 운용현황을 살펴보면 221조 원의 퇴직연금 중 무려 89.6%인 198조 원이 원리금 보장형상품으로 운용됐다. 고작 10.4%인 23조 원만이 실적배당형상품(펀드 등)으로 운용됐다.

원리금 보장형상품은 절대 원금을 손해보지 않는다. 그러니 얼마나 마음이 편안한가? 게다가 2018년의 퇴직연금 수익률이 그나마 플러스 1.01%라도 나온 것은 다 원리금 보장형상품 덕이다. 2018년의 원리금 보장형상품 수익률은 1.56%다. 반면 실적 배당형상품 수익률은 마이너스 3.82%를 기록했다. 이 수익률로 보면 퇴직연금을 원리금 보장상품으로 운용하는 게 너무도 당연한 선택이 아닌가? 그래서 90% 이상이 원리금 보장상품을 선택하고 있다. 그런데 여기에는 어떤 함정이 있을까?

2019년의 퇴직연금 수익률은 어떨까? 2.25%로 전년 대비해서 다소 개선됐다. 원리금 보장형상품은 1.77%, 실적배당형 상품은 6.38%의 수익률로 수익률 격차는 3배 이상이다. 2019년에 글로벌증시가 상승해 실적배당형 상품의 수익률이 확연히 개선됐기 때문이다. 그런데 독자들은 2019년의 퇴직연금 원리금 보장상품 평균수익률인 1.77%에 혹시 만족하고 있는가? 문제는 2020년 3월 말 기준 한국은행의 기준금리가 0.75%로 인하돼 앞으로 원리금 보장상품의 수익률은 더 낮아질 가능성이 크다는 점이다. 우리들의 소중한 퇴직연금이 1%대의 낮은 금리로 운용된다면 이는 일하지 않고 놀고 있는 것과 다름없다. 세액공제 목적으로 불입한 연금저축 또한 원리금 보장상품으로 운용하고 있다면 일을 안 하고 놀고 있는 건 마찬가지다.

퇴직연금이 살아야 노후가 산다

"우리는 장기적으로 모두 죽는다." 영국의 천재 경제학자였던 존 메이너드 케인스가 한 명언이다. 이만큼 현실적이고 철학적이고 해학적인 명언은 없다. 많은 뜻이 함축된 말이다. 이 말을 살짝 변형해보자. "우리는 장기적으로 모두 은퇴한다."

정부는 도대체 왜 내 퇴직연금에 간섭하는 것일까? 왜 퇴직금을 한꺼번에 일시금으로 받을 때보다 IRP나 연금계좌를 통해 연금 형태로 수령할 때 퇴직소득세를 최대 40%나 감면해주는 걸까? 게다가 운용수익이 발생했을 경우 원천징수 세율 15.4%가 아니라 연금 분할 수령 시점에서 5.5%의 분리과세(연간 1,200만 원 한도)만을 적용해 세금을 대폭 깎아준다. 정부는 지금 연금계좌에 거의 특혜에 가까운 혜택을 주고 있다. 퇴직금은 순수한 내 돈인데 왜 정부는 자꾸 연금 형태를 강요하고 최소 5년~10년 이상의 분할수령을 의무화했을까?

정부가 도대체 뭔데 전국민에게 공적 연금인 국민연금 가입을 의무화시키고 강제로 가입하게 하는 걸까? 당장 쓰고 싶은 내 돈을 왜 정부가 못 쓰게 만드는 걸까? 왜 한국뿐 아니라 세계 모든 나라들은 다 개인의 연금에 그리도 간섭하는 것일까? 이 꼬리에 꼬리를 무는 수많은 질문들에 대한 정답은 단 하나다.

정부는 국민들의 노후생활을 걱정하고 있다. 그래서 기본적으로 공적 연금제도를 강화하고 있다. 하지만 정부에서 전 국민의 노후생활을 모두 책임지는 데는 한계가 있다. 그래서 국민 각자가 스스로의 노후를 어느 정도 책임질 수 있도록 사적 연금제도도 강화하고 있다. 이런 정책은 세계 어느 나라 정부든 비슷하다.

과거 사례를 살펴보자. 연금이 아닌 일시금으로 돈을 받은 사람들의 노후는 평안하지 않았다. 최고의 연금으로 평가받는 공무원연금이나 사학연금은 퇴직 시에 일시금과 연금 중에서 선택할 수 있었다. 퇴직할 때 일시금을 선택했던 공무원들과 선생님들은 과연 현명했을까?

공무원연금 대신 일시금을 받은 분들은 현재 노후를 어렵게 보내는 경우가 흔하다. 웬만큼 투자를 잘하지 않고서는 연금을 선택한 사람보다 형편없이 불리한 상황에 직면했을 것이다. 또는 어설프게 사업을 했다가 일시금을 다 탕진했을 수도 있다. 하지만 연금을 선택한 대다수 공무원들의 경우 긴 생애에 걸쳐 안정적으로 꾸준히 현금이 유입되며 노후의 평안한 생활에 강력한 힘이 돼 주고 있다.

그런데 공적 연금인 국민연금이나 공무원연금 외에 사적 연금인 퇴직연금이나 연금저축까지 잘 운용해 노후에 추가로 연금을 더 받는다면 우리의 노후생활은 얼마나 풍요로워질까? 연금이 살아야 내 노후가 산다. 하지만 우리는 지금 소중한 연금을 방치하고 있다. 연금이 일을 하지 않으면 노후가 어두워진다는 중요한 사실을 간과한 채 말이다.

퇴직연금과 연금저축으로 투자하라

2018년의 국민연금 최종 운용수익률이 발표된 뒤 언론들의 기사는 부정적인 내용으로 도배가 됐다. 수익률이 플러스가 나도 시원찮을 판에 오히려 -0.92%의 손실이 발생했기 때문이다. 국민연금에 대한 비난여론이 빗발쳤다.

하지만 반대로 2019년의 국민연금 잠정 운용수익률이 발표된 후 언론은 언제 그랬냐는 듯이 수익률이 경이롭다며 칭찬 일색이다. 무려 11.3%의 놀라운 수익률을 발표했기 때문이다. 하지만 필자는 근본적인 의문을 가지게 된다. 국민연금의 수익률 평가가 1년 단위로 이루어지는 게 과연 정당할까?

국민연금의 2019년 수익률은 무려 11.3%다. 물론 2018년의 부진한 수익률로 인한 기저효과도 있다. 그렇다면 국민연금이 생긴 1988

국민연금 최근 10년 수익률 현황 (2010년~2019년)

구분	2010	2011	2012	2013	2014
수익률	10.4%	2.3%	7.0%	4.2%	5.3%

구분	2015	2016	2017	2018	2019
수익률	4.6%	4.8%	7.3%	−0.9%	11.3%

(출처: 국민연금 공단, 소수점 둘째 자리 반올림)

국민연금 포트폴리오 현황 (2019년 말 기준)

구 분	비 중	세부 항목	비중
주식	40.6%	국내주식	18.0%
		해외주식	22.6%
채권	47.6%	국내채권	43.5%
		해외채권	4.1%
대체투자	11.4%	대체투자	11.4%
기타	0.4%	기타	0.4%
합 계	100.0%	합계	100.0%

(출처: 국민연금 공단, 소수점 둘째 자리 반올림)

년 이후 2019년까지의 연평균 수익률은 몇 %일까? 무려 5.86%다. 이
정도면 상당히 우수한 수익률이라고 생각된다. 일반적인 선입견과 달
리 국민연금의 장기 수익률은 양호한 편이다.

하지만 만약 국민연금이 2018년 같은 마이너스 수익률이 두려워서
모든 자금을 100% 원리금 보장상품에만 투자했다고 가정해보자. 수
익률은 어떻게 될까? 당연히 퇴직연금 원리금 보장상품 수익률과 유
사한 연 1.77% 수준에 머물 것이다. 만약 이런 운용 형태가 10년이고
20년이고 계속된다면 어떻게 될까? 인플레이션으로 인해 국민연금의

적립금 가치는 큰 폭으로 하락하게 되고 국민들의 노후는 위협받게 될 것이다. 그래서 국민연금은 글로벌 분산투자를 통해 적립금이 잘 운용될 수 있도록 열심히 노력하고 있다.

언론에서는 국면연금의 운용수익률에 대해 우려하는 경우가 많다. 하지만 앞에서도 설명했듯이 국면연금의 연평균 수익률은 무려 연 5.86%다. 한국의 직장인들이 퇴직연금을 장기적으로 연 5.86%로 운용할 수 있다면 그야말로 대박이다. 하지만 현실은 앞에서 설명했듯이 원리금 보장형 상품으로 운용해 연 1.77%의 수익률에 불과한 실정이다.

우리가 소중한 퇴직연금을 원금보장형 상품의 2배 수준인 3~4% 이상의 수익률로 끌어올릴 수만 있다면 장기적으로 훨씬 풍요로운 노후생활을 할 수 있게 된다. 이 책의 본문에서 설명했듯이 장기 수익률 극대화를 위해서는 글로벌 1등 기업 집중투자가 가장 유망하다는 게 필자의 생각이다. 하지만 퇴직연금계좌나 연금저축계좌를 통해 개별 주식을 매수하는 건 불가능하다. 대신 펀드나 ETF 매수는 가능하다.

그래서 글로벌 1등 기업에 투자하자는 필자의 주장에 동의한다면 세계 최고의 인공지능과 IT 기술 기업들이 몰려 있는 미국 나스닥 인덱스 펀드나 미국 나스닥 ETF를 편입해 고수익을 노리는 전략이 좋아 보인다. 또는 미국 S&P 인덱스 펀드나 미국 S&P ETF의 편입도 좋은 투자 방법이라고 생각된다.

미국 나스닥 지수는 지난 5년간 연평균 18% 상승했고 미국 S&P지수는 연평균 11% 상승했다. 중간 중간에 마이너스가 났음에도 불구하고 연평균 수익률이 엄청나다. 하지만 퇴직연금은 최후의 보루다.

미국 나스닥 및 S&P 지수 최근 5년 수익률

구분	2015년	2016년	2017년	2018년	2019년	5년 누적	연평균
나스닥지수	6%	8%	28%	-4%	35%	89%	18%
S&P지수	-1%	10%	19%	-6%	29%	57%	11%

(출처: 미래에셋대우 홈트레이딩시스템)

그래서 개인의 여유자금을 운용하는 것보다 훨씬 더 신중함이 요구된다. 우리의 평생 노후자금이기 때문이다. 실적배당형 상품의 경우 언제든 큰 폭의 마이너스가 날 수 있다.

그래서 정부에서도 퇴직연금계좌에서는 주식형 펀드의 편입 비율을 최대 70%로 제한했다. 만약 주식형펀드가 부담스럽다면 부동산 쪽에 투자하는 리츠REITs나 채권형 펀드로도 다양하게 자산배분할 수 있다. 그런데 꼭 내가 직접 자산배분을 해야 하는 걸까? 다른 방법은 없는 걸까?

간접투자인 TDF도 좋은 대안이다

가장 이상적인 퇴직연금 운용 방법은 국민연금처럼 다양하게 분산투자하는 것이다. 국민연금은 크게 주식 41%, 채권 48%, 대체투자 11%의 비중으로 국내와 해외에 적절히 분산투자하고 있다. 국민연금뿐 아니라 싱가포르 투자청이나 노르웨이 국부펀드 같은 해외 유수의 기관들은 모두 글로벌 분산투자를 포트폴리오의 기본 모델로 삼고 있다.

직장인들도 본인들의 퇴직연금을 국민연금처럼 글로벌 시장 전체에 적절히 분산투자하는 방법으로 운용할 수 있다. 주식자산에만 집중투자하기보다는 채권과 부동산 등 대체자산까지 고르게 분산투자하는 방식은 좀 더 안정감 있어 보인다. 하지만 이런 방식의 투자를 각각의 개인들이 직접 하는 게 현실세계에서 가능할까?

필자가 현장에서 만나는 직장인 고객들의 성향은 다양하다. 퇴직연금 운용에 적극적인 부지런한 고객의 경우 1개월에 1번씩 정기적으로 포트폴리오를 미세 조정하는 경우도 목격했다. 하지만 대부분의 직장인들은 1년에 1번 수익률을 확인하는 것도 귀찮아 하는 경우가 많다. 이런 상황에서 퇴직연금을 현명하게 운용하는 방법은 뭘까? 본인이 직접 하는 게 부담스럽다면 전문가들에게 맡기는 방법이 있다. 그래서 요즘 한국의 운용사들은 타깃 데이트 펀드TDF, Target Date Fund의 수익률 경쟁이 한창이다. 직접 퇴직연금을 운용하는 데 애로를 겪는 다수의 직장인들이 TDF 펀드를 통해 운용을 위임하고 있어서 시장이 폭발적으로 커지고 있기 때문이다.

TDF가 도대체 뭘까? TDF는 은퇴시점에 가입자가 기대하는 투자실적을 달성하기 위해 사전에 정해진 규칙에 따라 주식과 채권, 대체투자, 리츠 등의 포트폴리오 비중을 자동으로 재배분하는 펀드다. 알아서 자산배분해주니 직장인 입장에서는 특별히 운용에 신경 쓸 일이 없어서 편하다. 이런 이유로 TDF 시장은 2019년에 급성장했다. 2020년 1월 기준 한국 전체 운용사의 TDF 잔고는 약 3조 원으로 파악되고 있다. 원리금 보장형상품의 낮은 수익률에 지친 직장인들이 TDF 펀드에 대해 높은 관심을 보이고 있어 TDF 시장규모는 계속 커지고 있다.

결론을 내려보자. 첫째로 은퇴시기가 많이 남아서 장기투자가 가능한 30대 직장인들의 경우 플랫폼과 인공지능을 통해 세계 시장을 지배할 가능성이 높은 글로벌 1등 기업에 집중 투자하는 방식을 고려해보자. 퇴직연금 계좌에서 직접 주식을 살 수는 없지만 세계 1등 기술기업들이 몰려 있는 미국 나스닥 인덱스펀드나 미국 나스닥 ETF를 통해 투자하는 방법이 있다. 둘째로 은퇴시기가 10년에서 20년 정도 남아 있는 40대나 50대 직장인들의 경우 좀 더 보수적으로 운용할 필요가 있다. 국민연금의 멋진 포트폴리오를 참고해 다양한 국가의 주식형 ETF와 채권형 ETF, 리츠 등으로 적절히 배분하는 글로벌 분산투자를 실행하는 방법을 활용해보자. 마지막으로 본인이 직접 포트폴리오를 구성하기가 부담스러운 직장인들이라면 TDF를 통해 운용사들에게 포트폴리오 구성을 위임하는 방법을 활용해보자. 위임을 받은 운용사들이 최선을 다해 열심히 운용해줄 것이다.

이 세 가지 운용방식은 모두 시장 상황에 따라 언제든 큰 폭의 원금 손실이 발생할 수 있다. 하지만 10년 이상의 장기적인 관점에서 본다면 원리금 보장형 상품보다 양호한 수익률을 보일 가능성이 높다. 역사적으로 주식과 채권의 장기수익률은 원리금이 보장되는 은행 예금 금리를 꾸준히 이겨왔기 때문이다.

연간 수익률을 2%씩만 개선해도 10년이나 20년 뒤의 수익률 격차는 큰 폭으로 벌어진다. 퇴직연금을 놀게 하지 말고 일하게 만들자. 우리는 근로소득보다 자본소득이 더 큰 시대를 살아가고 있다. 장기적인 관점에서 글로벌 우량자산에 분산투자하는 게 내 풍요로운 노후를 위한 첫걸음이다. 게다가 정부마저 특혜에 가까운 세금혜택을 주고 있는 퇴직연금을 적극 활용해보자. 독자 여러분들의 노후가 편안해질 것이다. 독자 여러분들의 행운을 빈다.

| 참고문헌 |

도서

1   한태봉, 1천만 원부터 진짜 재테크, 베가북스, 2019

2   정인성, 반도체 제국의 미래, 이레미디어, 2019

3   이지성, 에이트, 차이정원, 2019

4   시바타 나오키·요시카와 요시나리, 테크놀로지 지정학, 매일경제신문사, 2019

5   다나카 마치아키, 미중 플랫폼 전쟁 GAFA vs BATH, 세종, 2019

6   박영호, 넥스트 20년, 내 자산 어디에 둘까, 미래에셋 은퇴연구소, 2019

7   마이크 회플링거, 비커밍 페이스북, 부키, 2018

8   블레이크 J. 해리스, 더 히스토리 오브 더 퓨처, 커넥팅, 2019

9   스콧 갤러웨이, 플랫폼 제국의 미래, 비즈니스 북스, 2018

10 제레드 다이아몬드 외, 초예측, 유발 하라리, 웅진 지식하우스, 2019

11 테크니들, 인공지능 비즈니스 트렌드, 와이즈맵, 2019

12 린더 카니, 팀 쿡, 다산북스 -2019

13 스티브 잡스, 월터 아이작슨, 민음사, 2015

14 고삼석, 5G 새로운 사회, 완전히 새로운 미래가 온다, 메디치, 2019

15 데이나 토마스, 럭셔리, 그 유혹과 사치의 비밀, 문학수첩, 2008

16 마이클 토넬로, 에르메스 길들이기, 마음산책, 2010

17 김기홍, 명품 브랜드 마케팅, 대왕사, 2013

18 강민지, 패션의 탄생, 루비박스, 2011

19 이임복, 원더키디의 시대, IT는 우리의 일상을 어떻게 바꾸는가?, 천그루숲, 2019

20 정두희, 3년후 AI 초격차 시대가 온다, 청림출판, 2019

21 이준호, 박지웅, 5G와 AI가 만들 새로운 세상, 갈라북스, 2019

22 카카오 AI 리포트 편집진, 카카오 AI 리포트, 북바이북, 2018

23 리카이푸, AI 슈퍼파워, 이콘, 2019

24 최윤섭, 의료 인공지능, 클라우드나인, 2018

25 앤드루 양, 보통 사람들의 전쟁, 흐름출판, 2019

26 테렌스 J 세즈노스키, 딥러닝 레볼루션, 한국경제신문 -2019

27 에이미 웹, 더 빅 나인, 토드, 2019

28 왕중추, 신이 내린 술 마오타이, 마음의 숲, 2019

29 미래에셋대우 리서치센터 자료

기사

1 30대 그룹 '일자리 늘리기' 1%대 그쳐… 4년째 130만 명대 (연합뉴스, 2020. 02. 27)

2 "물류·배송, 반복 업무는 로봇이…" 아마존, 직원 10만 명에 'AI 시대 재교육' (조선일보, 2019. 07. 13)

3 롯데 신동빈 "한국 내 백화점·슈퍼 등 200점포 연내 폐쇄" (연합뉴스, 2020. 03. 05)

4 美 최고 유망 직업은 '인공지능 전문가'… 평균연봉 1억 7,000만 원 (서울경제, 2019. 12. 11)

5 "AI 의사가 암 치료법 14% 바꿨다" (중앙일보, 2019. 06. 27)

6 AI, 변호사까지 대체할까… 한국 리걸 테크 시장 기지개 (조선일보, 2019. 08. 26)

7 중국의 무서운 AI 굴기… 우리는 "규제부터 좀…" (뉴스1, 2020. 01. 09)

8 수십만 명 정규직 채용하라고? 곡소리 나는 '긱 이코노미' (조선일보, 2019. 09. 23)

9 손정의 "AI가 일자리파괴? 창의적 직업 더 늘어" (조선일보, 2019. 06. 13)

10 구글은 어떻게 AI 회사가 됐나… 1,000조 기업의 놀라운 변신 (조선일보, 2019. 12. 06)

11 인간의 뇌에서 또 한 번 AI 원리 발견하다 (동아사이언스, 2020. 02. 01)

12 아마존 알렉사-MS 코타나 손잡았다, 양사 AI 기능 통합 (중앙일보, 2018.
08. 16)

13 페이스북, VR 시장서 '소니' 점유율 뺏는다 (파이낸셜 신문, 2019. 11. 04)

14 페이스북, '개인 생체정보 보호법' 위반에 합의금 6,500억 원 지급 (조선일
보, 2020. 01. 30)

15 주커버그 페이스북 CEO "10년 내 증강현실 글라스서 혁신 나온다" (연합뉴
스, 2020. 01. 10)

16 "다시 고등학생이 된다면 치대 아닌 공대 가고 싶다" (머니투데이, 2019. 12. 15)

17 수도권대학 AI학과 신증설 허용 (매일경제, 2019. 12. 18)

18 페북 '매의 눈' 3만 5,000명… '내 동생 뱃살 좀 보세요 ㅋ' 이런 글도 잡아낸
다 (동아일보 2019. 12. 11)

19 엘리자베스 여왕 · 아르마니가 즐기는 샴페인! (매일경제, 2008. 12. 12)

20 "불경기? 우린 모른다" …티파니앤코 가격 3~4% 인상, 올해만 두 번째 (뉴
스1, 2019. 12. 03)

21 아르노 루이비통 회장…M&A로 '명품제국'을 세우다 (한국경제, 2018. 10. 18)

22 한때 세계 1위, 면세산업 선구자 'DFS' (티알앤디에프뉴스 2019. 03. 08)

23 중국 밀레니얼 세대, 사치품 시장의 큰손으로 부상 (KOTRA & KOTRA 해
외시장뉴스, 2018. 10. 15)

24 시진핑, 김정은 접대酒로 2억 원 넘는 마오타이 썼다 (매일경제, 2018. 04. 01)

25 가상화폐보다 더 뜨거운 고량주 투자, 귀주모태 재테크 끝판왕 등극 (뉴스핌
2018. 02. 02)

26 '중국 유커 마오타이 사러 일본 간다' 가격 급등 사재기 횡횡 해외 역구매 기
승 (뉴스핌 2018. 10. 01)

27 뇌물로 받은 마오타이주 4,000병 화장실에 버린 中관료 (동아일보, 2020.
01. 16)

28 세계에서 가장 규모가 큰 보험사는? (한국보험신문, 2019. 02. 24)

29 삼성생명 따돌린 평안보험의 '초격차' 전략… 빅데이터에 베팅 (조선일보,

2019. 07. 29)

30 AI가 車사고 분석, 3분 내 보험금 지급… 핑안그룹, 보험 패러다임 바꿨다
    (한국경제, 2019. 11. 20)

31 삼성도 애플도 힘 못 쓰는 AI 스피커 시장… 미 아마존-중국 천하 (서울경
    제, 2019. 11. 27)

32 "애플, 무선 이어폰 시장 점유율 54% 1위… 전체 수익 71% 차지" (연합뉴스
    2020. 01. 15)

33 애플페이, 美결제시장 장악 '초읽기' (아이뉴스 24, 2019. 10. 24)

34 텐센트, 한국인들은 카카오톡을 쓰고 중국인들은 위챗을 쓴다 (메트로신문,
    2019. 07. 24)

35 항서제약, 항암치료제 1등 기업! 중국인들이 암에 걸릴 확률은? (메트로신
    문, 2019. 08. 07)

36 전세계 항암제시장 규모 2022년 2,000억 달러로 확대 (팜뉴스, 2019. 05.
    10)

인공지능 시대 1등 해외주식에 투자하라!

초판 1쇄 인쇄 2020년 4월 23일
초판 1쇄 발행 2020년 4월 30일

지은이 한태봉
펴낸이 안현주

펴낸곳 클라우드나인   **출판등록** 2013년 12월 12일(제2013-101호)
주소 우) 04055 서울시 마포구 홍익로 10(서교동 486) 101-1608
전화 02-332-8939   **팩스** 02-6008-8938
이메일 c9book@naver.com

값 17,000원
ISBN 979-11-89430-69-6 03320